本书获国家社会科学基金重大项目资金资助
本书获2022年贵州省出版传媒事业发展专项资金资助
本书获贵州省孔学堂发展基金会资助

本书为国家社会科学基金重大项目“清水江文书整理与研究”（项目批准号：11&ZD096）项目成果
该成果由贵州大学历史与民族文化学院科研团队组织完成

清水江乡民家藏文书考释（第二辑）
第二十册

张新民　主　编
马国君
黄　诚　副主编
王代莉
罗正副　考　释

孔學堂書局

本书获国家社会科学基金重大项目资金资助
本书获2022年贵州省出版传媒事业发展专项资金资助
本书获贵州省孔学堂发展基金会资助

图书在版编目（CIP）数据

清水江乡民家藏文书考释．第二辑．第二十册 / 张新民主编；马国君，黄诚副主编；王代莉，罗正副考释．—贵阳：孔学堂书局，2024.7

ISBN 978-7-80770-530-7

Ⅰ．①清… Ⅱ．①张… ②马… ③黄… ④王… ⑤罗… Ⅲ．①文书档案—研究—贵州 Ⅳ．① G279.277.3

中国国家版本馆 CIP 数据核字 (2024) 第 092798 号

清水江乡民家藏文书考释（第二辑）第二十册

QINGSHUIJIANG XIANGMIN JIACANG WENSHU KAOSHI（DIERJI）DIERSHICE

主编◎张新民　副主编◎马国君　黄　诚
考释◎王代莉　罗正副

项目执行：苏　桦
责任编辑：陈　真　徐　梅
书籍设计：曹琼德
责任印制：张　莹

出版发行：贵州日报当代融媒体集团
　　　　　孔学堂书局
地　　址：贵阳市乌当区大坡路 26 号
印　　刷：北京世纪恒宇印刷有限公司
开　　本：889mm×1194mm　1/16
字　　数：269 千字
印　　张：20.75
版　　次：2024 年 7 月第 1 版
印　　次：2024 年 7 月第 1 次
书　　号：ISBN 978-7-80770-530-7
定　　价：576.00 元

学术委员会

编辑委员会

成　员

（按姓氏笔画排列）

主　编

副主编

课题组

首席专家

张新民

成　员

（按姓氏笔画排列）

马国君　王　辉　王凤梅　王代莉　王胜军　王振忠
石　峰　龙集霄　卢祥运　史达宁　朱荫贵　闫平凡
安尊华　李　静　李士祥　李景寿　张　明　张中奎
张海英　张新民　阿　风　陈　艳　林　芊　林东杰
罗正副　倪　宁　栾成显　栾成斌　黄　诚　黄敬斌
龚妮丽　龚晓康　葛静萍　谢开键　廖　峰

凡　例

一、本书主要收录散存于天柱县各自然村落之民间文书，内容除土地及山林买卖契约外，尚有账簿、典契、当契、租契、佃契、税单、借字、认据、合同、纳粮执照、管业执照、诉状、判词、官府告示、分关书、过继承嗣书、算命书、风水书、清白书、婚书、休书、日记、信札等各种乡土史料。时间则上起清初，下迄民国，中华人民共和国成立后亦偶有收入，以反映文书之系统性与完整性。

二、著录以尊重原有民间收藏秩序为原则，按乡镇及其所辖之村寨分辑逐册编卷，一一出以标题，注明编号、文书原持有者、来源地等。同一家庭或家族者，则一概统括条别，按年代先后排序，以表征本来固有之血缘组织结构，兼见其地域结构秩序，反映一方社会之实情。

三、文书入档编号分两部分：一为学术合作单位与地方档案馆所藏原件及相应电子文本入档编号；二即乡镇及村寨原始来源编号。前者主要为卷宗（盒）入架排序编号，后者则为家庭或家族文书著录分类编号。其要素含义如例：GT－001－002，G 为贵州大学拼音缩写，T 为天柱县档案馆拼音缩写，001 表示档案卷宗号第一卷（盒），002 表示第一卷之第二件；GT－WHX－001，G 为贵州大学拼音缩写，T 为天柱县档案馆拼音缩写，W 为翁洞镇拼音缩写，HX 为黄巡村拼音缩写，001 表示黄巡村之文书第一件。其他未注明者，可据此类推。

四、凡自然村落各家各户所藏之文书，均一律以乡镇、村寨两级行政单位编号入录，即以县统乡（镇），以乡（镇）统寨，以寨统家，以家统人，主要以户为单位按时间顺序编排，然后数户合为一寨，数寨合为一乡（镇），最后则统以县之总名，序次井然而有便检索。天柱县档案馆之少数庋藏，则独立列目载入。

五、文书标题均据内容提炼而成。标题显示之信息约有四端：立契年代、契主（事主）姓名、立约缘由、文书类别。年代均统一置于标题之首，清代径录原有年号，民国标注原有纪年，中华人民共和国时期用公元纪年。个别文书易代之后，仍书旧年号而未改新纪年者，则仍从其旧，或将对应新纪年括注于后。在民国三十八年以后者，则径改为公元一九四九年。契主（事主）涉及多人者，仅以三人为限，并加“等”字示明。事由一般径录原件，但过长过杂者，则以“云云”示略。须补足文意者，则据实酌补。缺乏明确交代者，则依内容重新提炼厘定。类别称名均从文书原件，唯少数称谓不清者，则依内容酌以补改。凡“合同”“契”“约”“字”“据”“书”等称谓，均尽量与固有内容吻合；偶有两字或两字以上同时出现者，则以首出之字为准，如“字契”称“字”而不称“契”，“契约”称“契”而不称“约”，“合同字”称“合同”而不称“字”。

六、释文按国家通用语言文字法之相关规定，尽量改异体字、俗写字为规范字。人名、地名则按名从主人之原则，依原件酌情保留异体字或俗写字。个别俗写字、异体字、生造字具有特殊义涵，改动则丢失重要文化信息者，则破例照录，俾能反映乡土生活实际，体现苗侗文化特征，有助于研究者如实分析解读。少数民族用语或民间用典，亦一律从旧，或出注说明。

七、原文残缺可确定字数者，用□表示；不能确定字数者，用▭表示。字迹漫漶无从辨识者，亦依缺字例加置符号注明。文字残损可据笔画或上下文推知者，径直补入；根据上下文推测者，在字外加□；明显脱字者，则加〔　〕补；字迹模糊，无从识读者，从缺字例；字迹清晰，但不能识读者，则存疑照录。

八、原文有倒字符号者，径改；有废字符号者，不录；有重叠符号者，直接补足重叠文字，均不出校记；有修改、涂改符号，能确定作废者，只录修改后之文字。原文于行外补字者，径补入行内；原文有衍文者，照录，并用［　］示明；错字、同音假借字亦照录，加正字于（　）内，并酌情出校说明；文意不足而需补足者，亦用此例。半字可判识并有特殊意义者，则径自补入或出注说明。特殊龙泉码，亦择例酌录。表格外文字信息或格式内容，以及画押印章，凡需示例解读者，则适当注明。至于无从辨识确认，或语境特殊，需适当变通者，必出以审慎之笔，或阙疑出注，或从原貌存旧，概作变例处理。

九、凡与乡土知识有关之名物、术语、俚语、特殊量词、特殊称谓，以及汉字记苗语苗音或侗语侗音难以索解者，均适当出注说明。资料来源多为田野调查所获，鉴于采访人数较多，故暂不一一具名。

十、为方便读者研究利用，则合以各辑分册总数，出以类别目录索引，殿于全编之后。

附一

文书度藏乡镇、村寨编码代号表

乡镇、村寨	乡镇、村寨编码代号	乡镇、村寨	乡镇、村寨编码代号
白市镇	B	黄巡村	HX
坌处镇	B	江东乡	J
摆洞村	BD	克寨村	KZ
邦寨村	BZ	兰田镇	L
岑板村	CB	勒洞村	LD
春花村	CH	力木村	LM
冲敏村	CM	梅花村	MH
渡马乡	D	木杉村	MS
地坝村	DB	南头村	NT
大段村	DD	石洞镇	S
对江村	DJ	上花村	SH
地良村	DL	瓮洞镇	W
大坪村	DP	瓮洞村	WD
大山村	DS	县档案馆	XD
地锁村	DS	县林业局	XL
地样村	DY	新舟村	XZ
丰保村	FB	远口镇	Y
高酿镇	G	远洞村	YD
甘洞村	GD	优洞村	YD
共和村	GH	竹林乡	Z
高坡村	GP	竹林村	ZL

附二

常见异体字、俗写字、特殊字形与现行规范字对照表

笔画	现行规范字	异体字及俗写字	特殊字形
一画	一、壹	/	乙
二画	儿	児	
三画	个	/	各
	山	茁	/
	千、仟	/	阡
	土	圡	/
四画	廿	卄	/
	开	/	澗
	升	昇、陞	/
	分	/	卜
	斤、筋	觔	/
	元、原	/	/
五画	正、整	歪	/
	边、遍、编、稨、扁、褊	（遍）徧	/
	边	/	辺
	弍、貳、贰	/	/
	丘	坵	/
六画	尽	侭	/
	/	/	尥
	任	/	恁
	收	収	収
六画	阶	堦	/
	/	/	奶
七画	沟	/	均
	亩	畆	厶
	园	菌、薗	/
	纸	締	/
	/	/	垩
	却	/	卸
	运	/	摱、抎、穛、秐
	/	/	辛
	坉	坣	/
	杨	/	阳
	批	/	披
	坎	昰	砍
	角	/	各
八画	学	斈	/
	实	寔	/
	垄	垅、壠	/
	抵	/	坻
	佰	/	伯
	国	囯	/

续 表

笔画	现行规范字	异体字及俗写字	特殊字形
八画	画	昼	昼
	坪	/	平
九画	养	倈、儀、梯	/
	是	/	寔
	段	/	叚
	拾	/	枱
	派	泒、泒	/
	屋	/	堀
	荒	/	垙、芳
	/	/	歪
	厘	/	兀
	点		典
	误	悮	/
	/	/	奀
十画	留	畄	畨
	钱	刄	刂
	/	/	阬
十一画	商	謪	谪
	/	/	罩
	银	/	伝、艮、娘
	兜	/	莵
	理	裡	裡
	/	/	貲
十一画	据	/	拠
	领	/	領
	添	/	天
	庵	/	奄
十二画	葬	塟	/
	堤	/	拠
	/	/	搵
	/	/	蓝
	款	欵、欵	/
十三画	粮	粐	/
	塘	/	拠
	塍	塍	/
十四画	/	墱	/
十五画	/	/	碗
	鍅	铥	/
十六画	/	/	媽
十七画	/	/	襟
	壕	/	嚎
十八画	攥	/	檏
	/	/	滁
十九画	龍	巃	/
合文	文银	/	炆

清水江乡民家藏文书考释（第二辑）

总目录

目 录

卷三十六　高酿镇优洞村文书

卷三十七 高酿镇优洞村文书

卷三十六

高酿镇优洞村文书

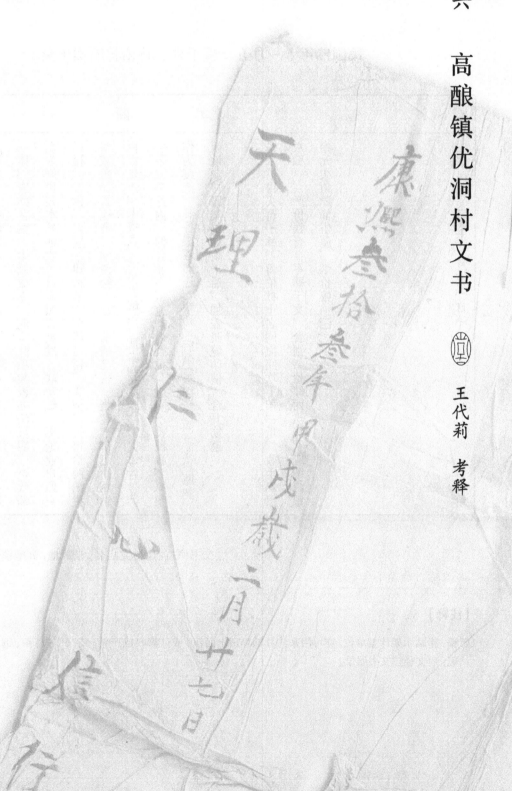

王代莉　考释

· GT—GYD—001 GT—021—230 ·

民国二年十一月五日蒋子林、蒋佑林断卖田契

断卖契

贵州国税厅筹备处，为颁发印契以资信守事。照得民国成立，各府、州、县印信已经更换。民间所有业契，与民国印不符，难资信守。前经财政司奉都督命令，特制三联契纸发行，各属一体，遵办在案。本处成立，业将此项契税办法报明，财政部划为国税归本处征收，自应照式刻发三联契纸，无论业户原契已税、未税，俱应一律请领。前清已税，买契产价每拾两纳税银贰角；未税者，纳税银伍角。前清已税，当契产价每拾两纳税银壹角，未税者，纳税银贰角。从奉到民政长展限令之日起，仍限五个月内，仰各业户从速挂号投税。逾限不投税者，原契作为废纸。其各凛遵勿违，切切。后余空白处，摘录业户原契，至该业户原契仍粘附于后，加盖骑缝印信，合并饬遵。

杨宗佑得买蒋子林、蒋佑林土名同岀路坎下田一坵，收禾玖拾六稨①，产价钱壹百零肆千文，合银柒拾肆两玖钱，应纳税银叁元柒角肆仙伍厘，纸价银一囗。

中华民国二年十一月五〔日〕　　号给

〖文书原持有者：龙启名；来源地：高酿镇优洞村〗

【注释】

① 稨：指晒禾架计量单位，亦可用来计算糯稻田土面积，或计算收成产量。或又作边、褊、遍、编、扁、牑、偏，后文径按文书照录。

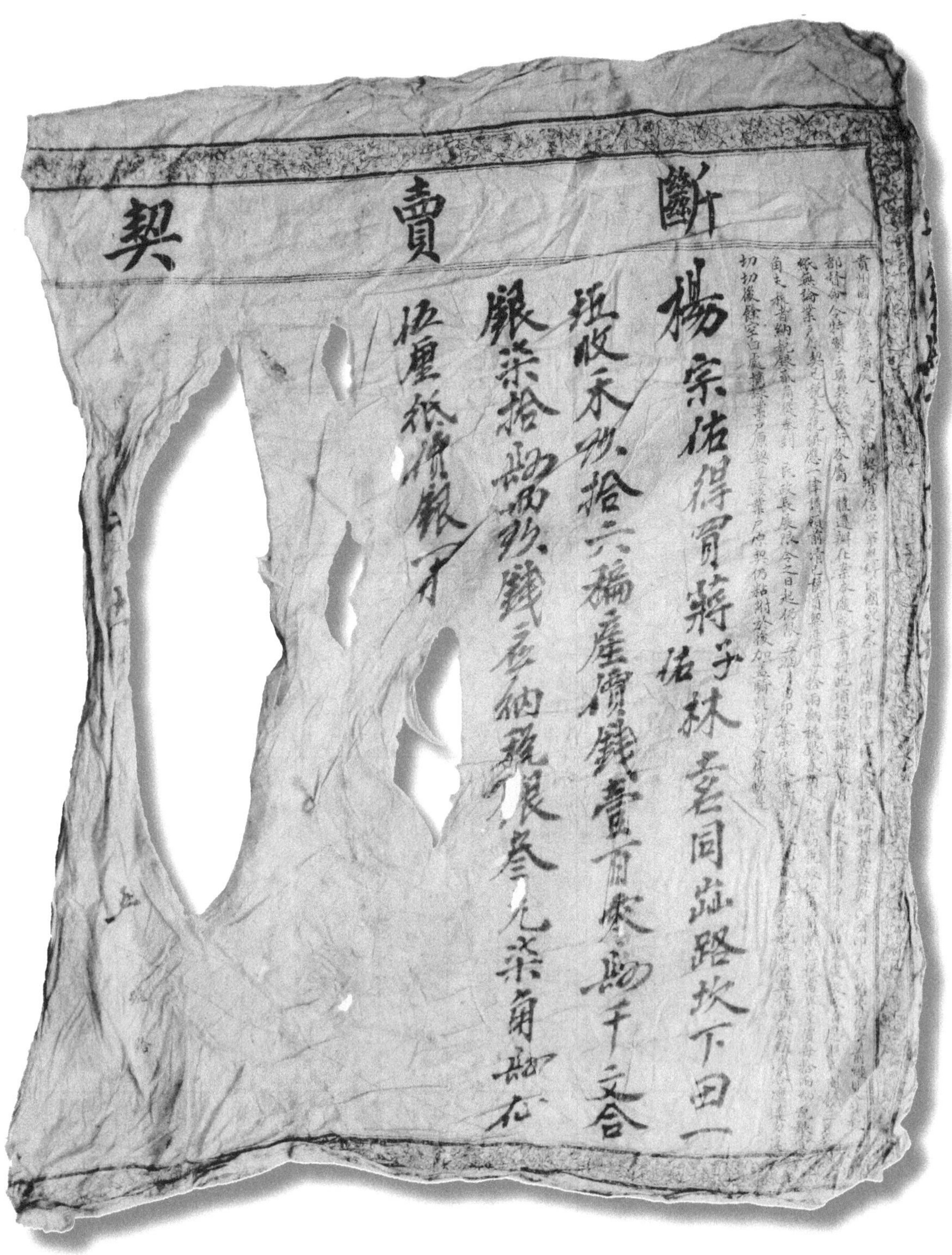

斷賣契

楊宗佑得買蔣子林 佑 老同岩路坎下田一

坵收禾拾六稱 產價錢壹百零四千文合

銀柒拾四兩八錢 除納糧銀叁元柒角四分

伍厘 紙價銀丁

· GT—GYD—001 GT—021—230 ·

· GT—GYD—002 GT—021—225 ·

民国三十年六月六日贵州省天柱县政府出具龙大汉买契纳税凭证[1]

证凭税纳契买

此项凭证只征应纳税款，经征机关不得另以笔资纸价等项名目需索分文。

贵州省政府财政厅制发典买不动产完纳契税凭证

今据买业人龙大汉遵章完纳买契税银币壹元玖角〇分

合给凭证为据

买主姓名	不动产种类	坐落	面积	四至	买价	得买年月	应纳田赋
龙大汉	田	保塘冲	一坵	坪勇坎	叁拾壹元肆	卅年二月	□罚壹角九分 附加叁角八分

出卖主 龙登松

中 人 刘宗仕

县长 给

中华民国卅年六月六日

〔文书原持有者：龙启名；来源地：高酿镇优洞村〕

【注释】

① 表格框线外原有残缺的书写文字和制式文字，以及钤印，通常释读困难且意义不大，兹不释读，后不再出注。

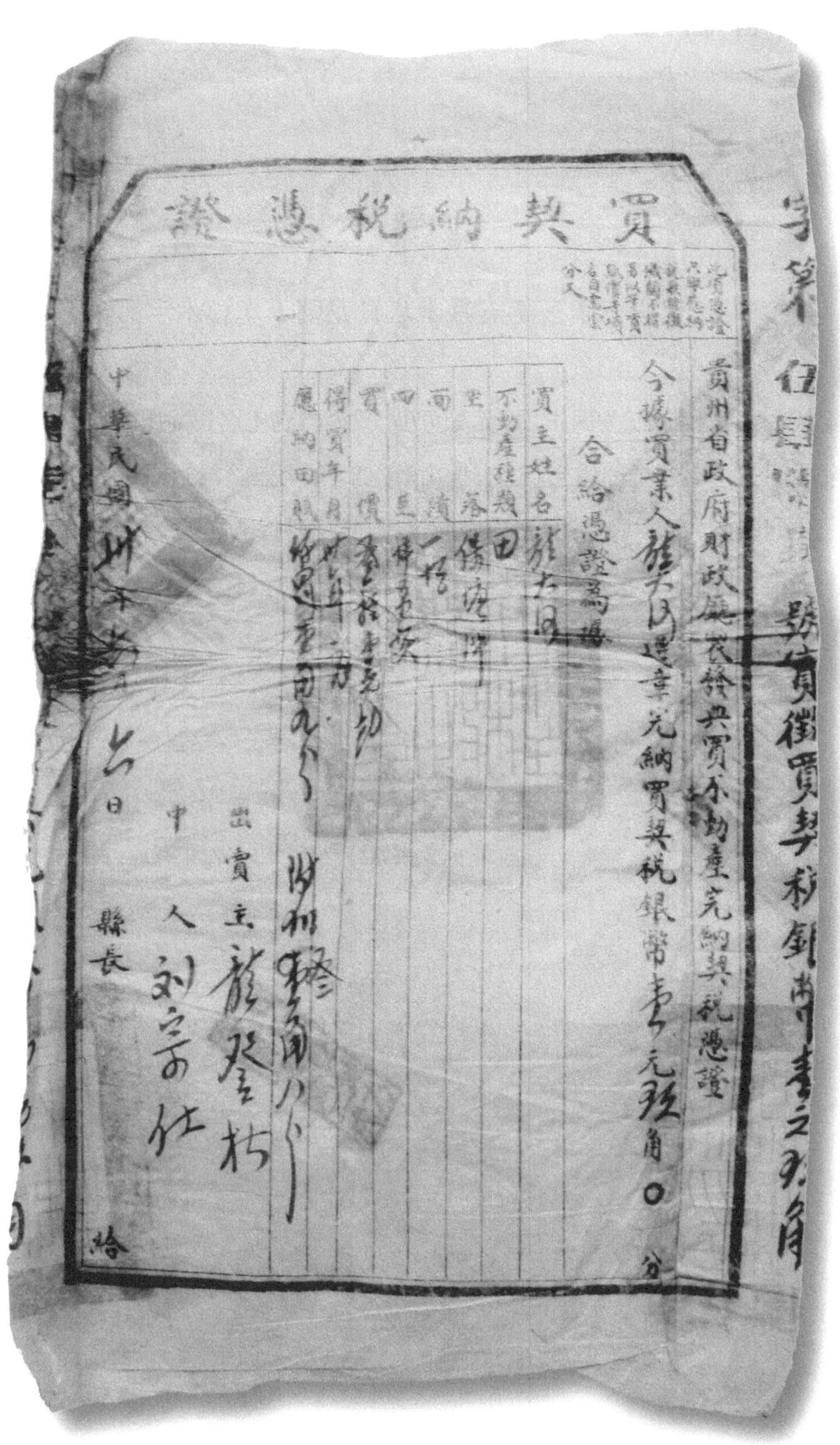
贵州省政府财政厅发买不动产完纳契税凭证
买契纳税凭证

• GT—GYD—002　GT—021—225 •

· GT—GYD—003 GT—021—229 ·

民国三十三年五月十八日龙则干卖杉木字

立卖杉木字人龙则干，为因正用，无处可出，只得将到土名长冲屋背冲杉木壹团出卖，其界上登岭，下抵坎，左抵冲边土坎，右抵山岭，四至分明，除岭边老□根不卖，其嫩老全团均卖。先问亲族，无钱承买，只得请中上门问到攸洞村胡启光、杨东澡二人承买。当面议定法币贰柗（拾）四元正（整）。其洋当日领清，其木论（任）其买主耕耘砍伐，不得异言。恐口无凭，立此卖契存照。

中人　杨东才

亲笔

民国卅三年伍月十八日　立

〖文书原持有者：龙启名；来源地：高酿镇优洞村〗

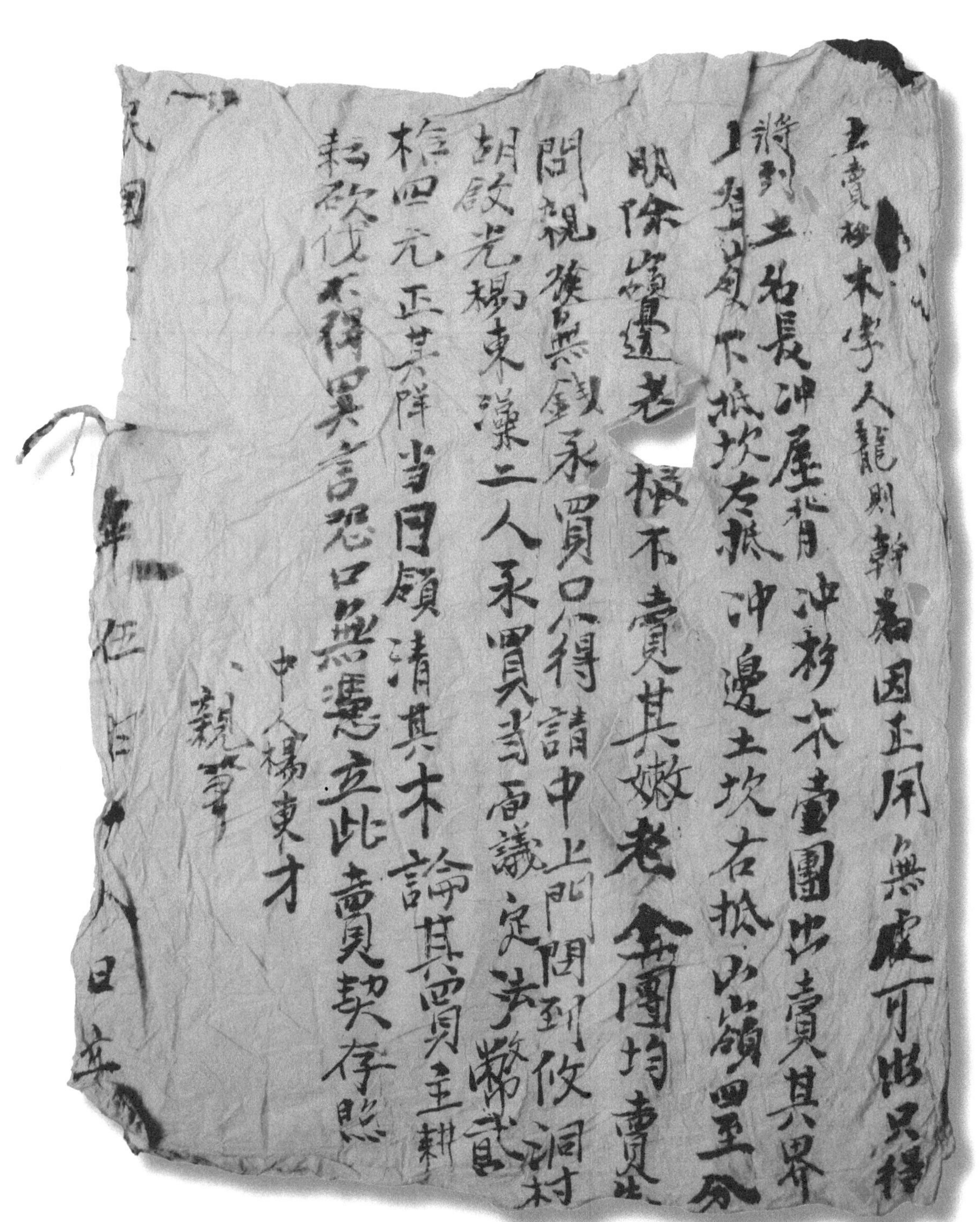
立賣杉木字人龍則幹為因正用無處可出只得
將到土名長冲屋背冲杉木壹團出賣其界
上登山領下抵坎左抵冲邊土坎右抵山領四至分
明除嶺邊老杉不賣其嫩老全團均賣出
問親族無錢承買只得請中上門問到攸洞村
胡啟光楊東藻二人承買當面議定法幣貳
拾四元正其洋當日領清其木論其買主耕
種砍伐不得異言恐口無憑立此賣契存照
中人楊東才
親筆
民國[illegible]年伍月十八日立

· GT—GYD—003 GT—021—229 ·

民国三十三年六月十四日天柱县田赋管理处出具龙大珠卖契税收据

卖契税收据

兹据田产承买人龙大珠缴呈证件执照一件，投印卖契一张，计契价△万壹千弍百柒十捌元　角　分，应照下列各款规定完纳税费：

一、卖契纸正税　每契价百元征法币拾伍元。

一、契纸工本费每张法币伍元。

本契共取法币〇万〇千　壹百玖十陆元柒角△分。

注意

（一）此据应妥为保存，自投契后　日，持此据换领官印契纸。

（二）买主务须于契上书写真实姓名，不得冠用堂名代替。

天柱县（市）田赋管理处兼处长

副处长

科长

代征契税□计法币□百□

经手人

中华民国卅三年六月十四日　填给　收

此联交纳卖契税人存执不取分文

〖文书原持有者：龙启名；来源地：高酿镇优洞村〗

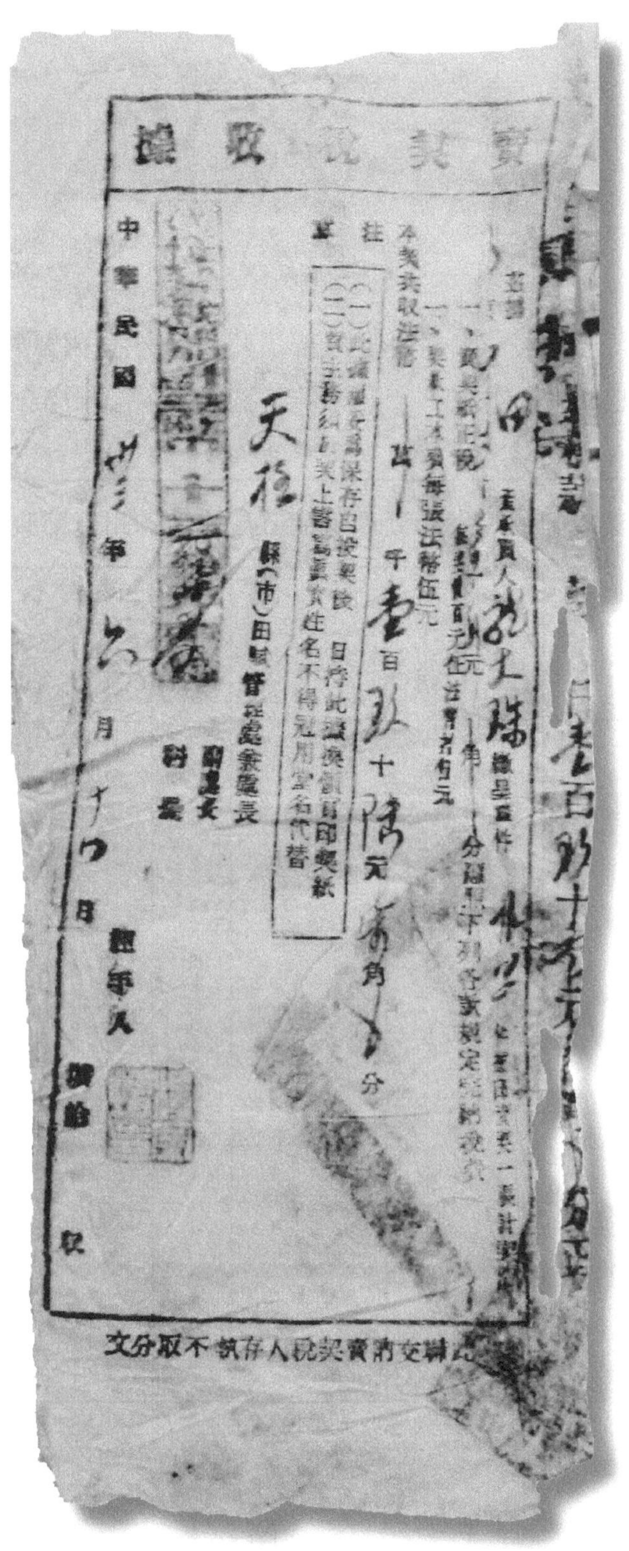

買契税收據

茲據業主買人張文隆……

一、買契應納税……

一、契紙工本費每張法幣伍元

本契共收法幣……壹千……百……十……元……角……分

注意

（一）此據應妥為保存，俟換契紙日持此據換領官印契紙

（二）買主務須於契上書寫真實姓名，不得冠用堂名代替

天柱縣（市）田賦管理處處長 副處長 科長

中華民國三十六年六月十四日 經手人

此聯交買契税人存執不取分文

• GT—GYD—004 GT—021—220 •

民国三十三年六月十六日财政部贵州省天柱县田赋管理处印发龙大某（卖主）、龙大珠（买主）买卖田契本契

契本契　　发印处理管赋田县柱天省州贵部政财

受让人		地类	户号	坵段号数	坐落	四至	面积	科则税率	田赋税额	产量	房屋间数
姓名	住址										
龙大珠	高禄村	田		裳 1213	圭弄	详原契	△亩六分△厘		壹角九分		

出让人		价	立契日期	应纳契税	原契字号	附记	乡镇监证
姓名	住址						
龙大□	硝硐（洞）	壹式柒捌元	卅三年四月十八日	壹玖壹元柒角			（签名盖章）

财政部贵州省　天柱县田赋管理处副兼处长

中华民国卅三年六月十六日发给龙大珠　执照

（执收人税投交联此）

〖文书原持有者：龙启名；来源地：高酿镇优洞村〗

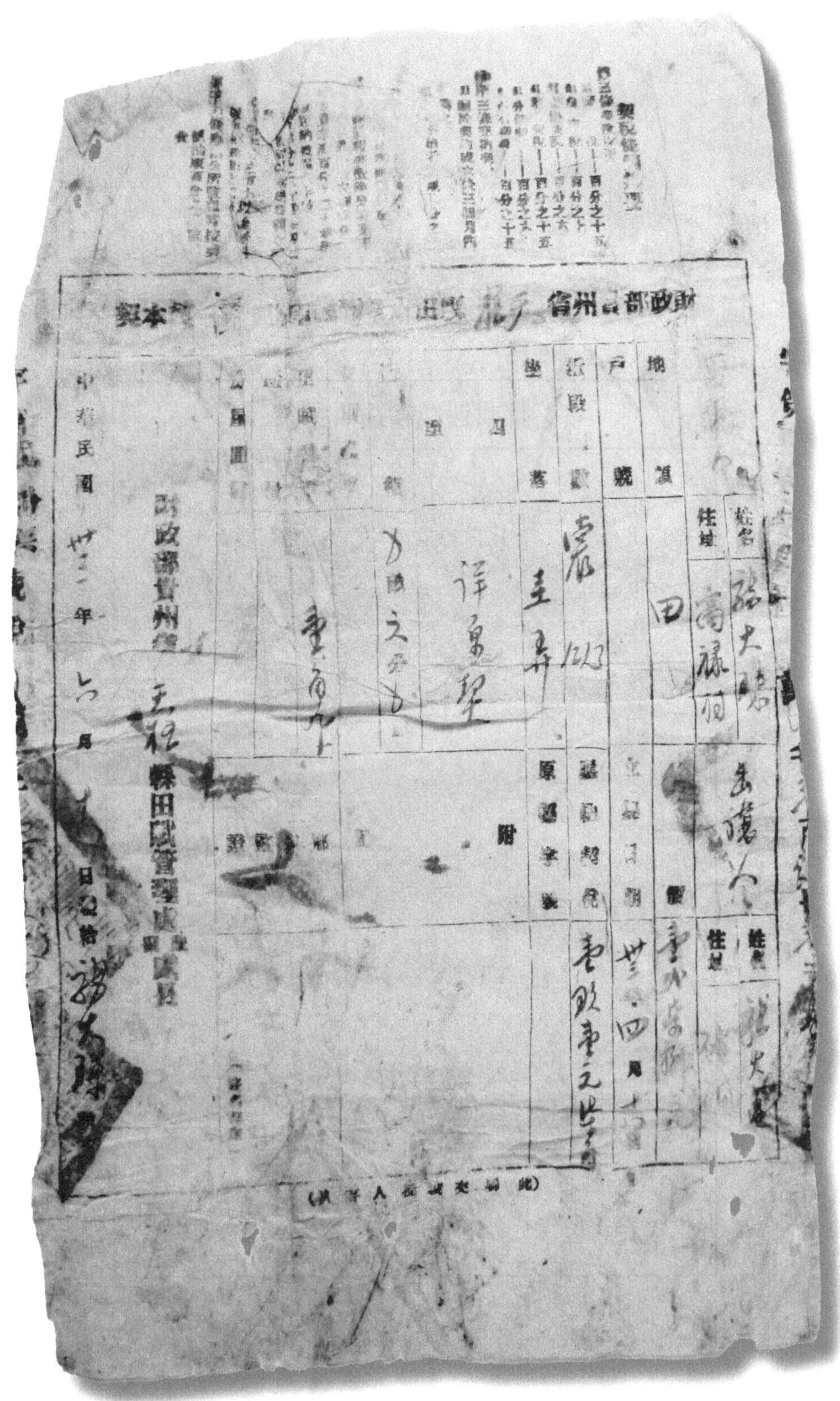

· GT—GYD—005　GT—021—226 ·

· GT—GYD—006 GT—021—223 ·

民国三十四年七月二十四日贵州省地方政府出具林东葆推收逾期罚锾收据

据收锾罚期逾收推

兹据业户林东葆由请推收过户逾期11月以上13月未满，按推收章程第七条第五项之规定，应照契价〇万伍千〇百捌拾〇元处以千分之十罚锾〇百伍拾〇元捌角〇分。合行掣给收据。

正副处长 收款员 签名盖章

中华民国卅四年七月廿四日

〖文书原持有者：龙启名；来源地：高酿镇优洞村〗

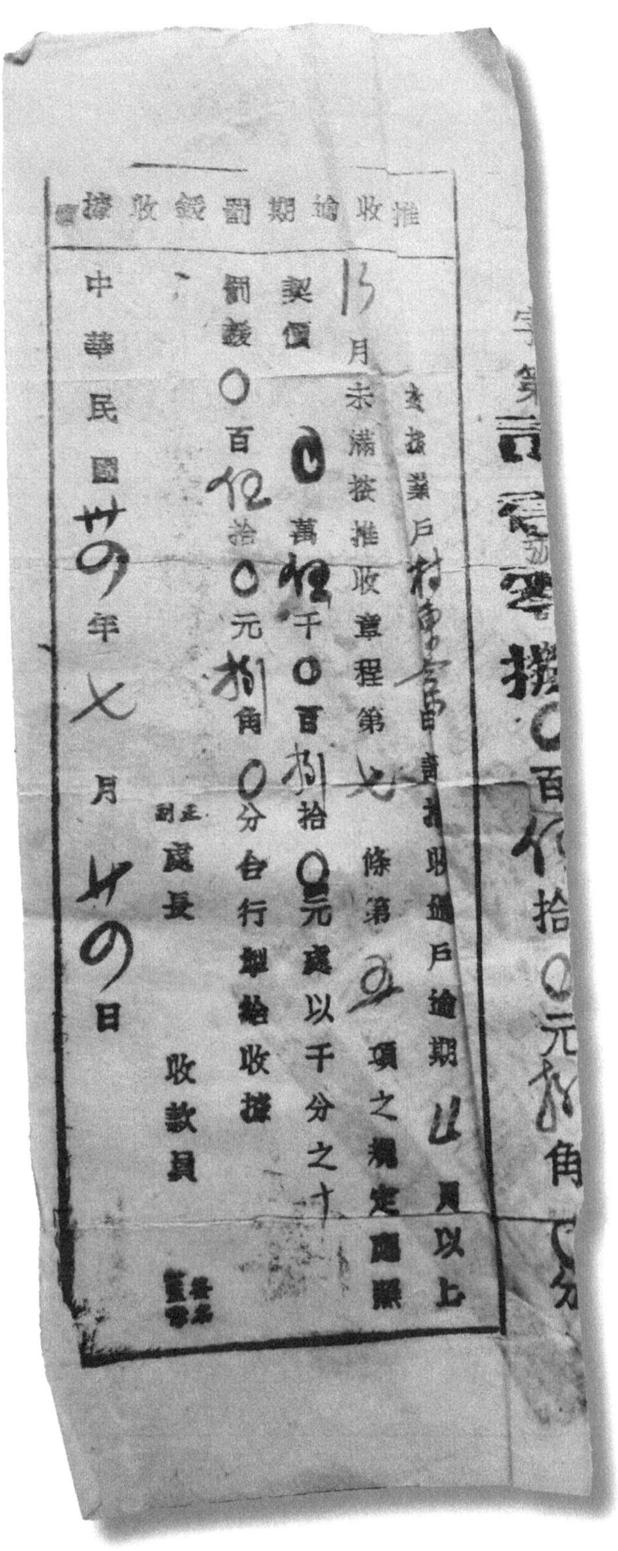

推收逾期罰錢收據

茲據業戶村東宮(?)申請推收過戶逾期[illegible]月以上
[illegible]月未滿按推收章程第七條第五項之規定應照
契價〇萬伍千〇百捌拾〇元處以千分之十
罰錢〇百伍拾〇元捌角〇分合行掣給收據

正副處長　　收款員　　簽名蓋章

中華民國廿四年七月廿四日

字第[illegible]號　撥(?)〇百伍拾〇元捌角〇分

· GT—GYD—006　GT—021—223 ·

· GT—GYD—007 GT—021—224 ·

民国三十四年七月二十四日
天柱县田赋管理处出具林东葆征收换发执照工料费收据

县

田赋管理处

征收换发执照工料费收据

兹换发本县第 区 联保□□乡镇街业户林东葆

土地管业执照壹张，缴纳执照工料费法币陆元，

除照填发外，特给此据。

注意

土地管业执照每张缴工料费陆元，倘经手人借词浮收，

准即指控究办。

中华民国卅四年七月廿四日

副处长
兼处长

推收员

〖文书原持有者：龙启名；来源地：高酿镇优洞村〗

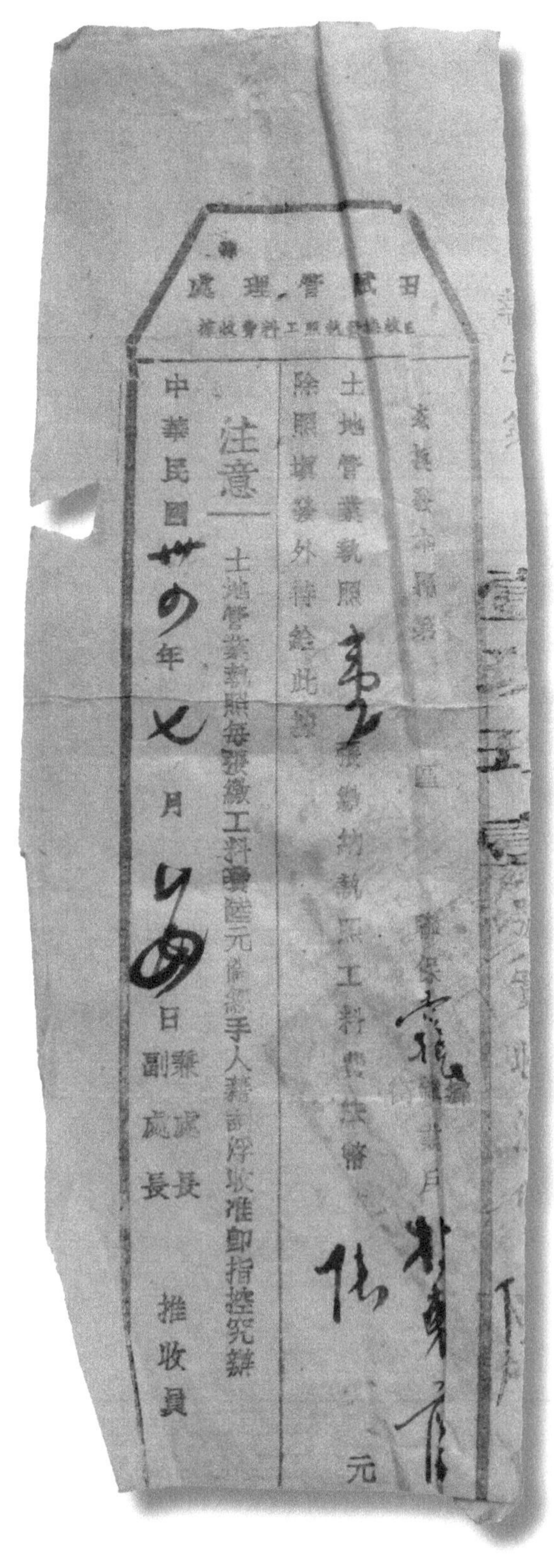

田賦管理處

土地管業執照工料費收據

茲據[illegible]鄉第[illegible]區[illegible]保[illegible]業戶[illegible]

土地管業執照[illegible]張繳納執照工料費法幣[illegible]元

除照填發外特給此據

注意 土地管業執照每張繳工料費陸元倘經手人藉詞浮收准即指控究辦

中華民國卅四年七月廿四日

兼處長

副處長

推收員

· GT—GYD—007 GT—021—224 ·

· GT—GYD—008　GT—021—227 ·

民国三十五年七月二十六日财政部贵州省天柱县田赋管理处印发罗国治（卖主）、龙大珠（买主）买卖田契本契

契本契　发印处理管赋田县　省州贵部政财													
中华民国卅五年七月廿六日发给 执照	财政部贵州省 天柱县田赋管理处副兼处长	房屋间数	产量	田赋税额	科则税率	面积	四至	坐落	坵段号数	户号	地类	受让人 住址	受让人 姓名
				、一三		△亩肆分△厘		详原契	乌781		田		龙大珠
		证监镇乡				记附		原契字号	应纳契税	立契日期	价	出让人 住址	出让人 姓名
		（签名盖章）							壹百柒拾肆元	卅四年五月六日	弍千玖百元		罗国治

（执存人税投交联此）

〖文书原持有者：龙启名；来源地：高酿镇优洞村〗

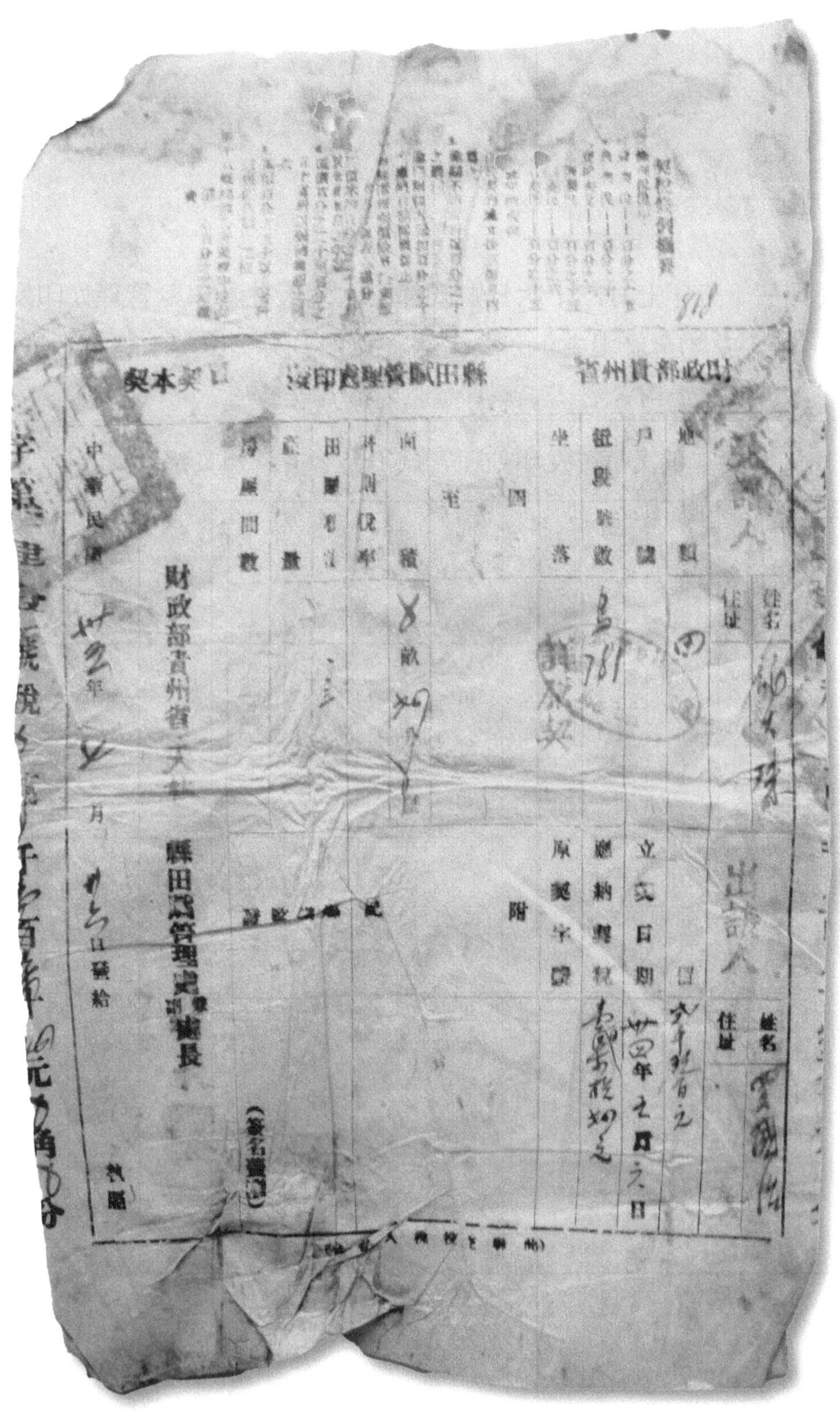

財政部貴州省縣田賦管理處印發

田別

戶號

徵收號數

坐落

四至

面積

科則稅率

田賦等則

產量

房屋間數

立契日期

應納契稅

原契字號

附記

姓名

住址

出賣人

中華民國卅五年七月廿六日發給

財政部貴州省天柱縣田賦管理處處長

（簽名蓋章）

· GT—GYD—008 GT—021—227 ·

民国三十五年七月二十六日财政部贵州省天柱县田赋管理处印发龙奶全（卖主）、龙大珠（买主）买卖田契本契

契本契卖　发印处理管赋田县　省州贵部政财

	房屋间数	产量	田赋税额	科则税率	面积	四至	坐落	坵段号数	户号	地类	受让人 住址	受让人 姓名
中华民国卅五年七月二十六日发给			、四四		△亩玖分弍厘		详原契	裳100		田		龙大珠
财政部贵州省　天柱县田赋管理处兼副处长	证监镇乡				记　附		原契字号	应纳契税	立契日期	价	出让人 住址	出让人 姓名
执照	（签名盖章）							弍百肆拾肆元捌角	卅四年□月廿九日	肆千壹百捌拾元		龙奶全

（执存人税投交联此）

〖文书原持有者：龙启名；来源地：高酿镇优洞村〗

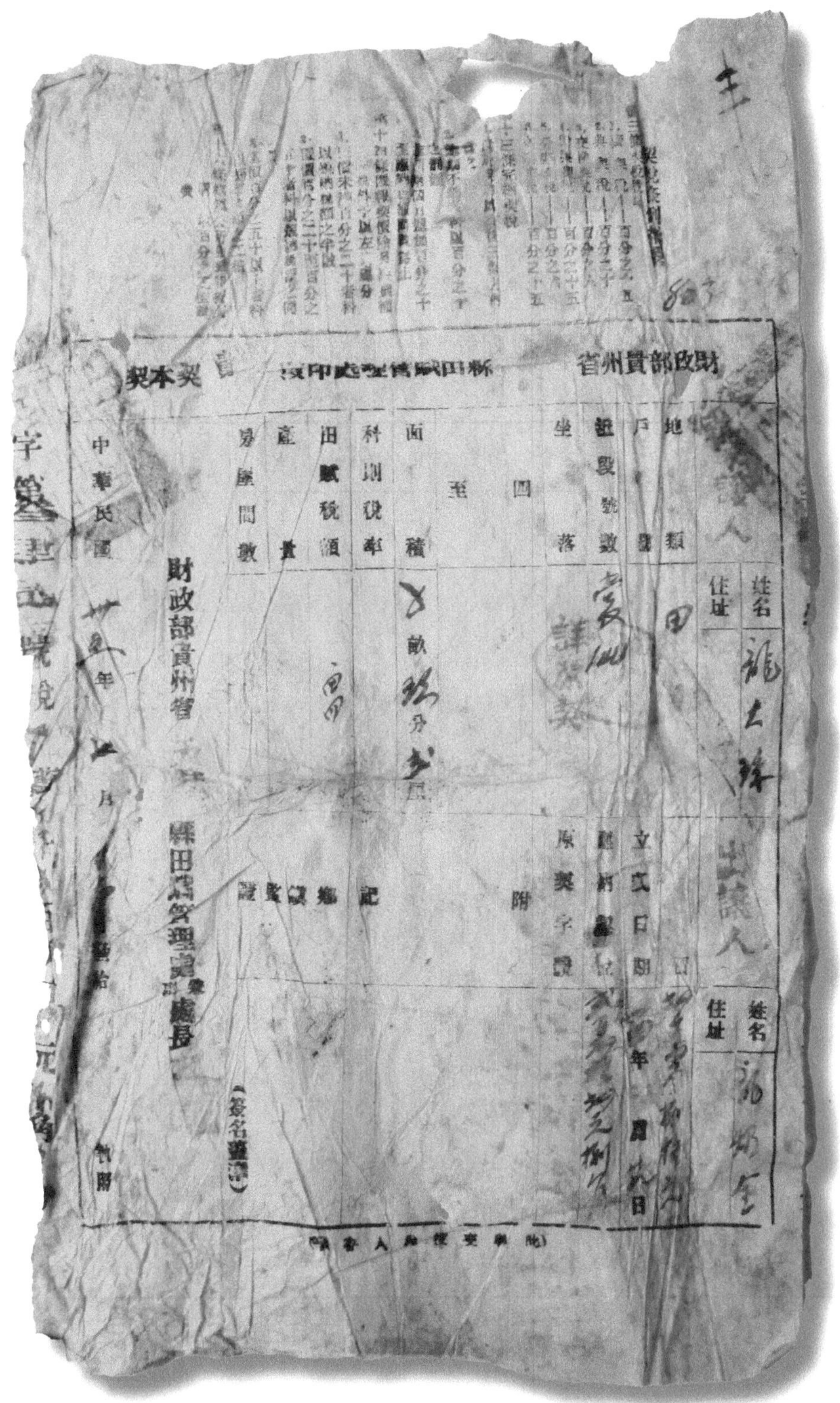

· GT—GYD—009 GT—021—228 ·

· GT—GYD—010 GT—021—222 ·

民国三十五年七月二十六日
天柱县田赋管理处出具龙大珠卖契税收据

卖契税收据

兹据不动产承买人龙大珠缴呈证件执照一件，投印卖契一张，计

契价△万弍千玖百△十△元△角△分，应照下列各款规定完纳税费：

一、卖契纸正税　每契价百元征法币拾伍元。

一、契纸工本费每张法币伍元。

本契共收法币△万△千　壹百玖十肆元△角△分。

注意

（一）此据应妥为保存，自投契后　日，持此据换领官印契纸。

（二）买主务须于契上书写真实姓名，不得冠用堂名代替。

天柱县（市）田赋管理处兼处长

副处长

科　长

△△□叁伍△

经手人

中华民国卅五年七月廿六日　填给　存

此联交纳卖契税人存执不取分文

〖文书原持有者：龙启名；来源地：高酿镇优洞村〗

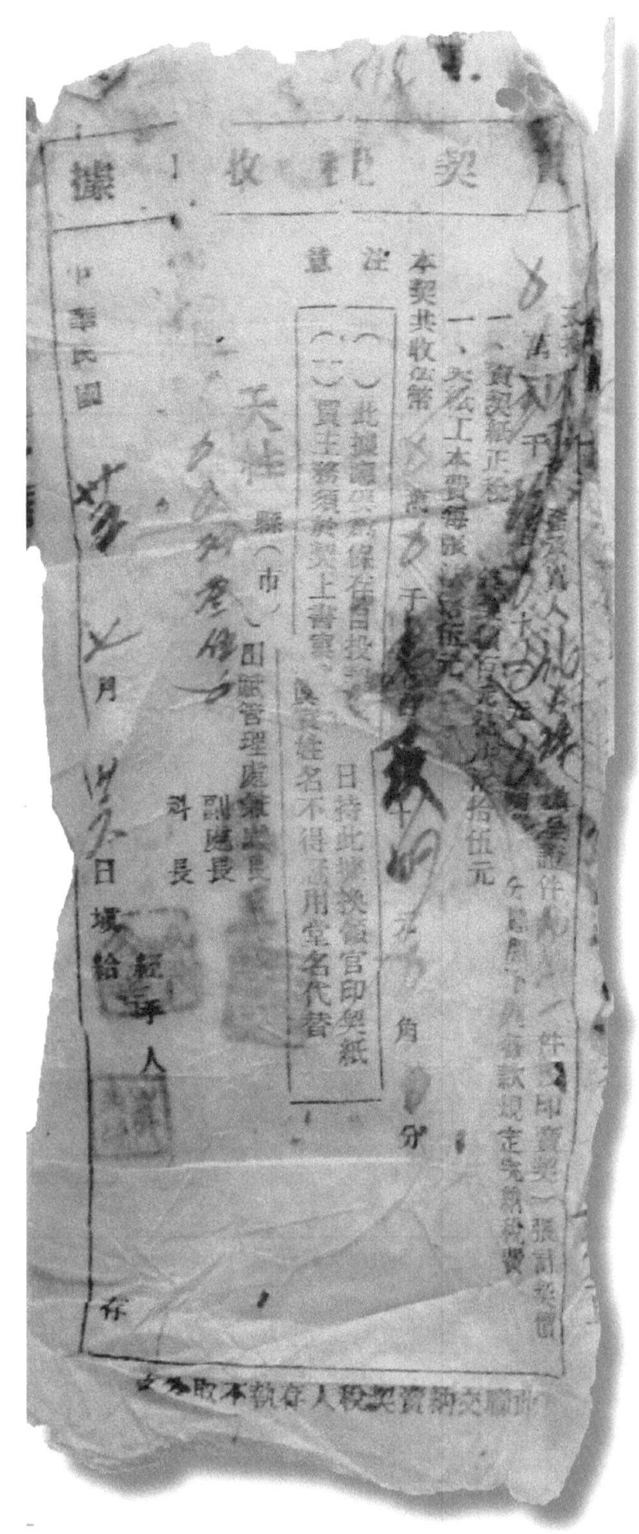

買契稅收據

一、賣契紙正稅……

一、契紙工本費每張……伍元……

本契共收法幣……千……百……拾……元……角……分

注意 （一）此據應與……保存……日持此據換領官印契紙
（二）買主務須於契上書寫真實姓名不得以堂名代替

天柱縣（市）田賦管理處處長
副處長
科長

中華民國……年……月……日填給 經手人

此聯交納買契稅人存執本收據

· GT—GYD—010 GT—021—222 ·

民国三十五年七月二十六日天柱县田赋管理处出具龙大珠契税罚锾收据

据收锾罚税契

兹据□□　县（市）民龙大珠因逾期（六）　事
被处罚照缴罚锾△千壹百△十肆元肆角　分正（整）
经照数取讫合填给收据存执
天柱县（市）田赋管理处兼处长
副处长
科　长
经手人
会计员
中华民国卅五年七月廿六日填给
存

文分取不执存人钱罚纳给交联此

〖文书原持有者：龙启名；来源地：高酿镇优洞村〗

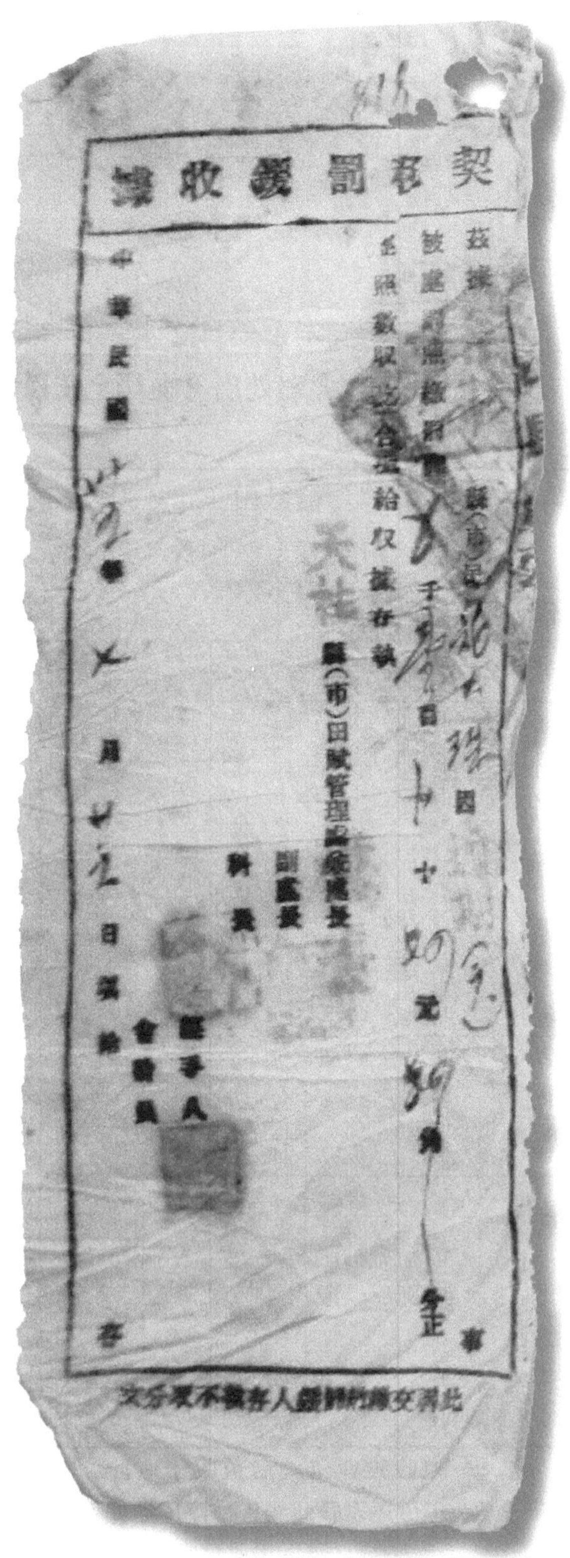

契稅罰鍰收據

茲據　　縣（市）民　　[illegible]

[illegible]

[illegible]　照數收訖合行給收據存執

縣（市）田賦管理處處長

副處長

科長

經手人

會計員

中華民國　　年　　月　　日填給

存

[illegible]

GT—GYD—011　GT—021—221

·GT—GYD—012　GT—021—219·

民国三十五年十一月二十三日
贵州省地方政府田赋粮食管理处出具龙奶全田赋及借粮收据

处理管食粮赋田（市）县

份年五十三国民

据收粮借及赋田　　二区第935号

业户姓名	归户册号次	亩分	赋额	征实征借及带征县市公粮之种类标准
龙奶全		一、五九分	、七一分	

注意事项

一、该户本年所借粮食一律自民国四十年起分五年平均在应纳当年田赋项下抵还，不再发给粮食库券。

二、如该户田产在四十年田赋开征前已有一部或全部售出，准仍由原主持同本收据及证明文件向本处查明，照原借数目分年偿还实物。

三、前项申请偿还实物应在四十年开征以前径向本处办理，逾期不负责任。

住址	征实	征借	省县市公粮	合计	应减：灾款减免留抵	应减	实应缴数	逾限月数及加罚率	罚额
乡镇 硝洞保 甲 户	石一斗四升二合	石 斗 升 合	石 斗七升一合	石 斗 升 合	石 斗 升 合		石 斗 升 合	逾限 月应加百分之	石 斗 升 合

右粮业已照数验收入仓给此为凭

中华民国卅五年十一月廿三日　办事处主任　签名盖章

执收户业给裁后粮收于联此

粮借还发联此凭售出产田遇如

〖文书原持有者：龙启名；来源地：高酿镇优洞村〗

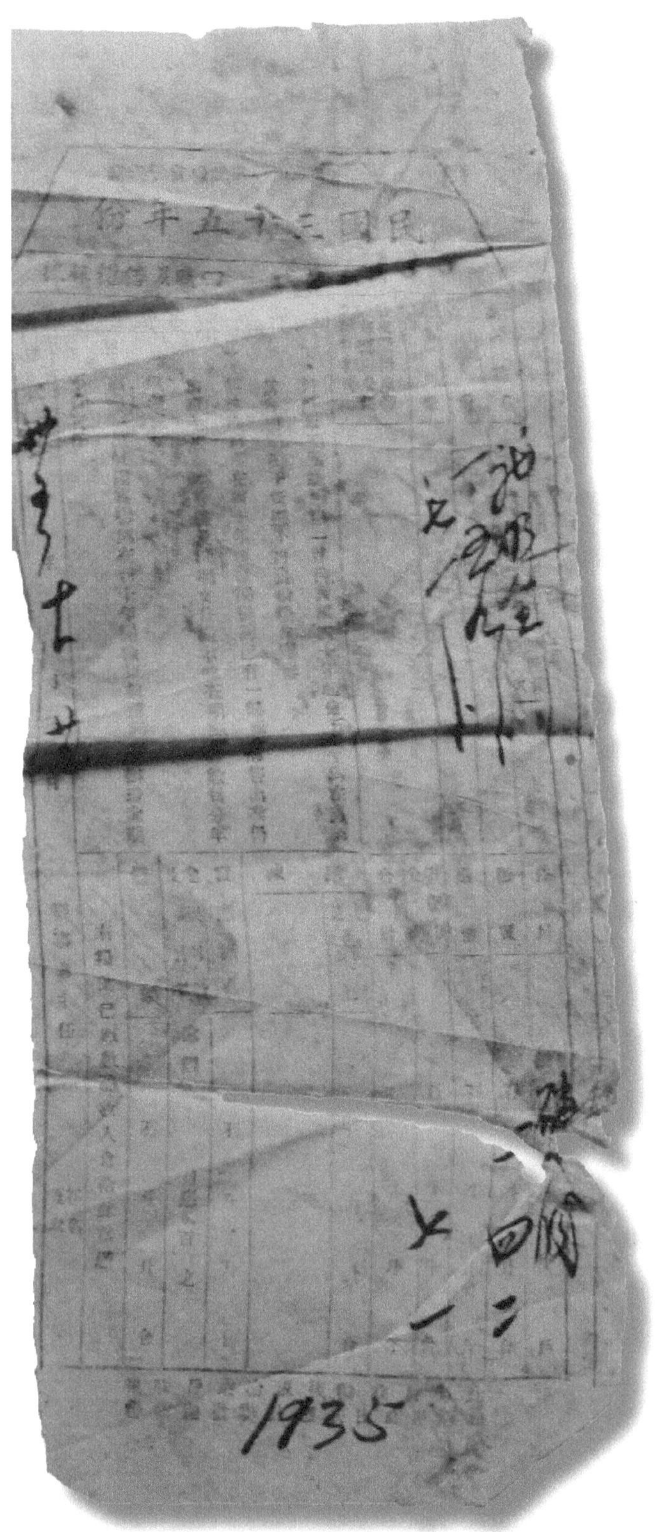
民国三十五年份

1935

GT—GYD—012 GT—021—219

宣统三年六月五日龙令伴以田作抵向林启禄借银字

立借银字人岑孔村龙令伴，今因要钱使用，无所出处，自己上□□到□□寨林启禄钱捌仟文，将德业□八□抵，收花式拾四边，上抵杨姓田，下抵□□，左右抵龙姓田，四至分明。限至十月之内钱到田归，不得异言。恐后无凭，立有抵字是实。

代字　杨昌汉

辛亥年六月初五日①

〖文书原持有者：龙昭全；来源地：高酿镇优洞村〗

【注释】

① 辛亥年六月初五日：参照其他事主为龙令伴的文书，可判此处的辛亥年为1911年。又因辛亥革命爆发时间为1911年10月10日，可知辛亥年六月初五日应为宣统三年六月五日。

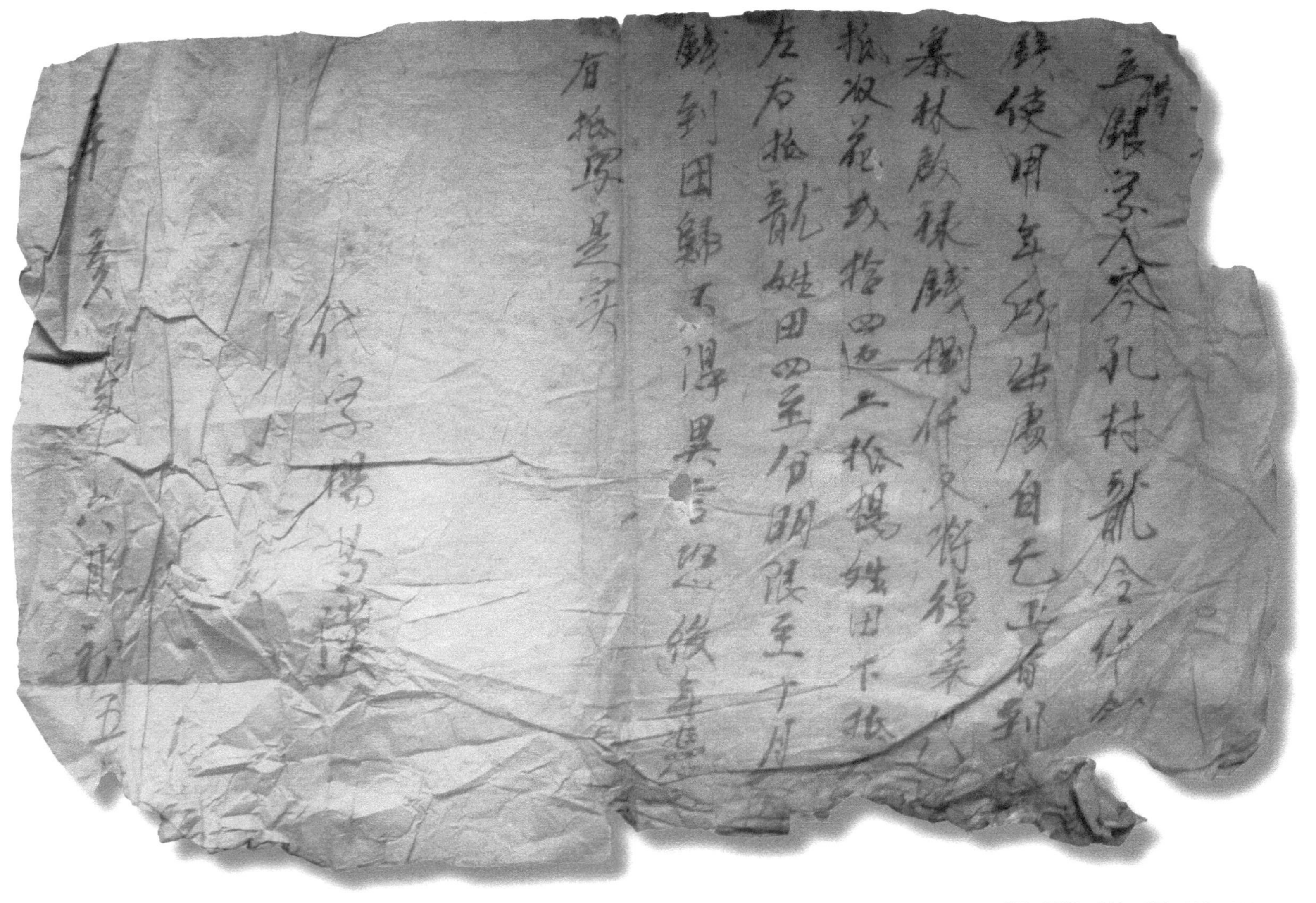

立借銀字人岑孔村龍令仁今
銀使用自己出處自己上門問到
寨林啟祿錢[illegible]作[illegible]將種菜
抵收花錢[illegible]四邊上抵楊姓田下抵
左右抵龍姓田四至分明限至十月
錢到田歸不得異言恐後無憑
有據是實

代字楊昌[illegible]

[illegible]二[illegible]初五[illegible]

GT—GYD—013 GT—021—031

民国十五年八月龙振章收杨光藻粮凭据

龙振章　一收杨光藻粮。

原粮贰斗柒升五合陆勺。

第五坵，杨长念三角形下田，弍稨。

第陆坵，长念四不等形下田，陆稨。

在（载）粮肆合弍勺二抄四抟玖圭六粒。

实在（载）粮，贰斗柒升玖合捌勺二抄四抟玖圭陆粒。

柜书　龙永华推

民国拾五年八月吉日　推

〖文书原持有者：龙昭全；来源地：高酿镇优洞村〗

龍振章一拨楊光藻糧
原糧貳斗柒升五合陸勺
第五坵楊長念三角形下田弍稀
第陸坵長念眾等形下田陸稀
在糧肆合弍勺二抄四撮玖圭六粒
實在糧貳斗柒升玖合捌勺叁
四撮玖圭陸粒
櫃書龍永華推
民國拾五年八月吉日推

· GT—GYD—014　GT—021—027 ·

·GT—GYD—015　GT—021—017·

民国十六年一月贵州省公署出具龙炳佑纳税凭单

单凭税纳

贵州省公署为掣付纳税凭单事今据天柱县

七区　七甲

花户姓名　龙炳佑

壬戌年应纳原数　二　石升两　三合九勺

连耗及加收规费共纳银两数　两　钱　分　厘

税单费银　钱二分九厘滞纳银　两　钱　分　厘

实完纳银两数　库平银　两　钱　分

右列各款业已照数收讫合行掣付凭单为据

收入官

中华民国十六年一月　日

〖文书原持有者：龙昭全；来源地：高酿镇优洞村〗

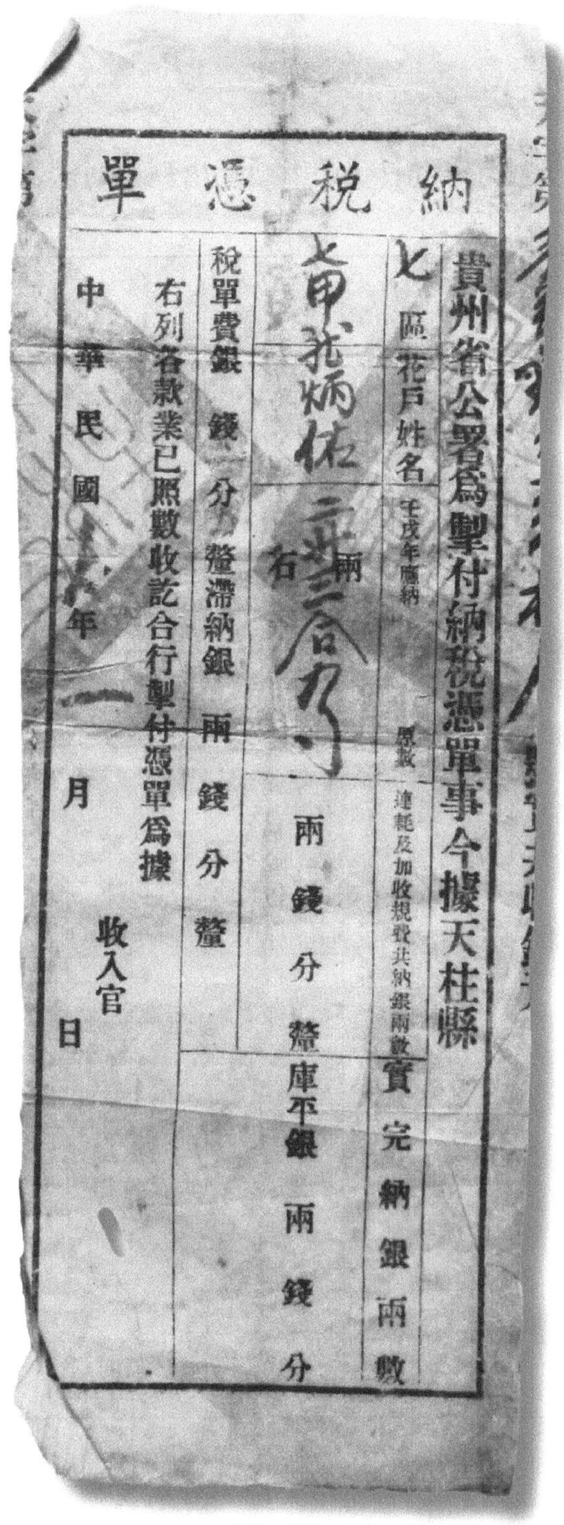

納税憑單

貴州省公署爲製付納税憑單事今據天柱縣

七區花戶姓名上甫龍炳佐

壬戌年應納　原數　右　二升三合九勺

連耗及加收規費共納銀兩數　兩　錢　分　釐

實完納銀兩數　兩　錢　分　釐庫平銀　兩　錢　分

税單費銀　錢　分　釐滯納銀　兩　錢　分　釐

右列各款業已照數收訖合行製付憑單爲據

中華民國　年　月　日　收入官

GT—GYD—015　GT—021—017

· GT—GYD—016 GT—021—007 ·

民国十七年三月十九日贵州财政厅出具龙炳佑丁粮纳税凭单

贵州财政厅为掣付丁粮纳税凭单事今据天柱县

区名	七甲
花户姓名	龙炳佑
年纳定额	壹 石升两 壹
连耗及加收规费共纳银两数	△两△钱壹分伍厘
税单费	△钱弍分伍厘
滞纳金	△两△钱△分弍厘

丁卯年通共应纳银△两△钱肆分伍厘申合大洋 △元△角柒仙已收讫

中华民国十七年三月十九日 征收官

此联裁付纳税人

〖文书原持有者：龙昭全；来源地：高酿镇优洞村〗

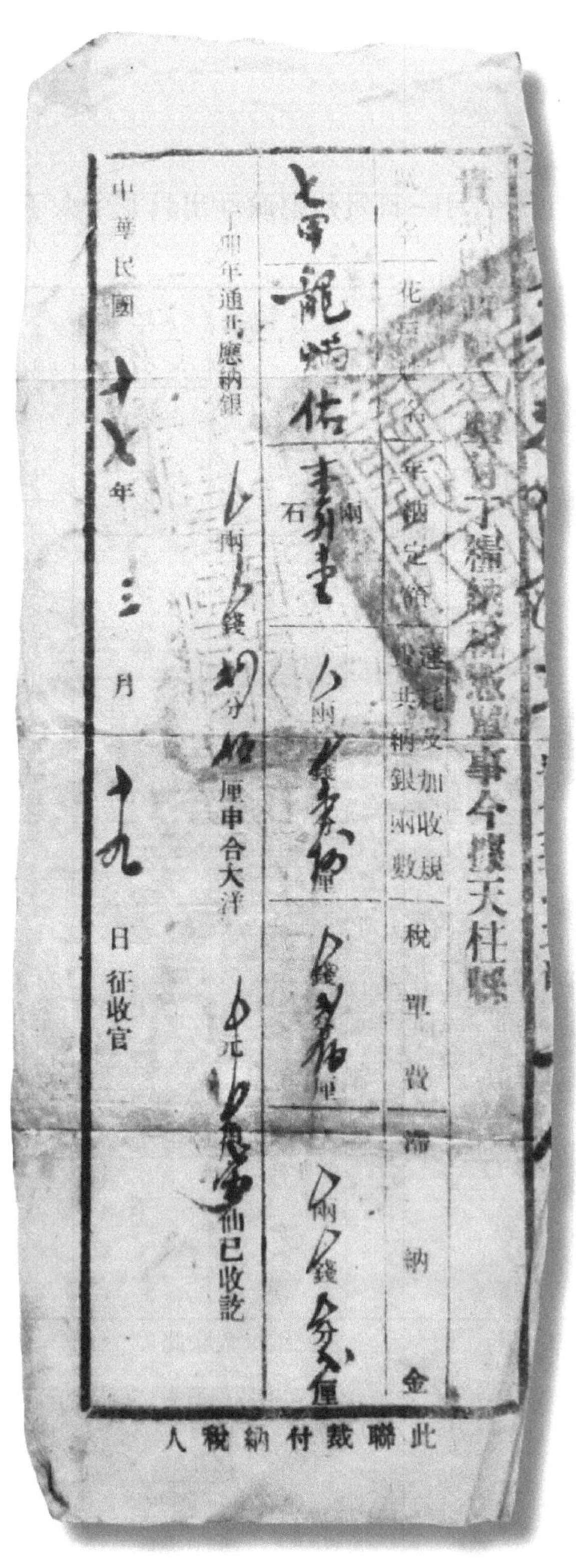

• GT—GYD—016 GT—021—007 •

民国二十二年十二月一日贵州财政厅出具龙令太丁粮纳税凭单①

贵州财政厅为掣付丁粮纳税凭单事今据天柱县

区名	
花户姓名	龙令太
年纳定额	两 二升二一 石
连耗及加收规费共纳银两数	两 钱三分七厘
税单费	钱二分九厘
滞纳金	两 钱 分 厘

癸酉年通共应纳银　两　钱七分　厘申合大洋△元一角一仙已收讫

局封

中华民国二十二年十二月一日征收官

人税纳付裁联此

〖文书原持有者：龙昭全；来源地：高酿镇优洞村〗

【注释】

① 龙令太：疑与“龙令泰”为同一人，兹录原貌，不再另行说明。

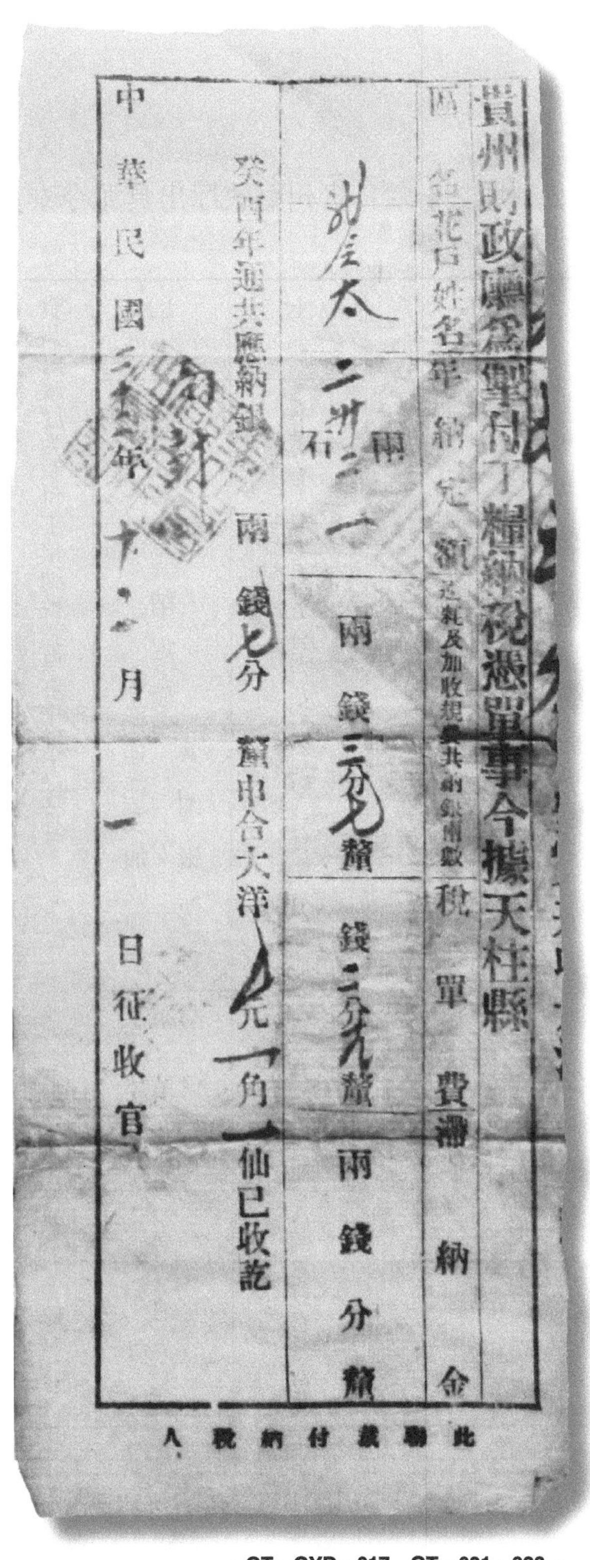
貴州財政廳爲擊付丁糧納稅憑單事今據天柱縣

區　糧花戶姓名　年納完　額正耗及加收規費共納銀兩數　稅　單　費滯　納　金

胡全太　二升二　石　兩　一

兩　錢三分九釐

錢二分九釐

兩　錢　分　釐

癸酉年通共應納銀　兩　錢七分　釐串合大洋　元一角一仙已收訖

中華民國二十二年十二月　一　日征收官

此聯裁付納稅人

· GT—GYD—017　GT—021—023 ·

· GT—GYD—018　GT—021—006 ·

民国二十三年十一月二十六日贵州财政厅出具龙令泰丁粮纳税凭单

贵州财政厅为掣付丁粮纳税凭单事今据天柱县

区名	花户姓名	年纳定额	连耗及加收规费共纳银两数	税单费	滞纳金
七槐	龙令泰	四石升两五合三勺	△两△钱柒分陆厘	△钱式分伍厘	△两△钱△分△厘

甲戌年通共应纳银△两壹钱△分壹厘申合大洋△元壹角陆仙已收讫

中华民国廿三年十一月廿六日　征收官

此联裁付纳税人

〖文书原持有者：龙昭全；来源地：高酿镇优洞村〗

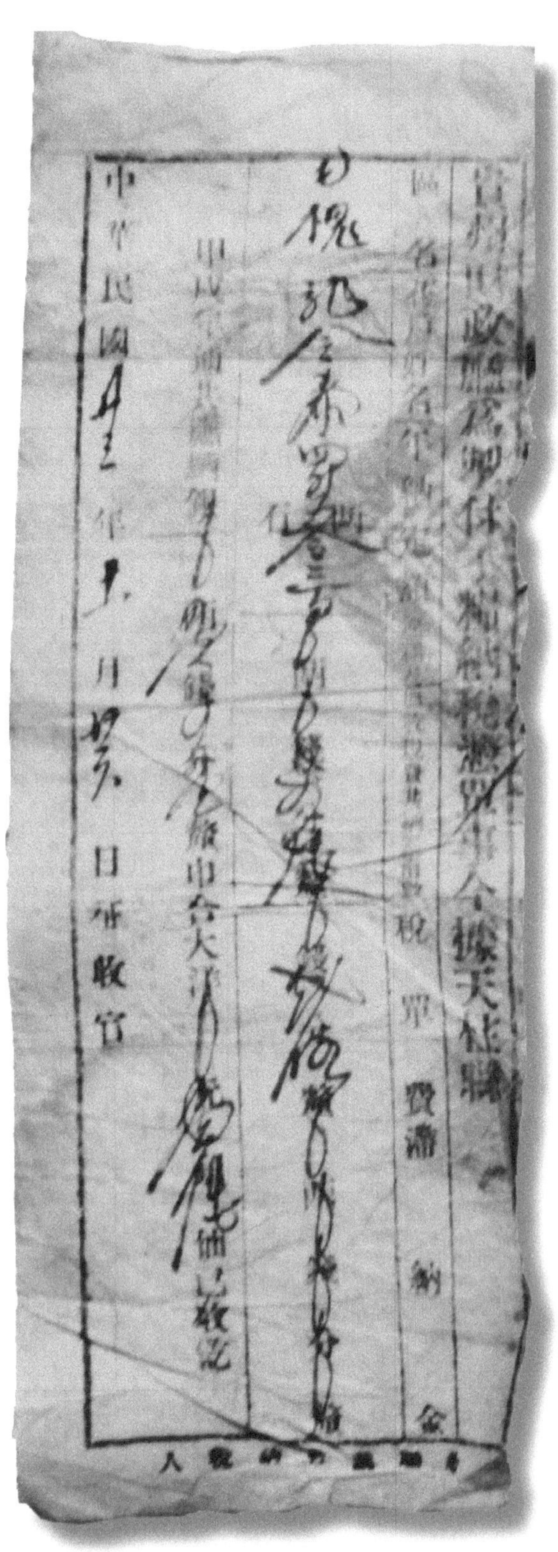

· GT—GYD—018　GT—021—006 ·

民国二十五年八月十九日贵州省政府财政厅出具龙令泰丁粮纳税凭单

单凭单税粮丁

贵州省政府财政厅为掣付丁粮纳税凭单事

兹据天柱县第六区花户龙令泰 缴纳民国二十五年应完

区别	七甲塊
应纳定额	两 四升五合三勺 石
照原科则计征共纳银元数	△元壹角弍分
税单费	△角肆分
滞纳金	△元△角肆分

右列各项合计通共应纳银△元弍角△分 已照数收讫给此为据

中华民国廿五年古八月十九日 天柱 县长 填给

人税纳付掣联此

〖文书原持有者：龙昭全；来源地：高酿镇优洞村〗

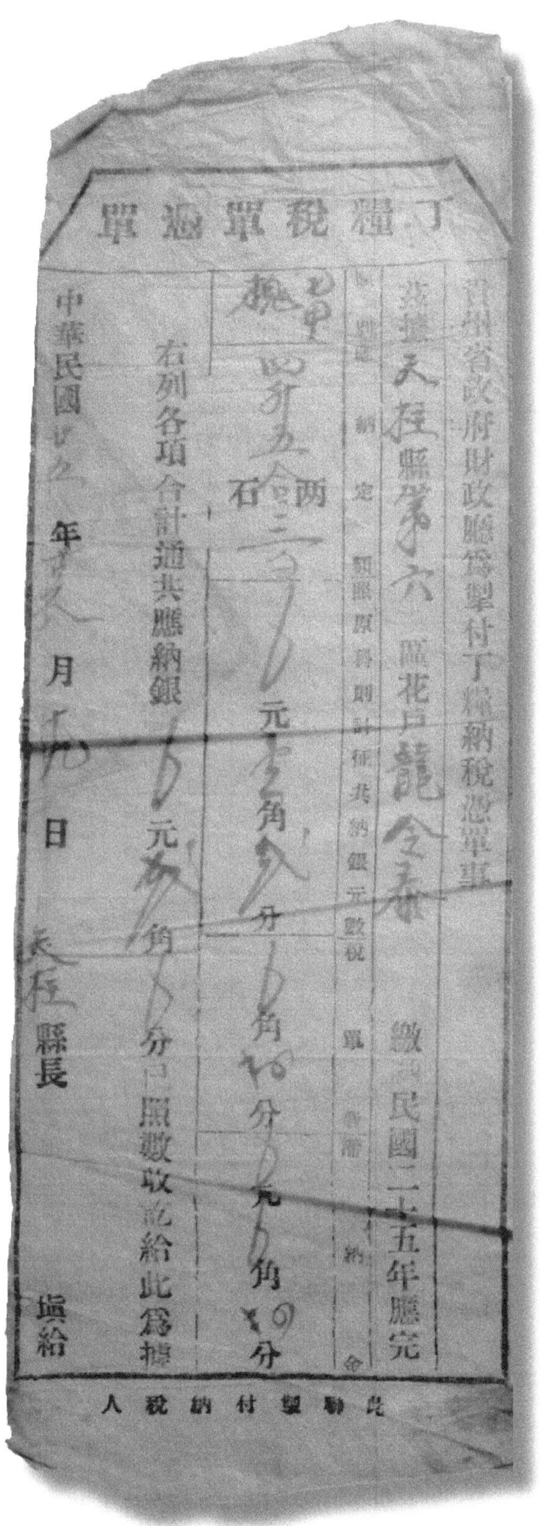

丁糧稅單過單

貴州省政府財政廳為製付丁糧納稅憑單事

茲據天柱縣第六區花戶龍令春繳民國二十五年應完

丁糧 納 定 額照原科則計征共納銀元數稅 單 費 滯 納 金

四升五合 石 两 元 角 分 角 分 元 角 分

右列各項合計通共應納銀 元 角 分已照數收訖給此為據

中華民國廿五年 月 日 天柱縣長 填給

此聯製付納稅人

• GT—GYD—019 GT—021—020 •

· GT—GYD—020　GT—021—029 ·

民国二十五年十一月二十二日贵州省政府财政厅出具龙令太丁粮税单凭单

单凭单税粮丁

贵州省政府财政厅为掣付丁粮纳税凭单事

兹据　县　区　花户龙令太　缴纳民国二十五年应完

赋别	
应纳定额	两　二升二一　石
照原科则计征共纳银元数	元　角七分
税单费	角　分
滞纳金	元　角二分

右列各项合计通共应纳银△元一角三分已照数收讫给此为据

上干

中华民国二十五年十一月廿二日　县长　填给

人税纳付掣联此

〖文书原持有者：龙昭全；来源地：高酿镇优洞村〗

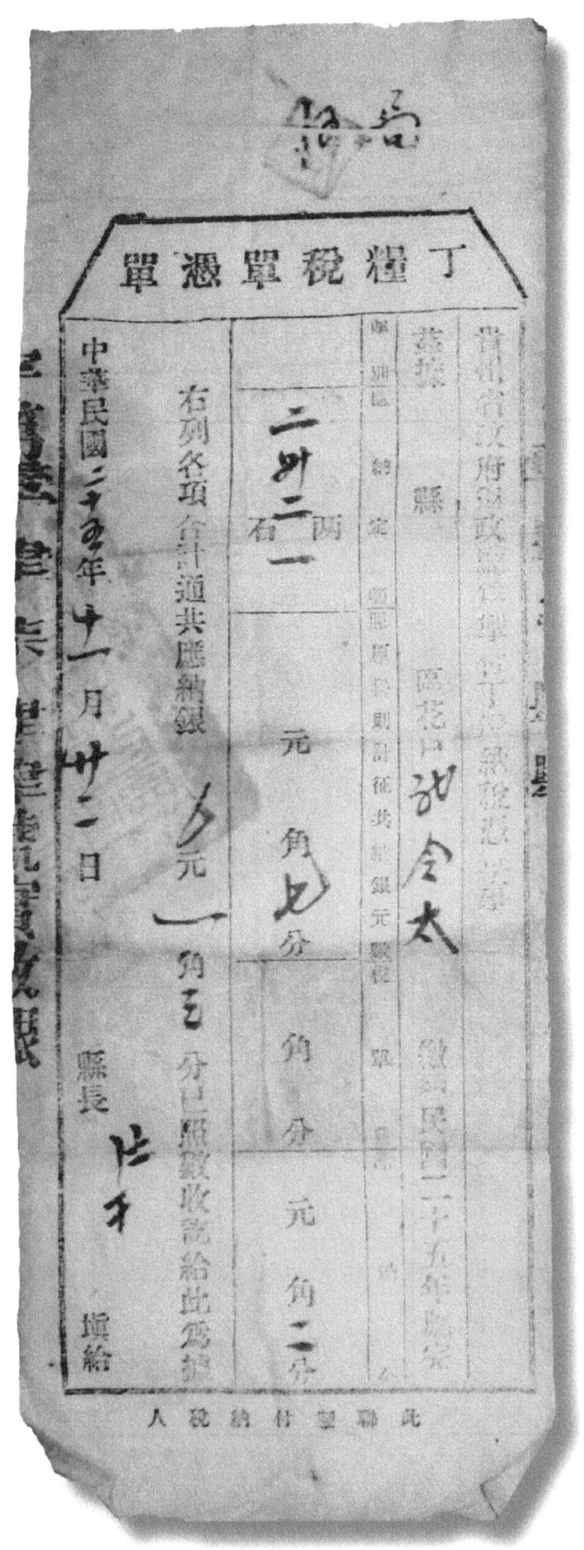
丁糧稅單憑單

貴州省政府財政廳爲徵收丁糧給納稅憑單事

據　　縣　　區花戶張全太　　繳納民國二十五年應完

二卅二兩 石一　元　角七分　元　角　分　元　角二分

右列各項合計通共應納銀　元一角三分已照數收訖給此爲據

中華民國二十五年十一月廿二日

縣長　　　填給

此聯付納稅人

· GT—GYD—020　GT—021—029 ·

民国二十六年十一月十日贵州省政府财政厅出具龙令太丁粮纳税凭单

县　　省州贵
单凭税纳粮丁

份年六十二国民

贵州省政府财政厅掣给

粮户姓名　龙令太

粮户住址　第三区　街镇乡

本年应纳丁粮税额　国币△元△角六分　二升二一

逾期应加滞纳金　国币　△元△角△分

注意：税单费自本年份起免除，倘有借词朦（蒙）收，准即指控究办。

中华民国二十六年十一月十日　经征官　管票员

人粮纳付掣联此

〖文书原持有者：龙昭全；来源地：高酿镇优洞村〗

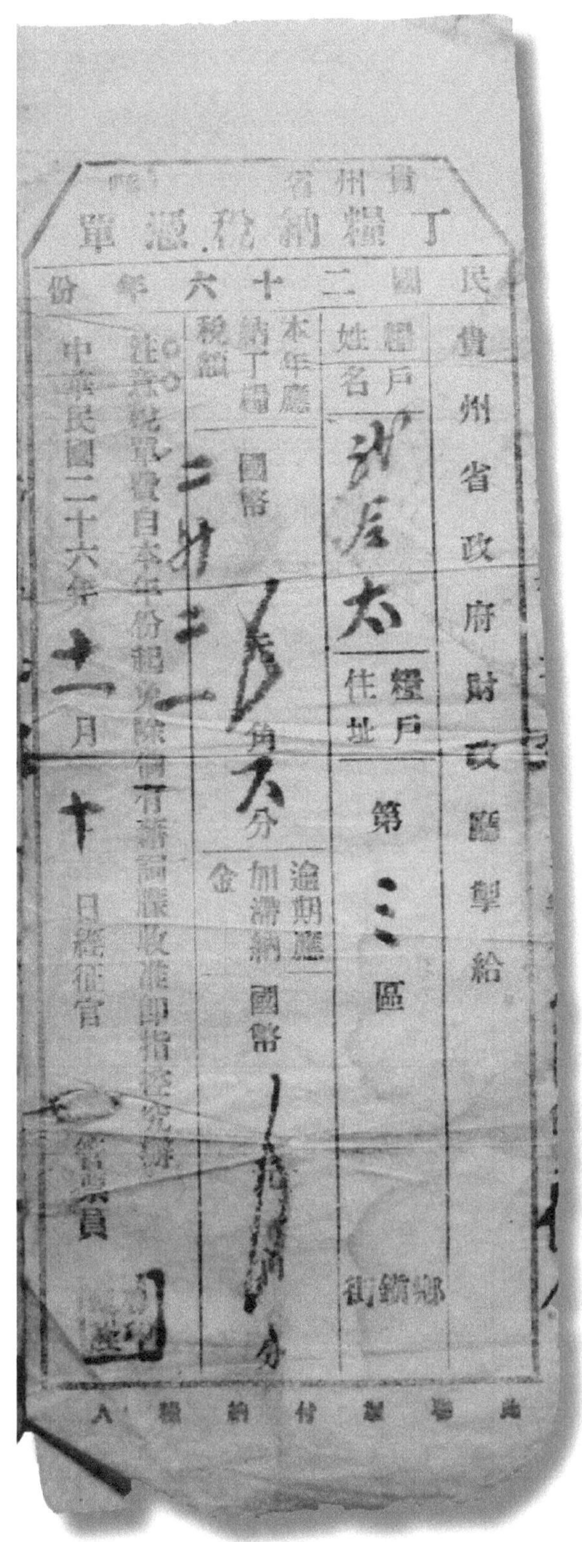
貴州省（縣）
丁糧納稅憑單
民國二十六年份
貴州省政府財政廳掣給
糧戶姓名　胡居太
糧戶住址　第三區　鄉鎮街
本年應納丁糧稅額　國幣二角一分
逾期應加滯納金　國幣一角
◎注意稅單費自本年份起免除倘有勒索浮收准即指控究辦
中華民國二十六年十一月十日經征官　管票員

由經徵處付納糧人

· GT—GYD—021　GT—021—019 ·

· GT—GYD—022　GT—021—009 ·

民国二十八年三月二十九日贵州省天柱县征收龙令太田赋收据

县柱天省州贵 据收赋田收征				
份年寅戊国民				
中华民国二十八年三月廿九日 县长 征收主任 收款员	本年实共完纳数	逾期应加滞纳金	田赋正额	粮户姓名
				龙令太
	△元一角三分	△元△角一分	△元△角七分	粮户住址
	注备			二升二一
				田地坐落

执收户粮给掣联此

〖文书原持有者：龙昭全；来源地：高酿镇优洞村〗

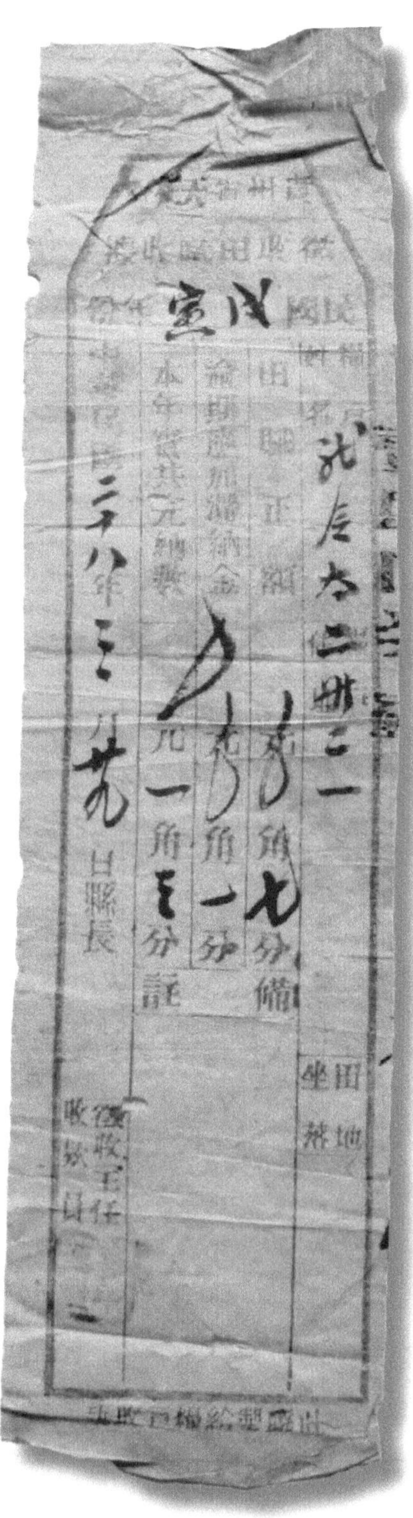

· GT—GYD—022　GT—021—009 ·

· GT—GYD—023　GT—021—025 ·

民国二十八年十一月十三日贵州省天柱县征收龙令泰田赋收据

县柱天省州贵

据收赋田收征

份年八十二国民

粮户姓名	粮户住址	田地坐落	田赋正额	逾期应加滞纳金	本年实共完纳数	注备	
龙令泰	四升五合三勺七甲槐寨		△元壹角式分	△元△角△分	△元壹角式分		中华民国二十八年十一月十三日　县长　征收主任　收款员

收执户粮给掣联此

〖文书原持有者：龙昭全；来源地：高酿镇优洞村〗

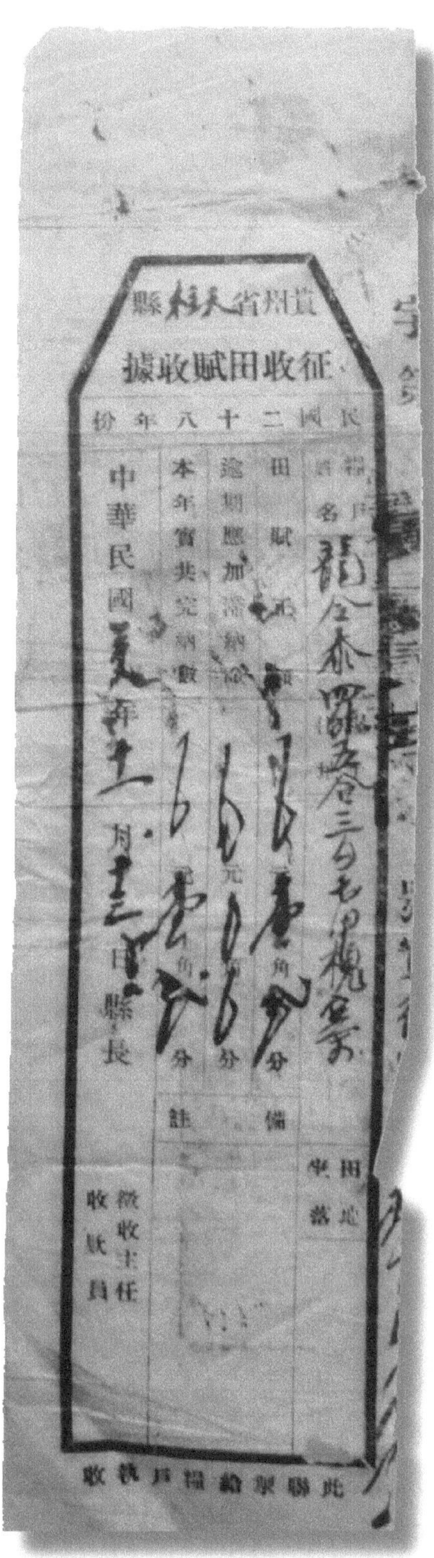

貴州省天柱縣

征收田賦收據

民國二十八年份

糧戶姓名

田賦正額 元 角 分

逾期應加滯納金 元 角 分

本年實共完納數 元 角 分

中華民國 年 月 日 縣長

備註

田地坐落

徵收主任

收款員

此聯聯給糧戶執收

· GT—GYD—023 GT—021—025 ·

· GT—GYD—024 GT—021—010 ·

民国二十八年十二月十八日贵州省天柱县征收龙令太田赋收据

县　　省州贵

据收赋田收征

份年八十二国民

粮户姓名	龙令太
粮户住址	二升二一
田地坐落	
田赋正额	△元△角△分
逾期应加滞纳金	△元△角△分
本年实共完纳数	△元△角九分
注备	

中华民国二十八年十二月十八日

县长

征收主任

收款员

执收户粮给挈联此

〖文书原持有者：龙昭全；来源地：高酿镇优洞村〗

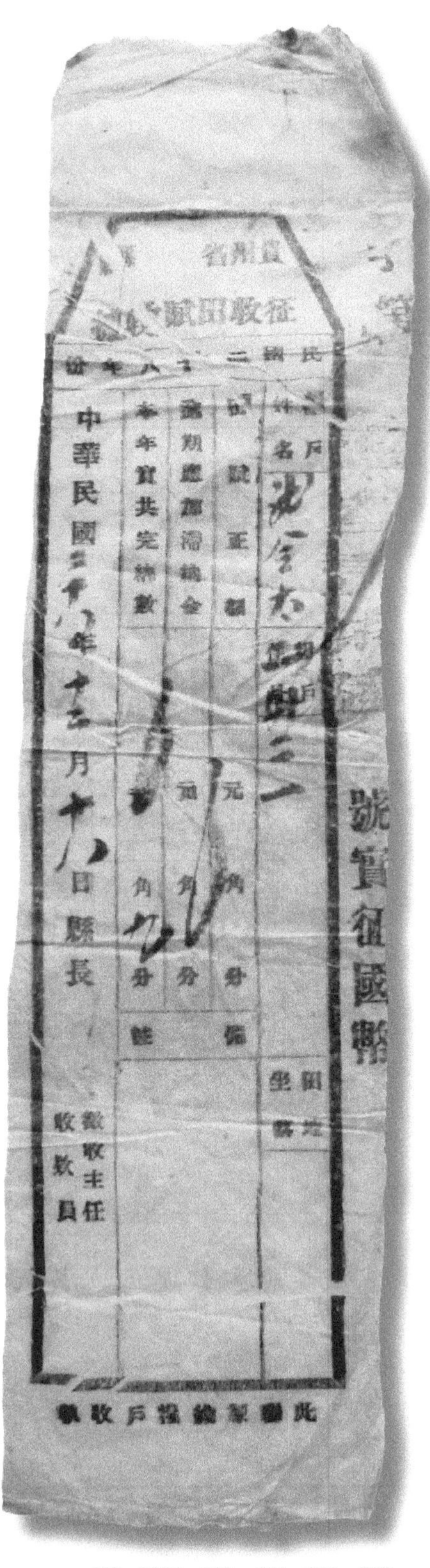

• GT—GYD—024 GT—021—010 •

· GT—GYD—025 GT—021—021 ·

民国三十年七月二十四日贵州省天柱县征收龙令太田赋收据

县　省州贵

据收赋田收征

份年九卅国民

粮户姓名	龙令太
粮户住址	硝洞
田地坐落	
裳字	
田地亩分	弍亩五分〇厘
应完粮赋	壹元壹角〇分
逾期应加滞纳罚锾	〇元〇角〇分
本年实共完纳数	壹元壹角〇分
注　备	

中华民国卅年七月廿四日

县长

征收主任

收款员

执收户粮给掣联此

〖文书原持有者：龙昭全；来源地：高酿镇优洞村〗

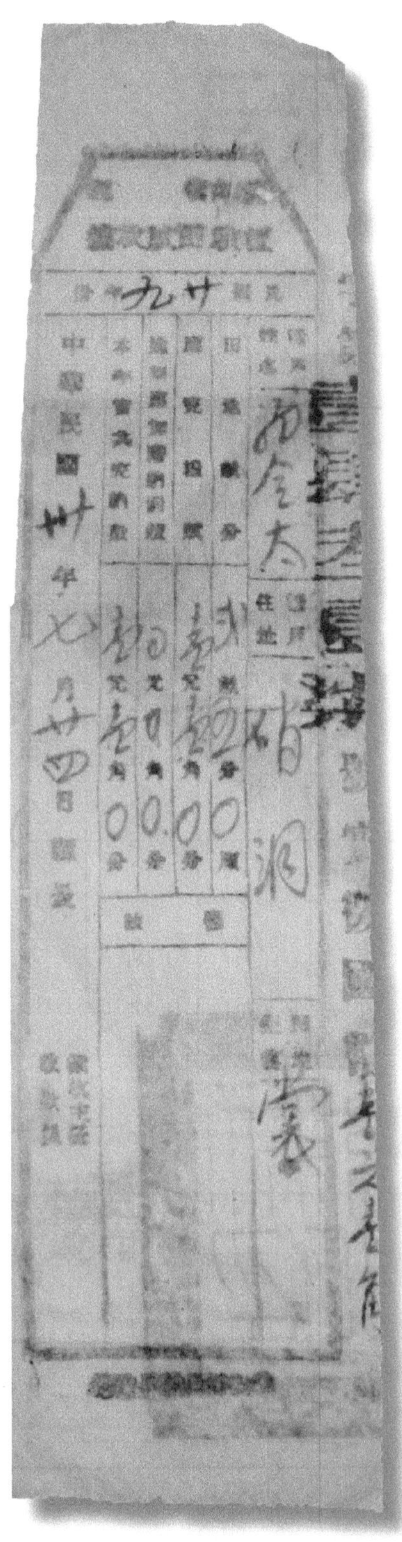

· GT—GYD—025 GT—021—021 ·

· GT—GYD—026 GT—021—022 ·

民国三十年七月二十四日贵州省天柱县征收龙令泰田赋收据

县　　省州贵 据收赋田收征					
份年九廿国民					
中华民国卅年七月廿四日 县长 征收主任 收款员	本年实共完纳数	逾期应加滞纳罚锾	应完粮赋	田地亩分	粮户姓名
					龙令泰
	○元玖角一分	○元○角○分	○元玖角一分	叁亩九分○厘	粮户住址
					岑孔
	注　　备				
					田地坐落
					商字

执收户粮给掣联此

〖文书原持有者：龙昭全；来源地：高酿镇优洞村〗

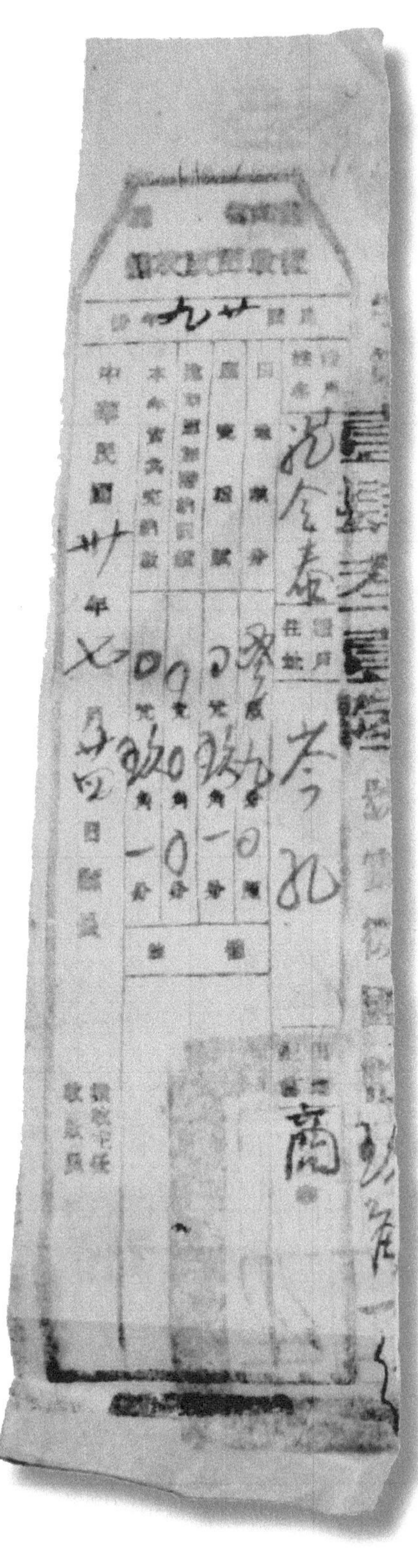

· GT—GYD—026 GT—021—022 ·

民国三十一年一月二十一日贵州省天柱县征收龙令太田赋收据

县　　省州贵 据收赋田收征					
份年　　国民					
中华民国卅一年元月廿一日　县长　征收主任　收款员	本年实共完纳数	逾期应加滞纳罚锾	应完粮赋	田地亩分	粮户姓名
	元　角　分	元　角　分	○元九角二分	三亩九分○厘	龙令太
					粮户住址
	注　　备				岑孔
	每元□□□□二□　斗共□□□□　○石一斗八升四合				田地坐落
					商字段

执收户粮给掣联此

〖文书原持有者：龙昭全；来源地：高酿镇优洞村〗

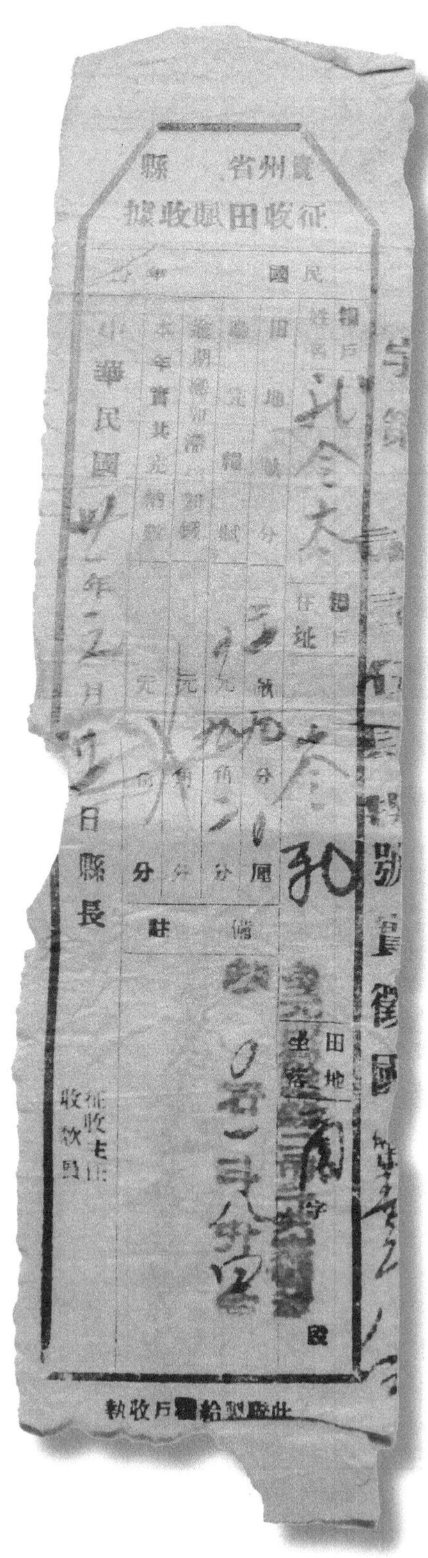

· GT—GYD—027　GT—021—030 ·

· GT—GYD—028　GT—021—002 ·

民国三十一年十一月十八日
贵州省地方政府田赋粮食管理处出具龙令太田赋及借粮收据

处理管赋田（市）县

份年三十三国民

据收粮借及赋田	字第 17706 号

业户姓名	归户册号次	亩分	赋额	征实征借及带征县市公粮之种类标准	注意事项
龙令太		三、九分	九一分	□年积谷 石斗九升一合	一、该本户本年所缴借粮一律自民国三十八年起，分五年平均在应纳当年田赋项下抵还，不再发给粮食库券。二、如该户田产在三十八年田赋开征前已有一部或全部售出，准仍由原主持同本收据及证明文件向本处查明，照原借数目分年偿还实物。三、前项申请偿还实物应在三十八年开征以前径向本处办理，逾期不负责任。

住址	征实	征借	县市公粮	合计	应减：灾免款留抵减	应减：征购粮食抵纳：粮券数量	应减：征购粮食抵纳：数量	实应缴数	逾限月数及加罚率	罚额
乡镇 岑孔保 甲 户	石三斗一升九合	石 斗 升 合	石 斗九升一合	石伍斗〇升一合	石 斗 升 合			石 斗 升 合	逾限 月应加百分之	石 斗 升 合

右粮业已照数验收入仓给此为凭

中华民国卅一年十一月十八日　征收处主任　签名盖章

执收户业给裁后粮收于联此

粮借还发联此凭售出产田遇如

〖文书原持有者：龙昭全；来源地：高酿镇优洞村〗

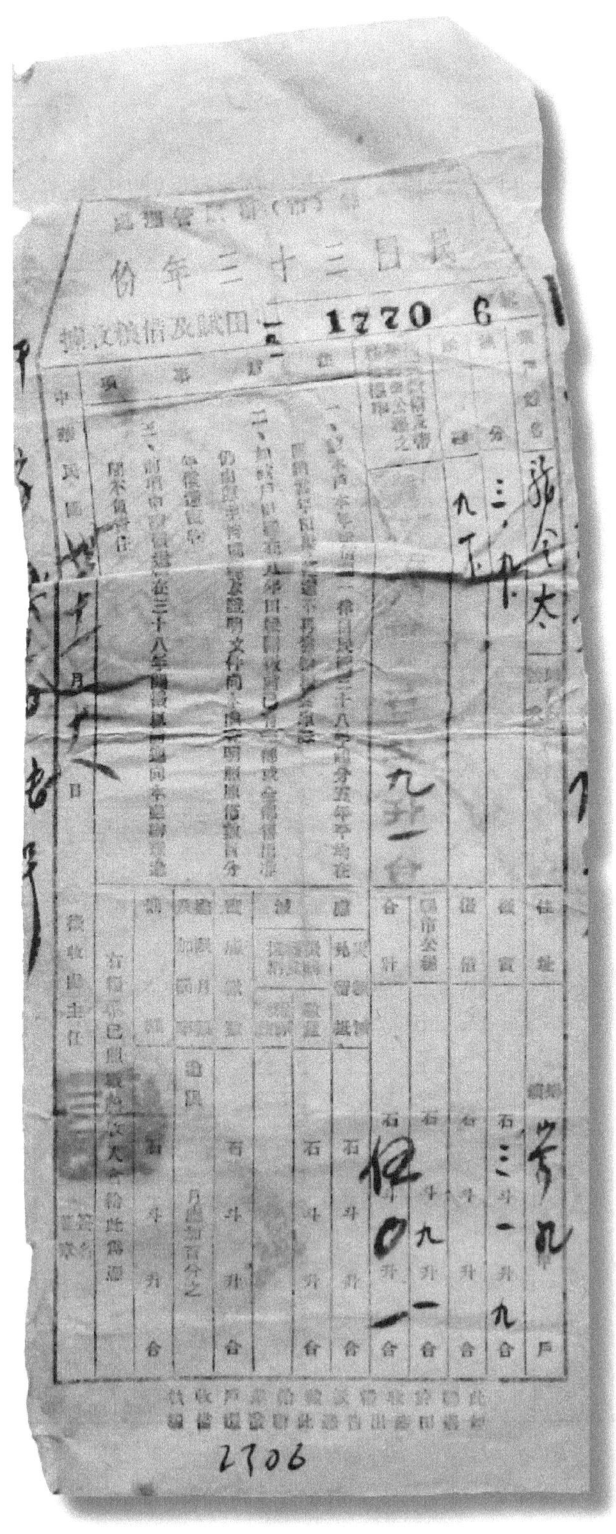

· GT—GYD—028　GT—021—002 ·

· GT—GYD—029　GT—021—003 ·

民国三十二年一月十六日天柱县田赋管理处出具龙令泰田赋收据

处理管赋田县

份年二十三国民

据收赋田收征

业户姓名	龙令泰	住址	硝洞
亩分	二分三九	土地坐落	
本年应纳赋额	壹元一角	征实种类	
田赋征实定率	每元折征三市斗	田赋征实数量	百　十　石叁斗三升〇合
□	百分之	滞纳加罚实物数	十　石　斗　升　合
带征县（市）级公粮定率	□一市斗	带征县（市）级公粮数量	百　十　石壹斗一升〇合
应征实物合计	百　十　石肆斗肆升〇合		
灾款减免数	百十升合	实应缴数	百　十　石　斗　升　合
征收处主任			
中华民国三十二年元月十六日	发给		

执收户粮给掣联此

〖文书原持有者：龙昭全；来源地：高酿镇优洞村〗

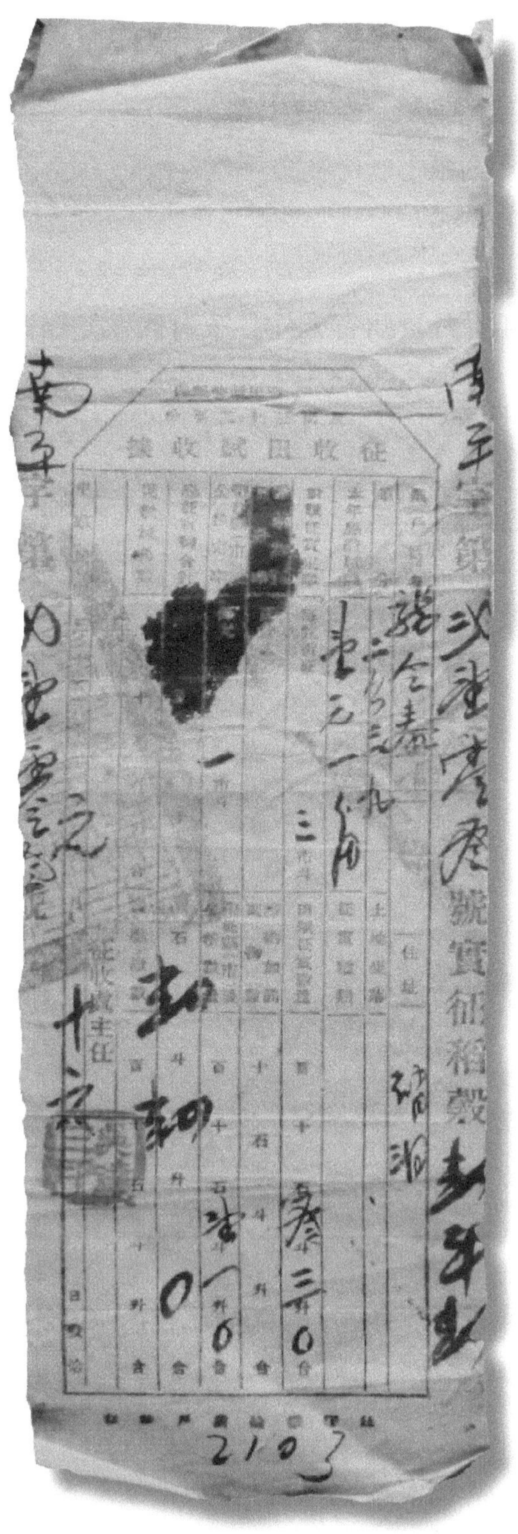

徵收田賦收據

號實徵稻穀

徵收處主任

· GT—GYD—029 GT—021—003 ·

· GT—GYD—030　GT—021—008 ·

民国三十二年五月贵州省天柱县政府颁发龙令泰土地管业执照

县

颁发土地管业执照事务所收据

今收到

本县第　区　乡镇街　业户　龙令泰

陈报单收据壹

呈缴田土契据△张并执照工料费银贰元△角△分此据

保　结△

中华民国三十二年五月　日　经手人

〖文书原持有者：龙昭全；来源地：高酿镇优洞村〗

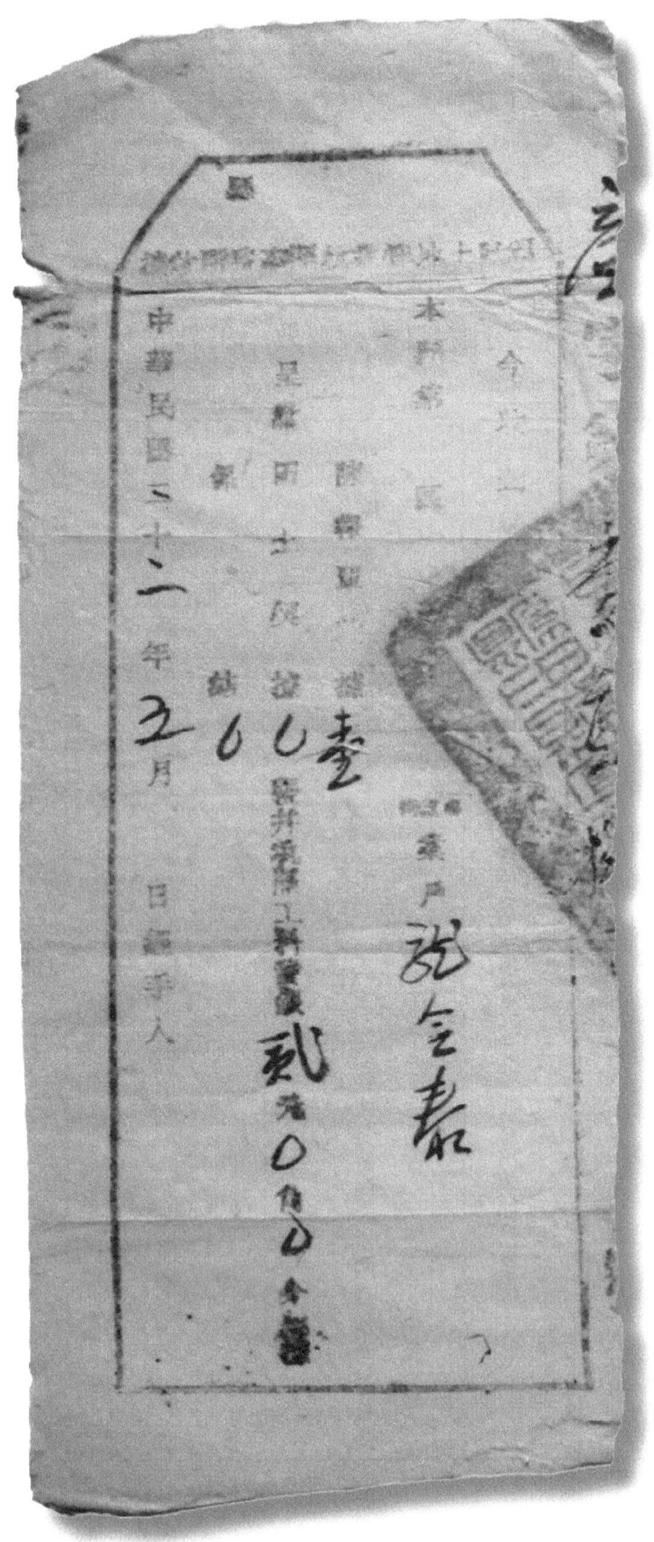

中華民國三十二年五月　日經手人

· GT—GYD—030　GT—021—008 ·

· GT—GYD—031　GT—021—026 ·

民国三十二年十二月六日贵州财政厅出具龙令泰丁粮纳税凭单

贵州财政厅为掣付丁粮纳税凭单事今据天柱县

区名	七甲槐
花户姓名	龙令泰
年纳定额	两　四升五合三勺　石
连耗及加收规费共纳银两数	△两△钱柒分陆厘
税单费	△钱式分伍厘
滞纳金	△两△钱△分△厘

癸酉年通共应纳银△两壹钱△分叁厘申合大洋△元壹角柒仙已收讫

中华民国卅二年十二月六日征收官

人税纳付裁联此

〖文书原持有者：龙昭全；来源地：高酿镇优洞村〗

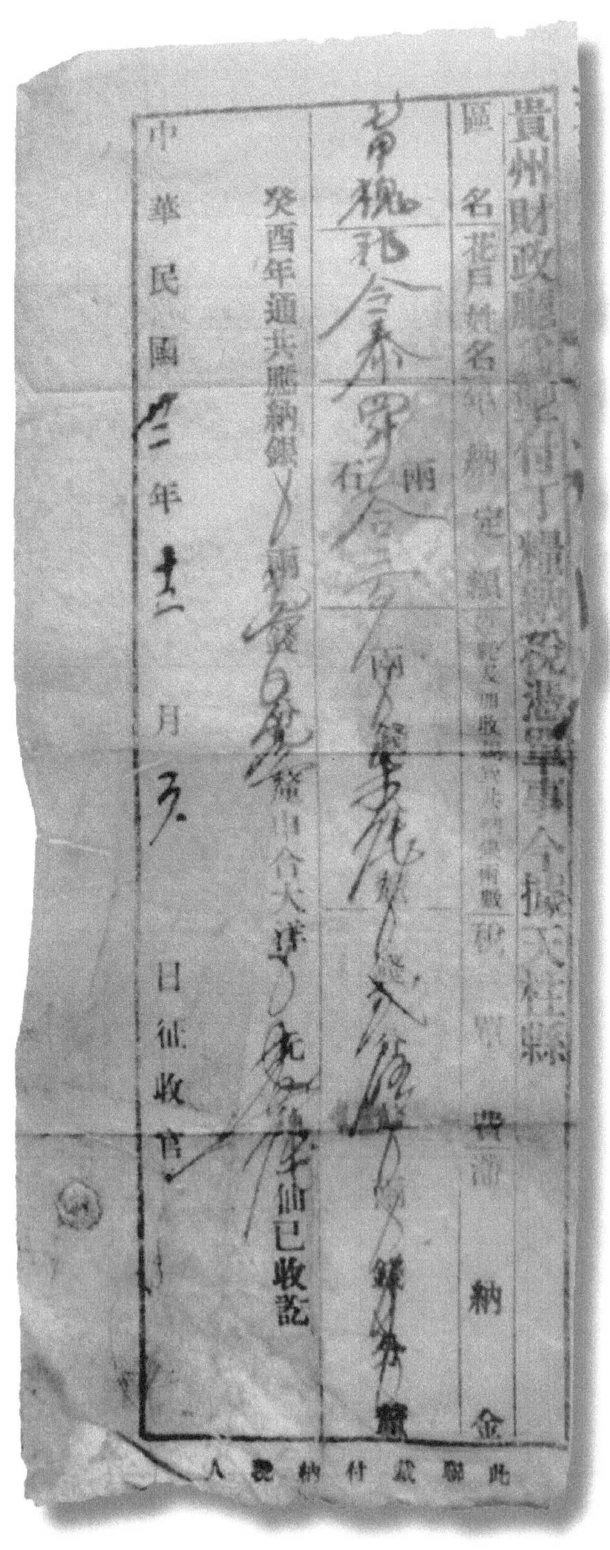

貴州財政廳[illegible]丁糧[illegible]稅憑單[illegible]天柱縣

區 名 花戶姓名 [illegible]

[illegible] 兩 [illegible] 兩 [illegible]

癸酉年通共應納銀 [illegible] 兩 [illegible] 已收訖

中華民國 廿二 年 十二 月 [illegible] 日徵收官

此聯裁付納稅人

• GT—GYD—031 GT—021—026 •

· GT—GYD—032 GT—021—004 ·

民国三十三年一月十七日天柱县田赋管理处出具龙令太田赋收据

处理管赋田县柱天

份年二十三国民

据收赋田收征

业户姓名	亩分	本年应纳赋额	田赋征实定率	滞纳加罚百分率	带征县（市）级公粮定率	应征实物合计	灾款减免数	南和	中华民国三十三年元月十七日
龙令太	三、九	九一分	每元折征　三市斗	百分之	□九　一市斗	百　十　石叁斗陆升四合	百　十　斗　升　合		
住址	土地坐落	征实种类	田赋征实数量	滞纳加罚实物数	带征县（市）级公粮数量		实应缴数	征收处主任	发给
岑孔		稻谷	百　十　石二斗七升三合	十　石　斗　升　合	百　十　石　斗九升一合		百　十　石　斗　升　合		

□□□□□□□□□

〖文书原持有者：龙昭全；来源地：高酿镇优洞村〗

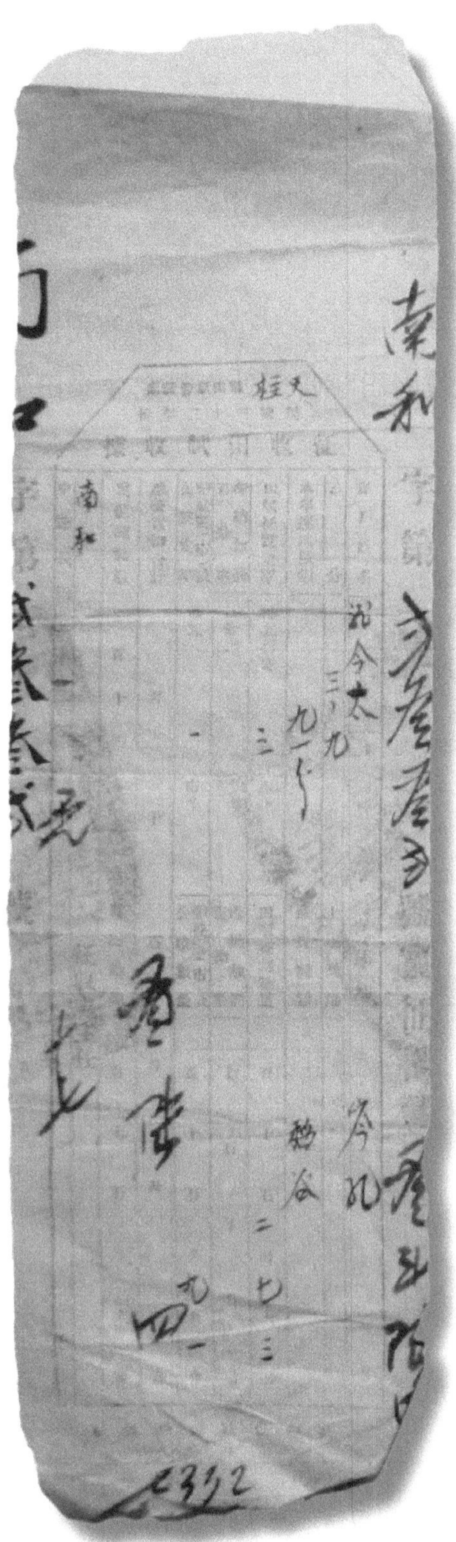

· GT—GYD—032 GT—021—004 ·

· GT—GYD—033 GT—021—013 ·

民国三十三年十一月十八日
贵州省地方政府田赋管理处出具龙令泰田赋及借粮收据

处理管赋田（市）县
份年三十三国民

据收粮借及赋田	字第33478号

业户姓名	归户册次号	亩分	赋额	征实征借及带征县市公粮之种类标准	注意事项	
龙令泰		弍、三九分	壹、一〇元	缴征32年稻谷 石壹斗一升〇合	一、该本户本年所缴借粮一律自民国三十八年起，分五年平均在应纳当年田赋项下抵还，不再发给粮食库券。 二、如该户田产在三十八年田赋开征前已有一部或全部售出，准仍由原主持同本收据及证明文件向本处查明，照原借数目分年偿还实物。 三、前项申请偿还实物应在三十八年开征以前径向本处办理，逾期不负责任。	中华民国卅三年十一月十八日 征收处主任 签名盖章

住址	征实	征借	县市公粮	合计	应减：灾歉免留抵减	应减：征购粮食抵纳 数量	应减：征购粮食抵纳 粮券号数	实应缴数	逾限月数及加罚率	罚额	
乡镇 硝洞保 甲 户	石叁斗八升五合	石 斗 升 合	石壹斗一升〇合	石陆斗〇升五合	石 斗 升 合	石 斗 升 合		石 斗 升 合	逾限 月应加百分之	石 斗 升 合	右粮业已照数验收入仓给此为凭

执收户业给裁后粮收于联此
粮借还发联此凭售出产田遇如

〖文书原持有者：龙昭全；来源地：高酿镇优洞村〗

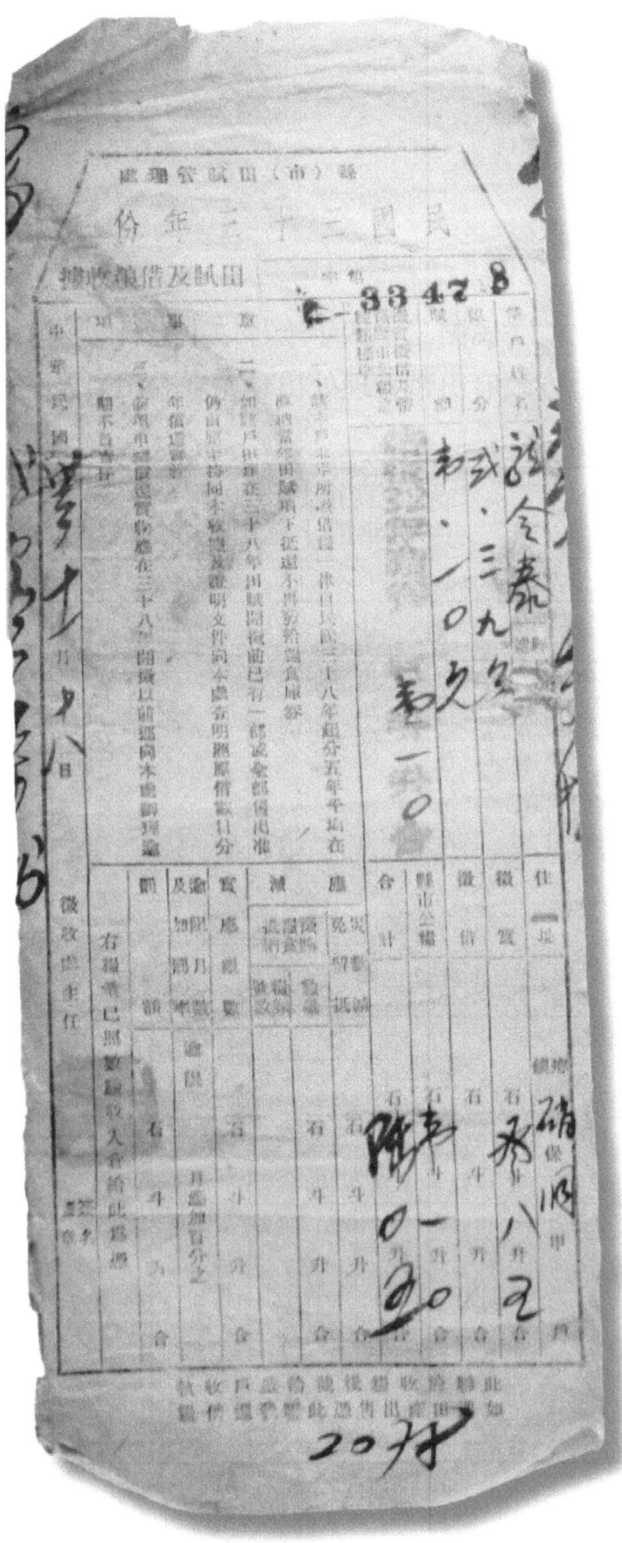

GT—GYD—033　GT—021—013

民国三十四年十月二十七日
贵州省地方政府田赋管理处出具龙令泰田赋及借粮收据

处理管食粮赋田（市）县
份年四十三国民

据收粮借及赋田　　字第16959号

业户姓名	亩分	赋额	征实征借及带征省县市公粮之种类标准	注意事项
龙令泰	二、三九□	一、一□□		一、该本户本年所缴借粮一律自民国三十八年起，分五年平均在应纳当年田赋项下抵还，不再发给粮食库券。 二、如该户田产在三十八年田赋开征前已有一□或全部售出，准仍由原主持同本收据及证明文件向本处□，照原借数目分年偿还实物。 三、前项申请偿还实物应在三十八年开征以前径向本处办理，逾期不负责任。
归户册号次				

住址	征实	征借	省县市公粮	合计	应减：灾款免留抵减	应减：征购粮食抵纳：数量	应减：征购粮食抵纳：粮券号数	实应缴数	逾限月数及加罚率	罚额
乡镇硝洞保甲户	三石八斗五升合	石斗升合	一石一斗〇升合	四石九斗五升合	石斗升合	石斗升合		石斗升合	逾限月应加百分之	石斗升合

右粮业已照数验收入仓给此为凭

中华民国卅四年十月廿七日　征收处主任　签名盖章

执收户业给裁后粮收于联此
粮借还发联此凭售出产田遇如

〖文书原持有者：龙昭全；来源地：高酿镇优洞村〗

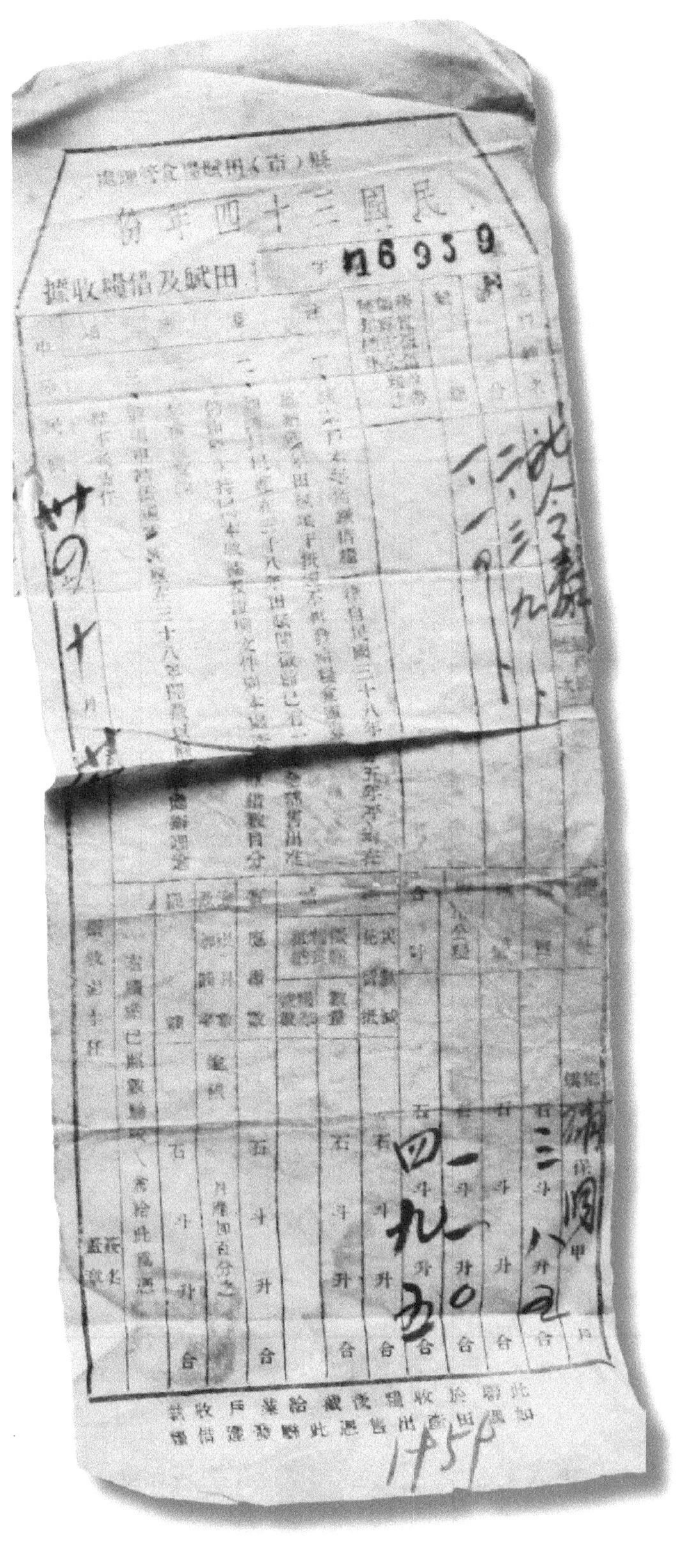

GT—GYD—034　GT—021—001

· GT—GYD—035　GT—021—028 ·

民国三十四年十一月五日龙令太缴纳天柱县政府乡保各级公款人员食米收据

天柱县政府征集乡保各级公款人员食米收据　第一联——□□

乡别	户名	等级	纳粮年度	征集食米数量
硝洞	龙令太	一	三十四年度	糙米四斗

乡公所　乡长　经济干事

中华民国三十四年11月5日

查存户粮交联此

〖文书原持有者：龙昭全；来源地：高酿镇优洞村〗

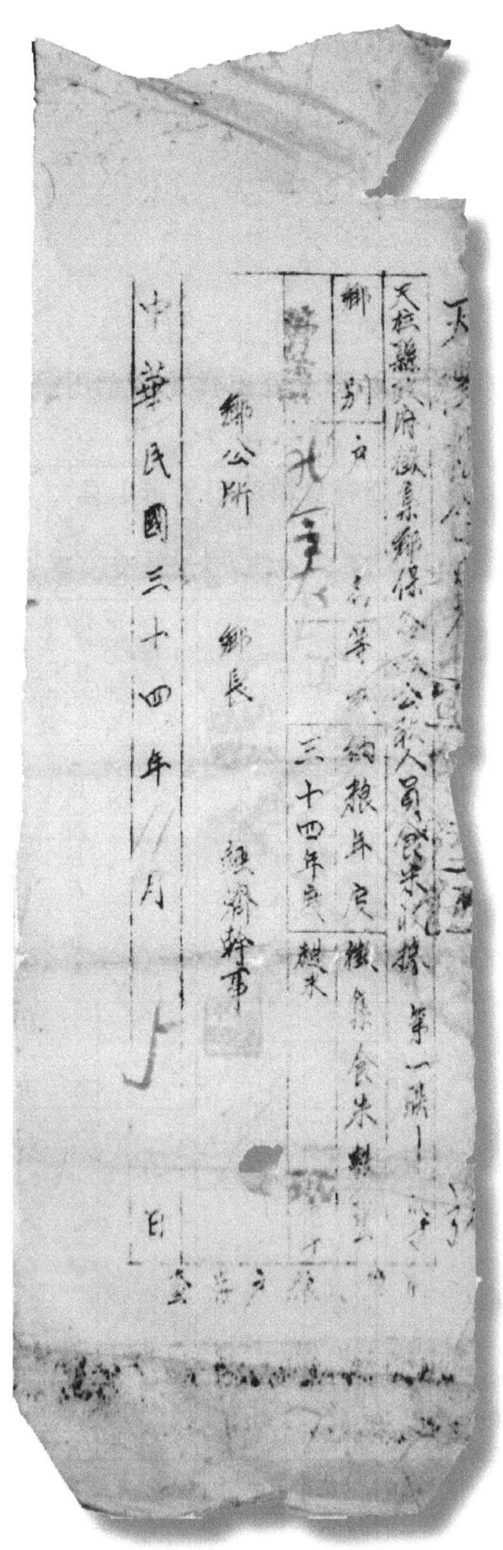

天柱縣政府徵集鄉保公教人員食米收據 第一聯

鄉別 等 納糧年度 徵集食米數

三十四年度 穀米

鄉公所 鄉長 經辦幹事

中華民國三十四年 月 日

· GT—GYD—035 GT—021—028 ·

· GT—GYD—036　GT—021—012 ·

民国三十五年一月二日
贵州省地方政府田赋管理处出具龙令泰田赋及借粮收据

处理管食粮赋田（市）县 份年四十三国民	
据收粮借及赋田	字第 8337 号

业户姓名	归户册号次	亩分	赋额	征实征借及带征县市公粮之种类标准	注意事项	
龙令泰		叁、九分	九一元	代□积谷　石　斗九升　一合	一、该本户本年所缴借粮一律自民国三十八年起，分五年平均在应纳当年田赋项下抵还，不再发给粮食库券。 二、如该户田产在三十八年田赋开征前已有一部或全部售出，准仍由原主持同本收据及证明文件向本处查明，照原借数目分年偿还实物。 三、前项申请偿还实物应在三十八年开征以前径向本处办理，逾期不负责任。	中华民国卅五年一月二日　征收处主任

住址	征实	征借	县市公粮	合计	应减：灾歉免留抵减	应减：征购粮食抵纳数量	应减：征购粮食抵纳粮券号数	实应缴数	逾限月数及加罚率	罚额		
乡镇　岑孔保　甲　户	石三斗一升九合	石　斗　升　合	石　斗九升一合	石四斗一升〇合	石　斗　升　合	石　斗　升　合		石　斗　升　合	逾限　月应加百分之	石　斗　升　合	右粮业已照数验收入仓给此为凭	签名盖章

执收户业给裁后粮收于联此
粮借还发联此凭售出产田遇如

〔文书原持有者：龙昭全；来源地：高酿镇优洞村〕

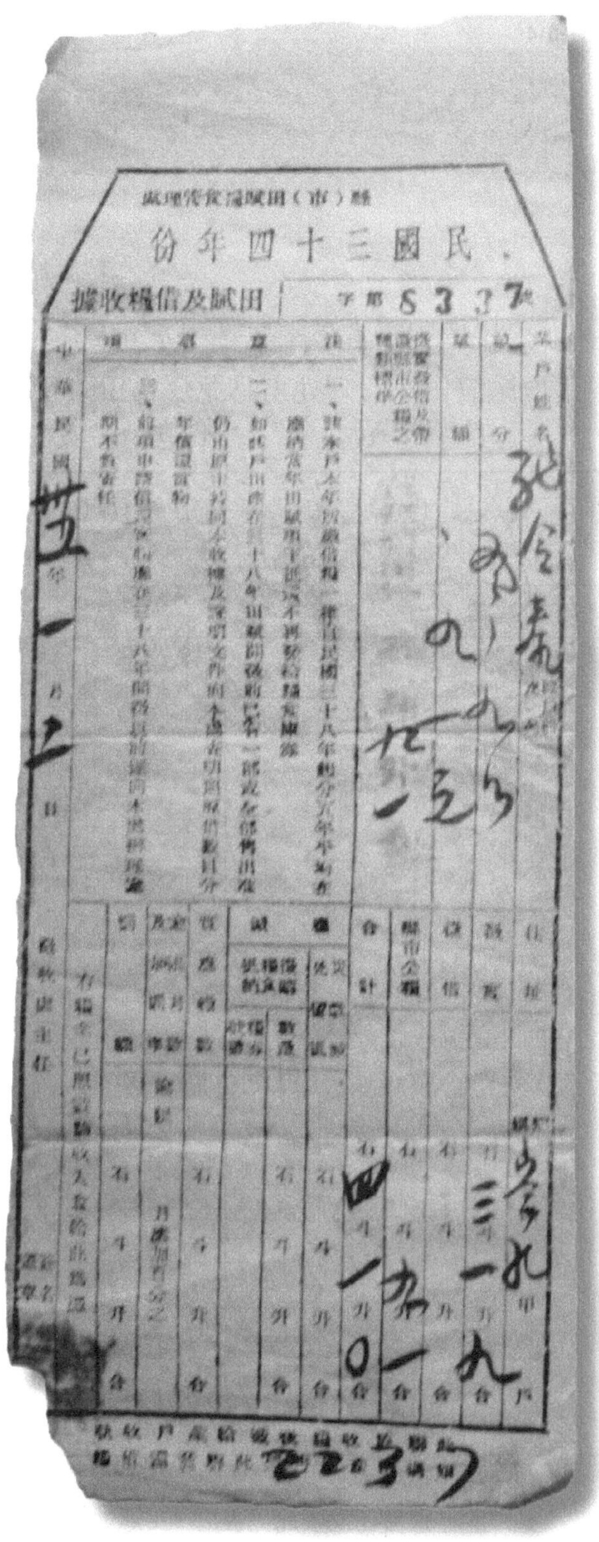
縣（市）田賦糧食管理處

民國三十四年份

田賦及借糧收據　字第8337號

· GT—GYD—036　GT—021—012 ·

· GT—GYD—037 GT—021—014 ·

民国三十五年十二月二十九日
贵州省地方政府田赋管理处出具龙令泰田赋及借粮收据

处理管食粮赋田（市）县
份年五十三国民

据收粮借及赋田　　字第 12236 号

业户姓名	亩分	赋额	征实征借及带征省县市公粮之种类标准
龙令泰	叁、九分	、九一元	

归户册号次

注意事项

一、该户本年所缴借粮一律自民国四十年起，分五年平均在应纳当年田赋项下抵还，不再发给粮食库券。

二、如该户田产在四十年田赋开征前已有一部或全部售出，准仍由原主持同本收据及证明文件向本处查明，照原借数目分年偿还实物。

三、前项申请偿还实物应在四十年开征以前径向本处办理，逾期不负责任。

住址	征实	征借	省县市公粮	合计	应减：灾款减免留抵	应减	实应缴数	逾限月数及加罚率	罚额
镇乡 岑孔保 甲 户	石壹斗八升二合	石斗升合	石斗九升一合	石斗升合	石斗升合		石斗升合	逾限 月应加百分之	石斗升合

右粮业已照数验收入仓给此为凭

中华民国卅五年十二月廿九日　办事处主任　签名盖章

执收户业给裁后粮收于联此
粮借还发联此凭售出产田遇如

〖文书原持有者：龙昭全；来源地：高酿镇优洞村〗

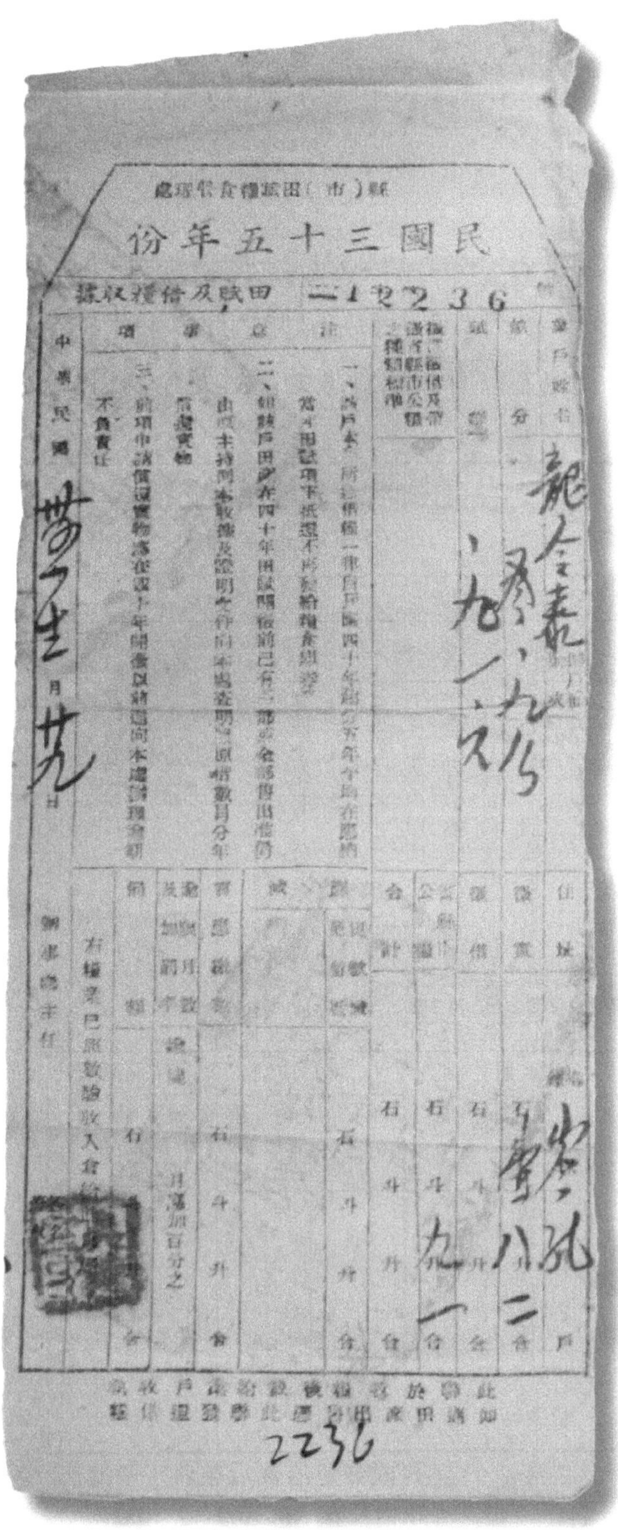

縣（市）田賦糧食管理處

民國三十五年份

田賦及借糧收據 二一22236

2236

· GT—GYD—037 GT—021—014 ·

· GT—GYD—038 GT—021—015 ·

民国三十五年十二月二十九日
贵州省地方政府田赋管理处出具龙令泰田赋及借粮收据

<table>
<tr><td colspan="4">处理管食粮赋田（市）县
份年五十三国民</td></tr>
<tr><td colspan="2">据收粮借及赋田</td><td colspan="2">字第 959 号</td></tr>
</table>

业户姓名	归户册号次	亩分	赋额	征实征借及带征省县市公粮之种类标准
龙令泰		二、三九分	一、一分	

注意事项：

一、该户本年所缴借粮一律自民国四十年起，分五年平均在应纳当年田赋项下抵还，不再发给粮食库券。

二、如该户田产在四十年田赋开征前已有一部或全部售出，准仍由原主持同本收据及证明文件向本处查明，照原借数目分年偿还实物。

三、前项申请偿还实物应在四十年开征以前径向本处办理，逾期不负责任。

住址	征实	征借	省县市公粮	合计	应减：灾款减免留抵	应减	实应缴数	逾限月数及加罚率	罚额
乡镇 硝洞保 甲 户	石二斗二升〇合	石斗升合	石一斗一升〇合	石斗升合	石斗升合		石斗升合	逾限 月应加百分之	石斗升合

右粮业已照数验收入仓给此为凭

中华民国卅五年十二月廿九日 办事处主任 签名盖章

执收户业给裁后粮收于联此
粮借还发联此凭售出产田遇如

〖文书原持有者：龙昭全；来源地：高酿镇优洞村〗

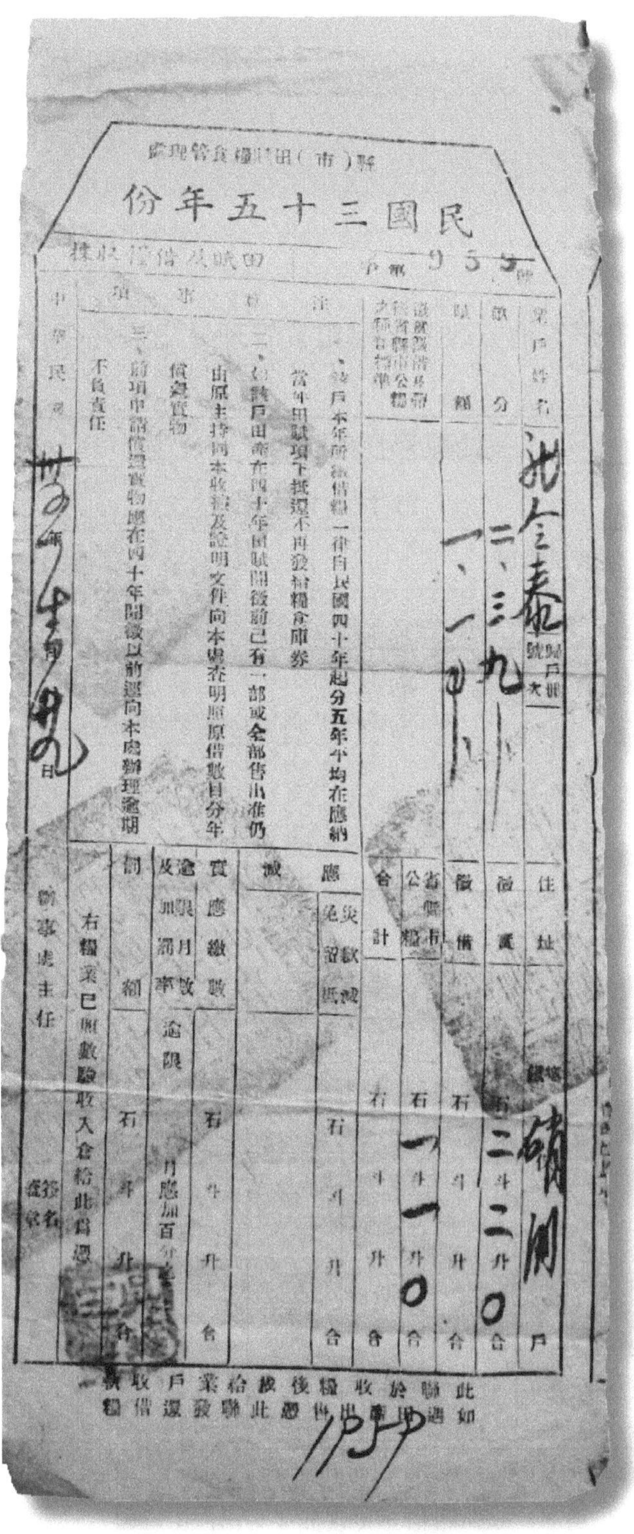

縣(市)田賦糧食管理處

民國三十五年份

田賦及借糧收據　第 959 號

業戶姓名	業戶冊號	畝分	賦額	遵照省府頒發之徵借省縣市公糧標準
沈金泰		二、三九	一、一□八	

注意事項

一、該戶本年所徵借糧一律自民國四十年起分五年平均在應納當年田賦項下抵還不再發給糧食庫券

二、如該戶田產在四十年田賦開徵前已有一部或全部售出准仍由原主持同本收據及證明文件向本處查明照原借數目分年償還實物

三、前項申請償還實物應在四十年開徵以前逕向本處辦理逾期不負責任

中華民國 卅五年 十二月 廿九 日

住址	徵實	徵借	省縣市公糧	合計	應減（災歉減免 / 留抵）	實應繳數	逾限及加罰（逾限 月應加百分之）	罰額
鎮洞 戶	石二斗二升〇合	石 斗 升 合	石一斗一升〇合	石 斗 升 合	石 斗 升 合	石 斗 升 合		石 斗 升 合

右糧業已照數驗收入倉給此爲憑

經收事處主任 簽名蓋章

此聯於收糧後給業戶收執

如遇田畝出售應此聯發還借糧

1959

• GT—GYD—038　GT—021—015 •

· GT—GYD—039 GT—021—005 ·

民国三十五年贵州省地方政府田赋粮食管理处出具龙令伴田赋及借粮收据

处理管食粮赋田（市）县

份年五十三国民

据收粮借及赋田	字第219551号

业户姓名	亩分	赋额	征实征借及带征省县市公粮之种类标准
龙令伴	二、一三分	、九八分	
归户册号次			

住址	征实	征借	省县市公粮	合计	应减：灾款减免留抵	应减	实应缴数	逾限月数及加罚率	罚额	
镇乡 硝洞保 甲 户	石一斗九升六合	石 斗 升 合	石 斗九升八合	石 斗 升 合	石 斗 升 合		石 斗 升 合	逾限 二月应加百分之十	石 斗三升〇合	右粮业已照数验收入仓给此为凭

注意事项

一、该户本年所缴借粮一律自民国四十年起，分五年平均在应纳当年田赋项下抵还，不再发给粮食库券。

二、如该户田产在四十年田赋开征前已有一部或全部售出，准仍由原主持同本收据及证明文件向本处查明，照原借数目分年偿还实物。

三、前项申请偿还实物应在四十年开征以前径向本处办理，逾期不负责任。

中华民国 年 月 日 征收处主任 签名盖章

执收户业给裁后粮收于联此

粮借还发联此凭售出产田遇如

〖文书原持有者：龙昭全；来源地：高酿镇优洞村〗

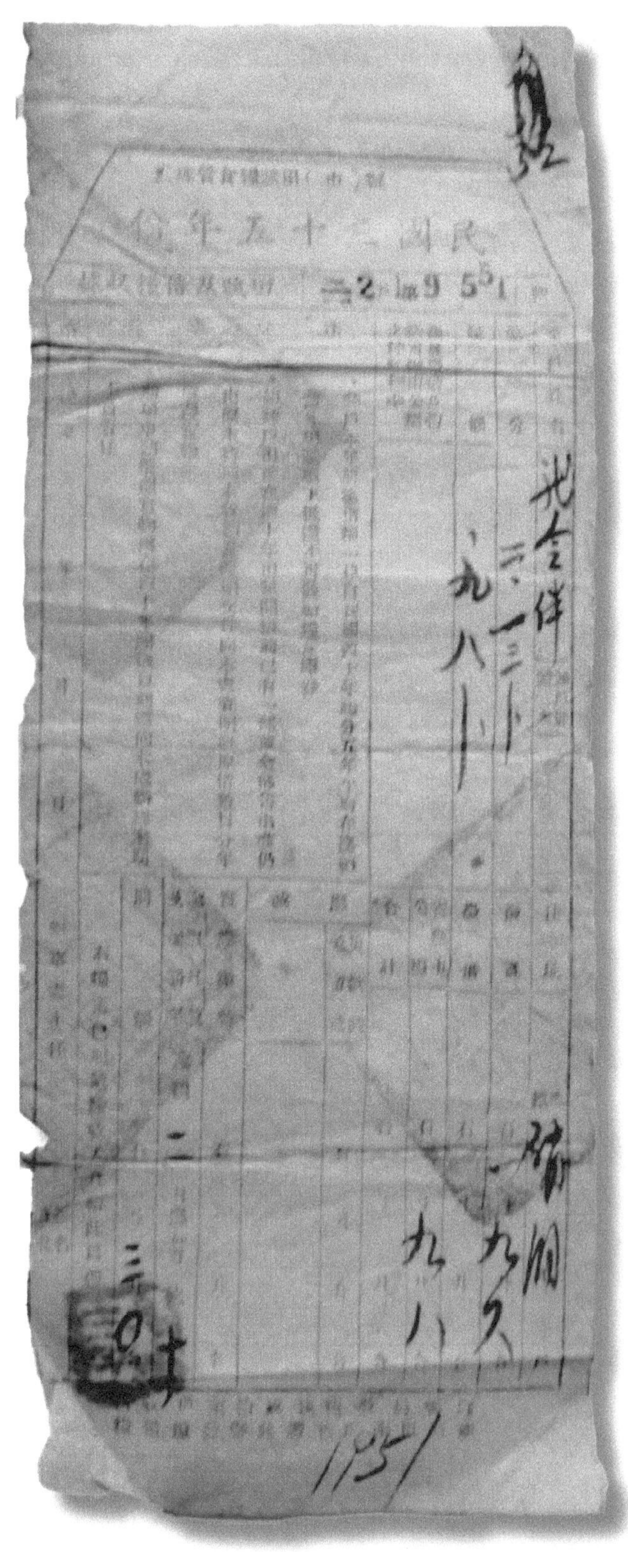

· GT—GYD—039 GT—021—005 ·

· GT—GYD—040 GT—021—016 ·

民国三十五年十二月二十九日龙令泰天柱县建校乐捐收据

据收捐乐校建县柱天

收到

乡（镇）龙令泰先生（粮额〇千〇百〇十壹元壹角□分）

乐捐 稻谷 市石 斗 升 合

或法币 万 千乙（一）百乙（一）十 元 此据

天柱县参议会议长 杨昭焯

副议长 孙学海

经收人 （签名盖章）

中华民国三十五年十二月廿九日

〖文书原持有者：龙昭全；来源地：高酿镇优洞村〗

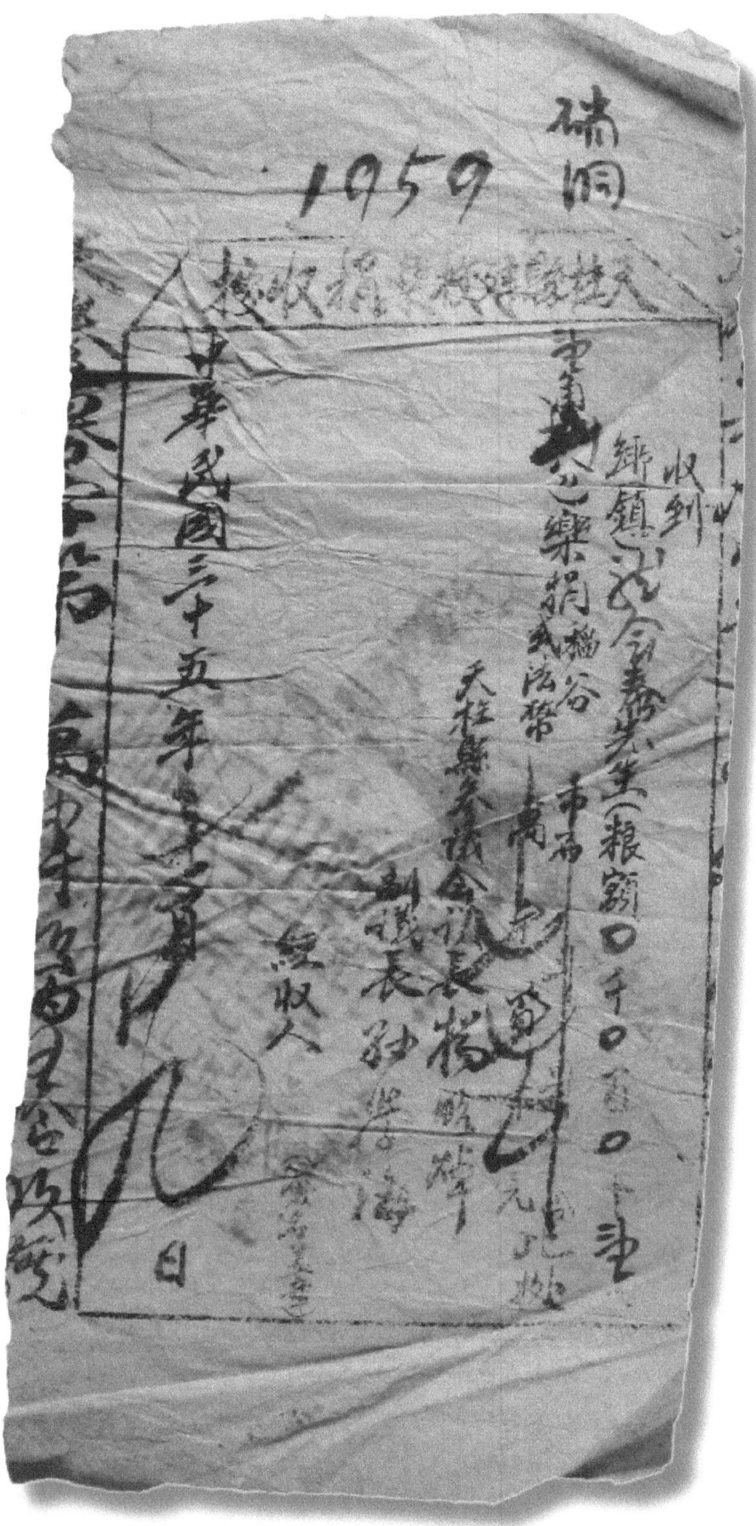

·GT—GYD—040 GT—021—016·

· GT—GYD—041 GT—021—011 ·

民国三十六年十二月二日
贵州省地方政府建校主任委员龙政中出具龙令伴交费通知

知通

通知

龙令伴先生粮额△拾△元九角八分，应纳稻谷△市石△斗九升八合作建设中心国民学校经费。

建校主任委员　龙政中

副主任委员　龙才邦

光明

中华民国36年12月2日

〖文书原持有者：龙昭全；来源地：高酿镇优洞村〗

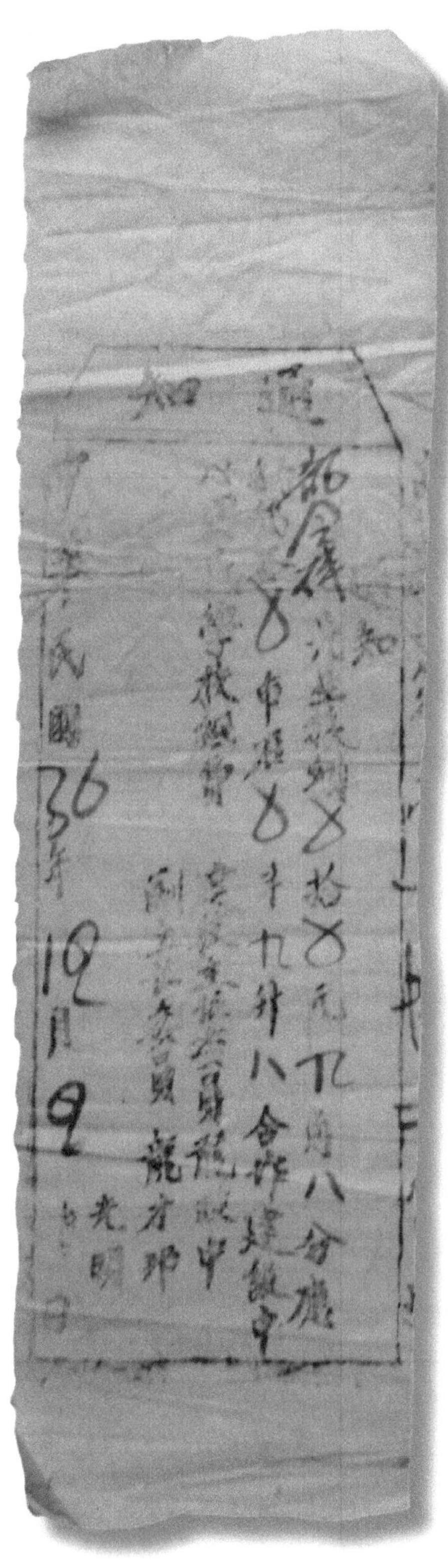

· GT—GYD—041 GT—021—011 ·

· GT—GYD—042 GT—021—018 ·

民国三十六年十二月二日
贵州省地方政府建校主任委员龙政中出具龙令泰交费通知

知通

通知

龙令泰先生粮额△拾壹元一角△分，应纳稻谷△市石壹斗一升△合作建设中心国民学校经费。

建校主任委员 龙政中

副主任委员 龙才邦

光明

中华民国36年12月2日

〖文书原持有者：龙昭全；来源地：高酿镇优洞村〗

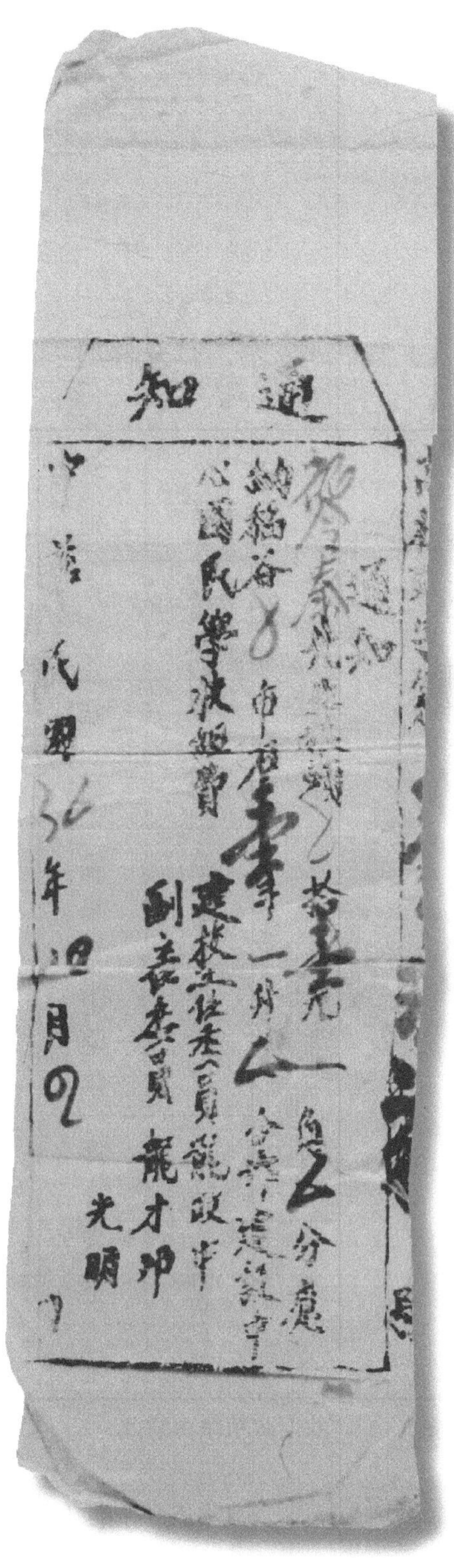

通知

[illegible]納稻谷[illegible]市石[illegible]以[illegible]民學校經費[illegible]拾[illegible]元[illegible]角[illegible]分處

建校委員會主任委員[illegible]

副主任委員 龍才印 光明

中華民國36年四月[illegible]日

• GT—GYD—042　GT—021—018 •

· GT—GYD—043 GT—021—024 ·

民国三十六年十二月二十七日龙令泰天柱县政府筹集小学教员生活津贴收据

天柱县政府三十六年筹集小学教员生活津贴收据 □□职收据

乡镇别	户名	赋额	筹集食米数量	筹集金额
	龙令泰	壹、壹〇	△市石壹斗肆升玖合	△万弍千弍百柒玖元

乡长

副乡长

临据作废

中华民国叁十六年十二月廿七日

收府政粮缴由联此

〖文书原持有者：龙昭全；来源地：高酿镇优洞村〗

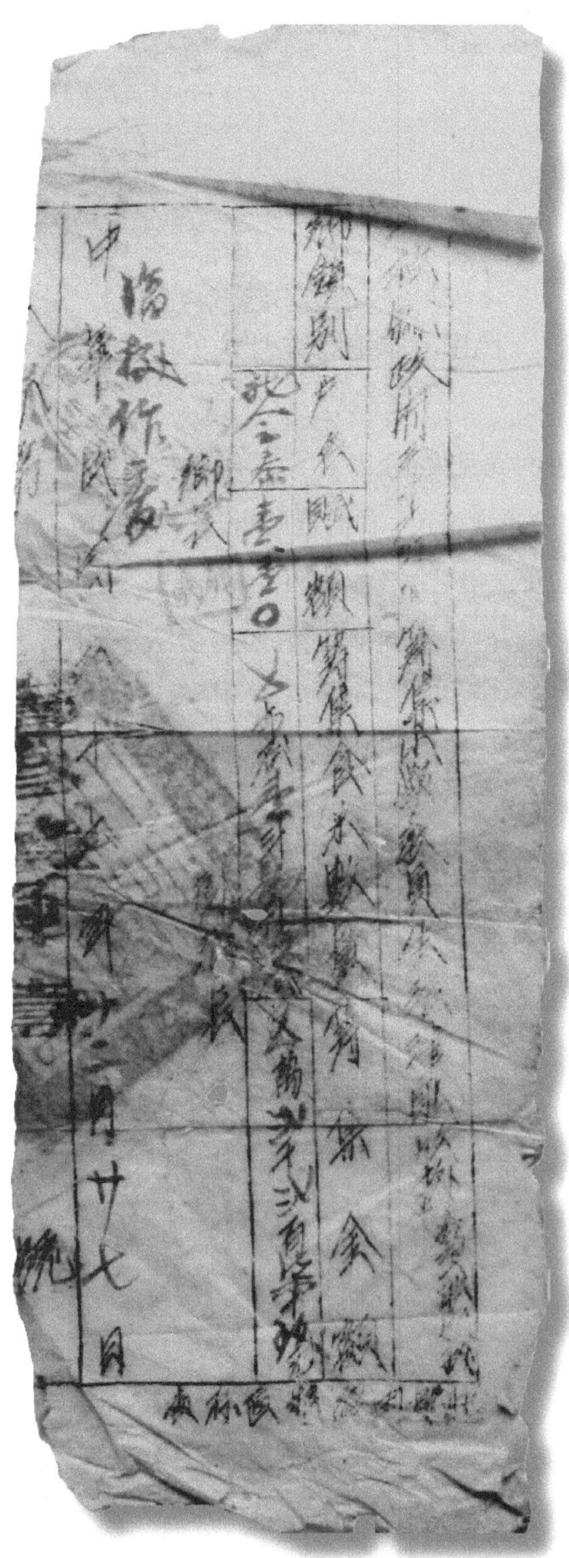

·GT—GYD—043　GT—021—024·

· GT—GYD—044 GT—021—032 ·

民国三十七年九月龙见模卖田契

立卖田契字人岑孔村龙见模，今因家下要洋使用，无所出处，自愿将到土名高命田两坵，上下抵龙见凡田，左抵龙清茂，右抵龙见凡田，四至抵清。自己上门问到夏化村杨通财名下承买。当面议定价洋伍亿捌千捌百万元正（整）。其洋领清入手应用，其田卖与买主耕管为业。自卖之后，不得异言。恐口无凭，立有卖字为据。

内涂三字，内添三字。

凭冲（中）

祈笔　龙令文

民国叁拾七年九月初日　立

〖文书原持有者：龙昭全；来源地：高酿镇优洞村〗

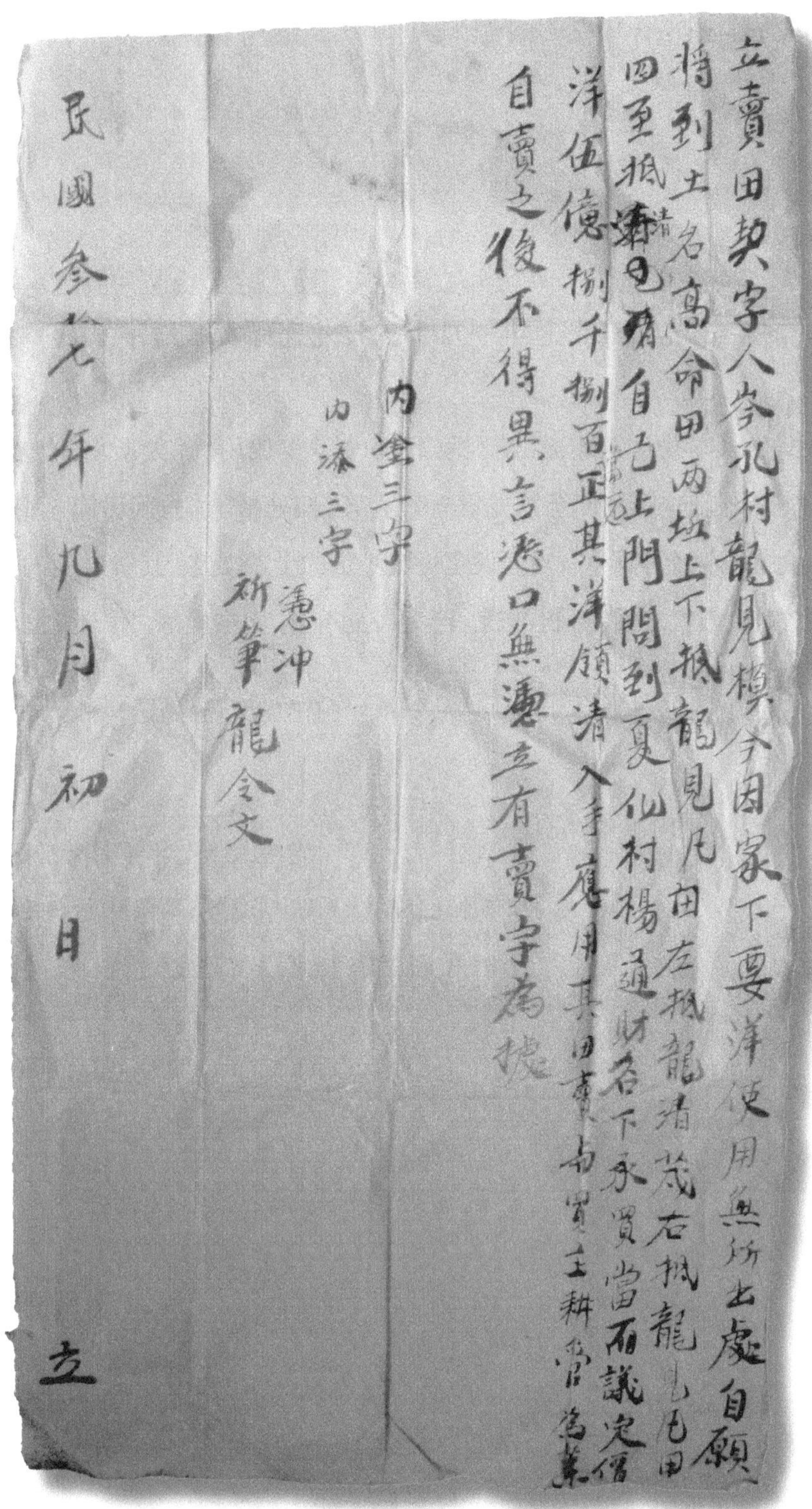

立賣田契字人岑孔村龍見模，今因家下要洋使用，無所出處，自願將到土名高命田兩坵，上下抵龍見凡田，左抵龍渚荒，右抵龍乜毛田，四至抵清。自己上門問到夏仙村楊通財名下承買，當面議定價洋伍億捌千捌百正。其洋領清入手應用，其田賣與買主耕管為業。自賣之後，不得異言。恐口無憑，立有賣字為據。

內塗三字

內添三字

憑中

代筆 龍令文

民國叁拾七年九月初 日 立

· GT—GYD—044 GT—021—032 ·

· GT—GYD—045 GT—021—113 ·

光绪二十七年一月十二日龙连标卖园地字

立卖园地字人岑孔村龙连标，情因家下鈌（缺）少钱用，无处所出，自愿将到土名寨却（脚）夏冲登头园地一团，四至抵龙振章地为界，四处抵清。先问房族，无钱承买。自己上门问到本村龙秀荣名下承买。当面议定价钱壹佰式十四文整。其钱亲领入手应用，其园地永远耕管为业。自卖之后，不得异言。若有买主不清，卖主理落，不干买主之事。恐口无凭，立有卖字存照为据。

凭中
请笔 杨能虑

光绪式十七年正月十二日 立契

〖文书原持有者：龙秀斌；来源地：高酿镇优洞村岑巩下组〗

· GT—GYD—045　GT—021—113 ·

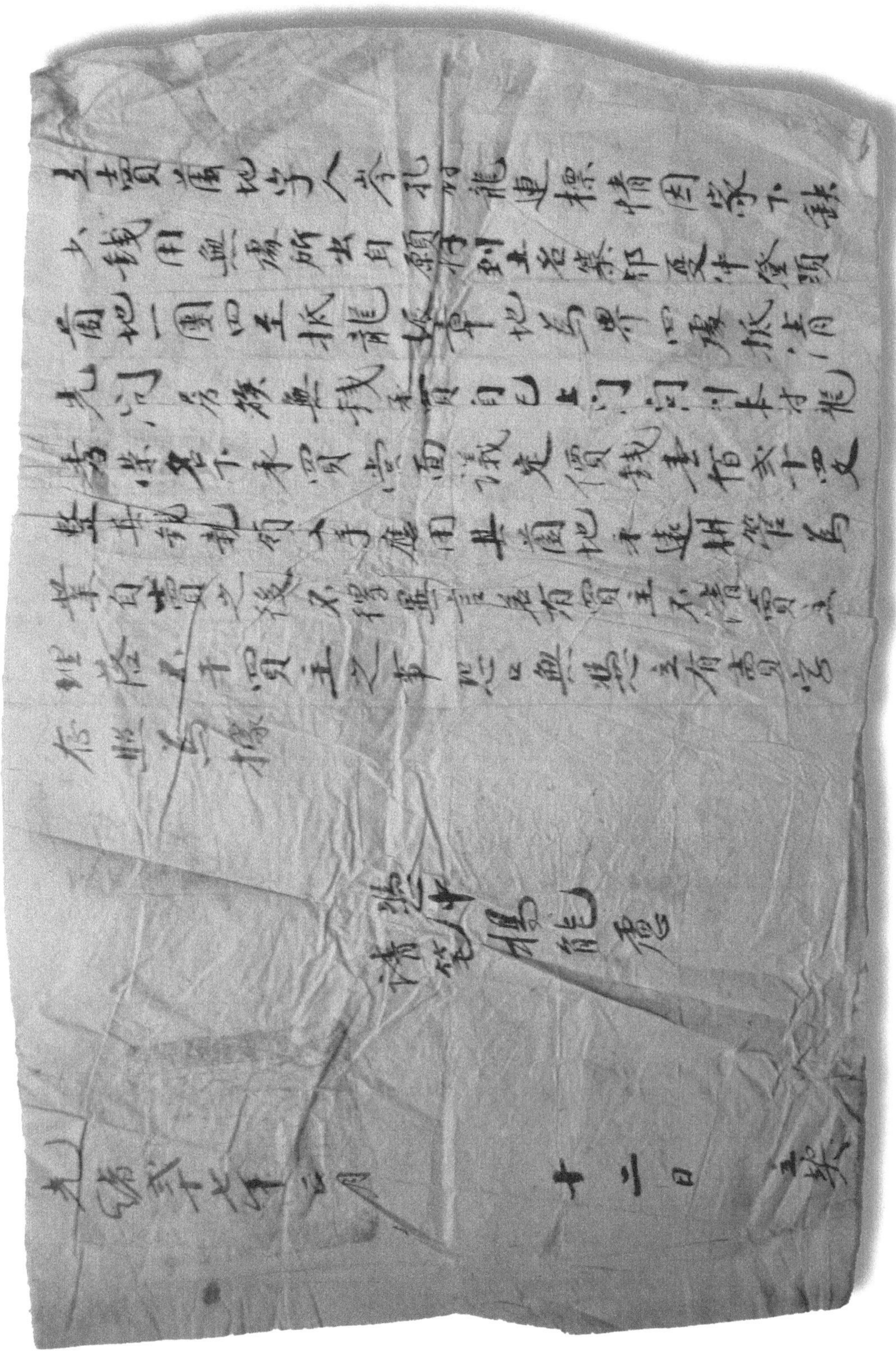

· GT—GYD—046 GT—021—112 ·

光绪二十七年七月十二日胡邦乐、胡邦屏兄弟卖田契

立卖田契字人胡邦乐、胡邦屏兄弟名下，今因要钱用度，自愿将到土名桐柚冲田式坵，收花肆挑，以先得买刘姓之田，要钱出卖。请中问到岑孔村龙秀容名下承买①。当面议定价钱叁千式百捌拾文整。其钱凭中人领清，不欠分文，其田以后买主永远耕〔管〕为业。若有来历不清，卖主向前理落，不干买主之事。以后为凭，立有卖契永远存照。

凭中　杨长昌

光绪二十七年七月十二日　□□□等　立

〖文书原持有者：龙秀斌；来源地：高酿镇优洞村岑巩下组〗

【注释】

① 龙秀容：疑与“龙秀荣”为同一人，兹录原貌，不再另行说明。

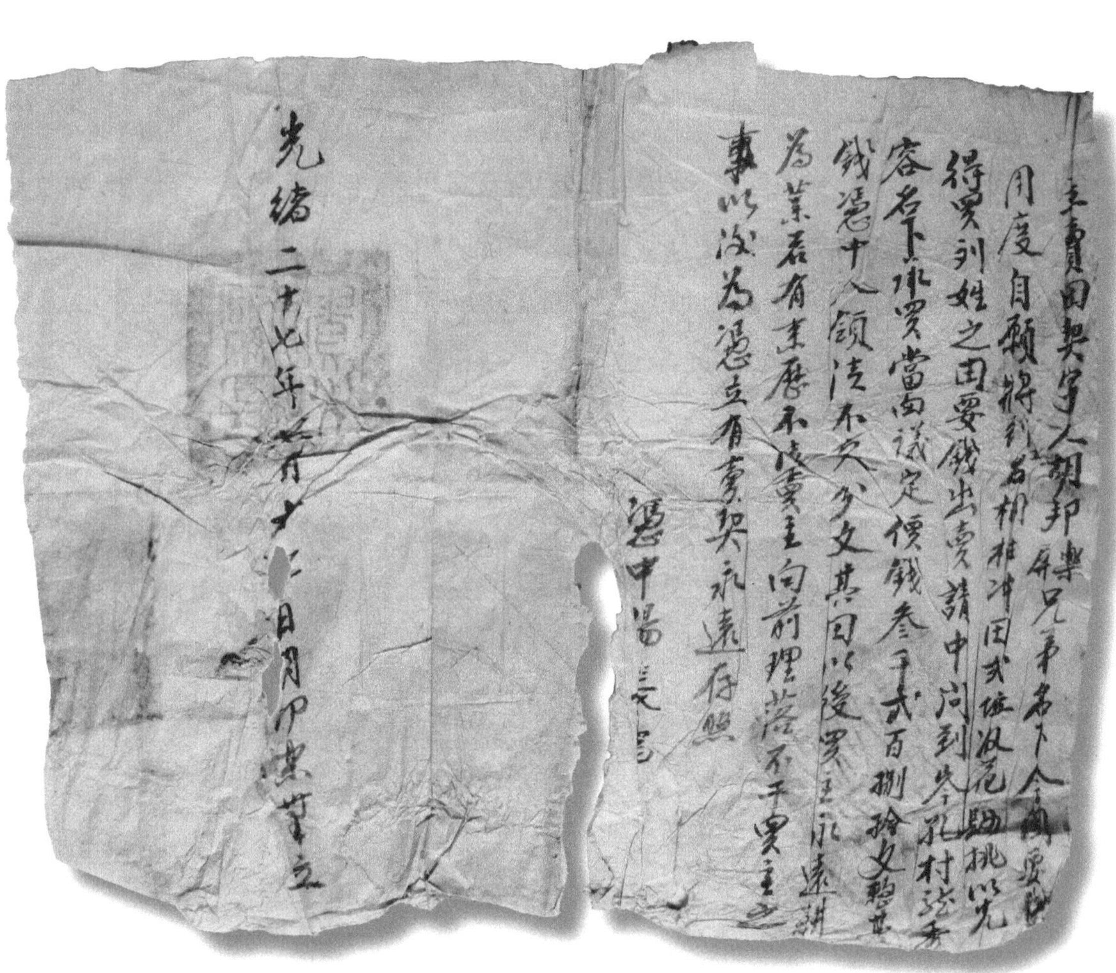

· GT—GYD—046 GT—021—112 ·

光绪二十八年二月十四日龙秀仁卖地土字

立卖地土包（胞）弟龙秀仁，今因要钱使用，无处可得，自愿将到土〔名〕堂见冲地土乙（一）团，上抵彦松，下抵均，左右抵油山，四至分明，要钱出卖。自己上门问到岑孔龙秀荣承买。当日凭中言定价钱四伯（佰）廿八文正（整）。其钱领足，其地土交买〔主〕为业。字（自）卖之后，不得异言。若有异言，立有卖字存照。

凭中
代笔 龙承二

光绪廿八年二月十四日 立

〖文书原持有者：龙秀斌；来源地：高酿镇优洞村岑巩下组〗

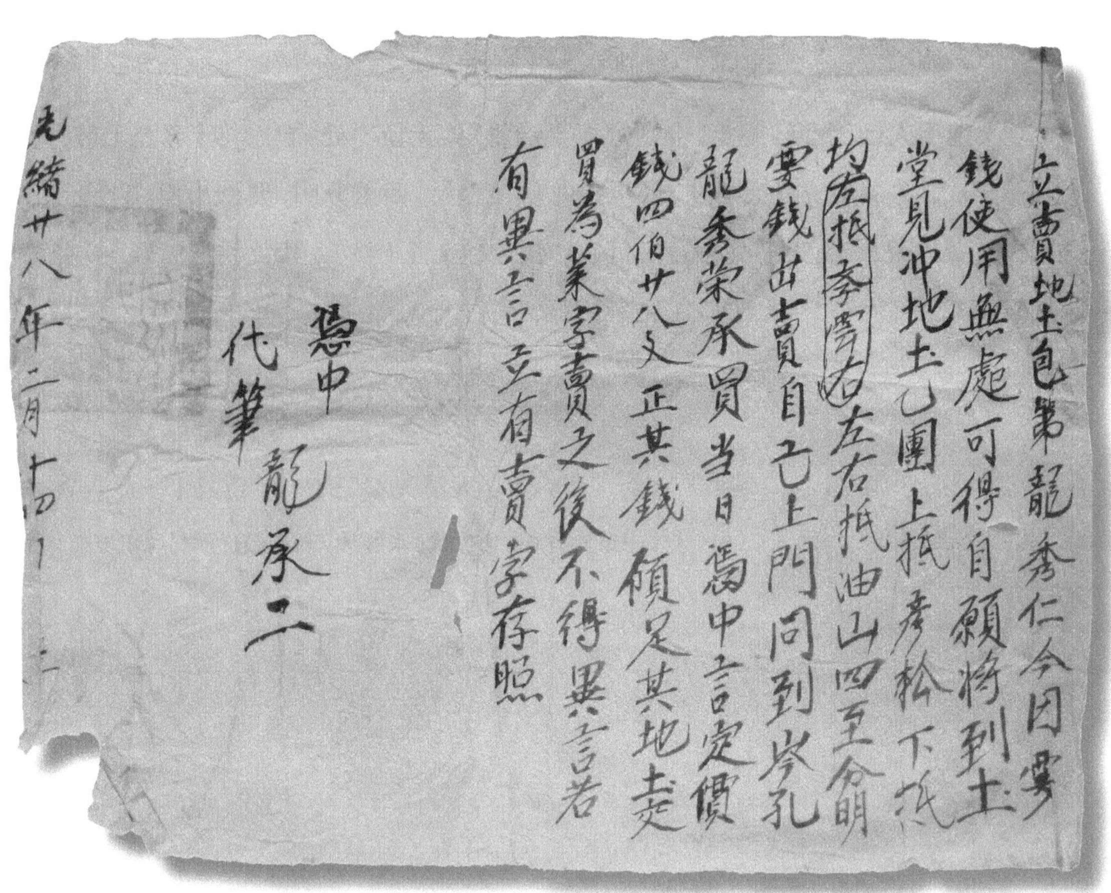

立賣地土色契龍秀仁今因要
錢使用無處可得自願將到土
堂見冲地土乙團上抵秀松下抵
均左抵李寄右左右抵油山四至分明
要錢出賣自己上門問到岑孔
龍秀荣承買当日憑中言定價
錢四伯廿八文正其錢領足其地走
買為業字賣之後不得異言若
有異言立有賣字存照

憑中
代筆 龍承二

光緒廿八年二月十四日立

· GT—GYD—047　GT—021—212 ·

· GT—GYD—048 GT—021—208 ·

光绪三十二年一月十三日马字年卖地土字

立卖地土人摆洞寨马字年，今因家下要钱使用，无所出处，自愿将土名登毛坡，上抵坎，下抵田坎，左抵坎，右抵小冲，四至抵龙振恒为界，四至分明，要钱出卖。自己上门问到岑孔村龙秀荣承买。当日凭中言定价钱肆佰捌拾文正（整）。其钱领足，卖于买主耕管为业。自卖之后，不得异言。恐口无凭，立有卖字存照。

完中　苏永红

请笔　龙大清

大清光绪三十二年正月十三日　立

〖文书原持有者：龙秀斌；来源地：高酿镇优洞村岑巩下组〗

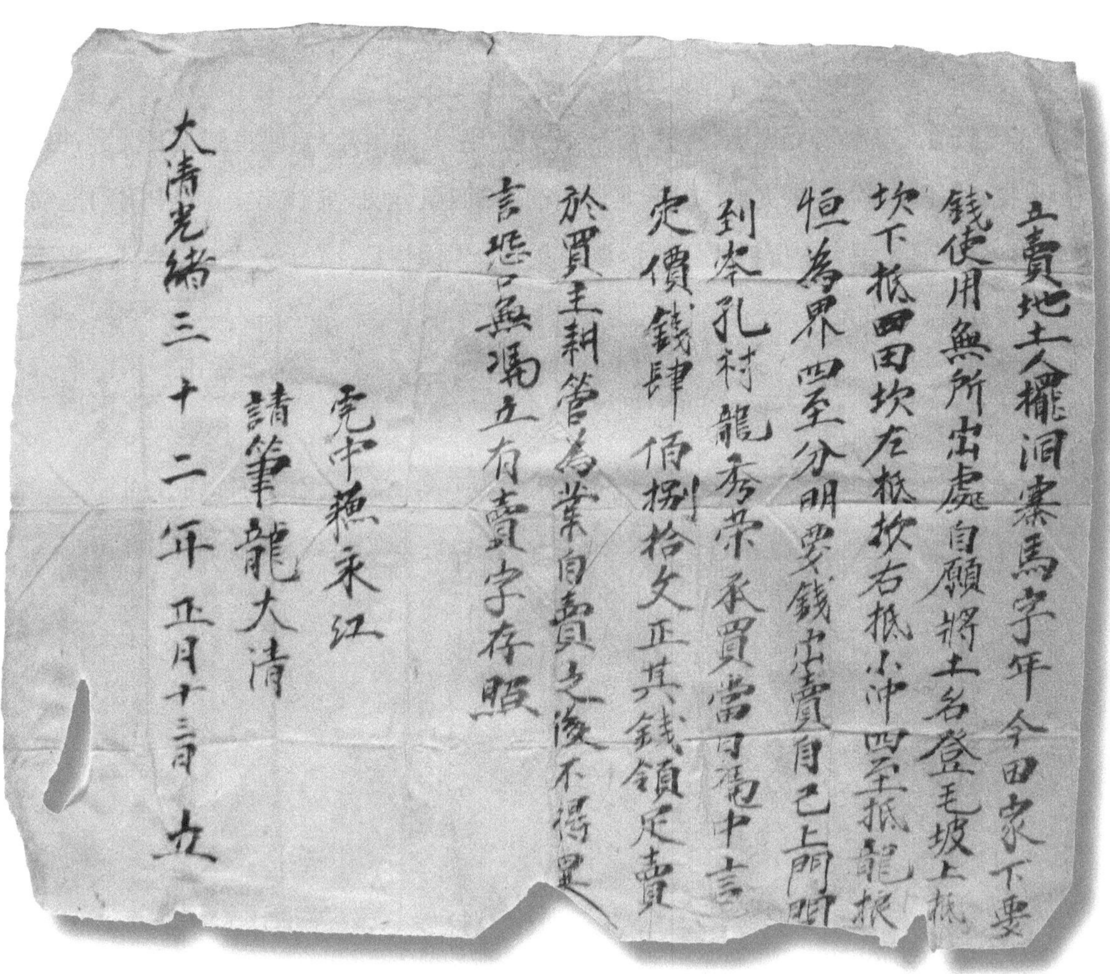

立賣地土人攏洞寨馬字年今田家下要
錢使用無所出處自願將土名登毛坡上抵
坎下抵田田坎左抵坎右抵小冲四至抵龍根
恒為界四至分明要錢出賣自己上門問
到岑孔村龍秀榮承買當日憑中言
定價錢肆佰捌拾文正其錢領足賣
於買主耕管為業自賣之後不得異
言恐口無憑立有賣字存照

憑中 穗永江

請筆 龍大清

大清光緒三十二年五月十三日 立

· GT—GYD—048 GT—021—208 ·

· GT—GYD—049 GT—021—218 ·

宣统二年六月二十二日龙跃云卖田地契

立卖田地人高鲁村龙跃云，今因家下要钱使用，无所出处，自愿将到土名美弄冲田壹丘，上抵坎，下抵坎，左抵龙姓，右抵龙炳圭油山，四至分明，要钱出卖。请中问到地绵杨秀奎承买。当日凭中言定价钱式仟捌拾零捌文整。其钱领足，卖于买主耕管为业。自卖之后，不得异言。恐口无凭，立有卖〔字〕为据。

凭中
代笔 龙大清

宣统二年六月二十二日　立

〖文书原持有者：龙秀斌；来源地：高酿镇优洞村岑巩下组〗

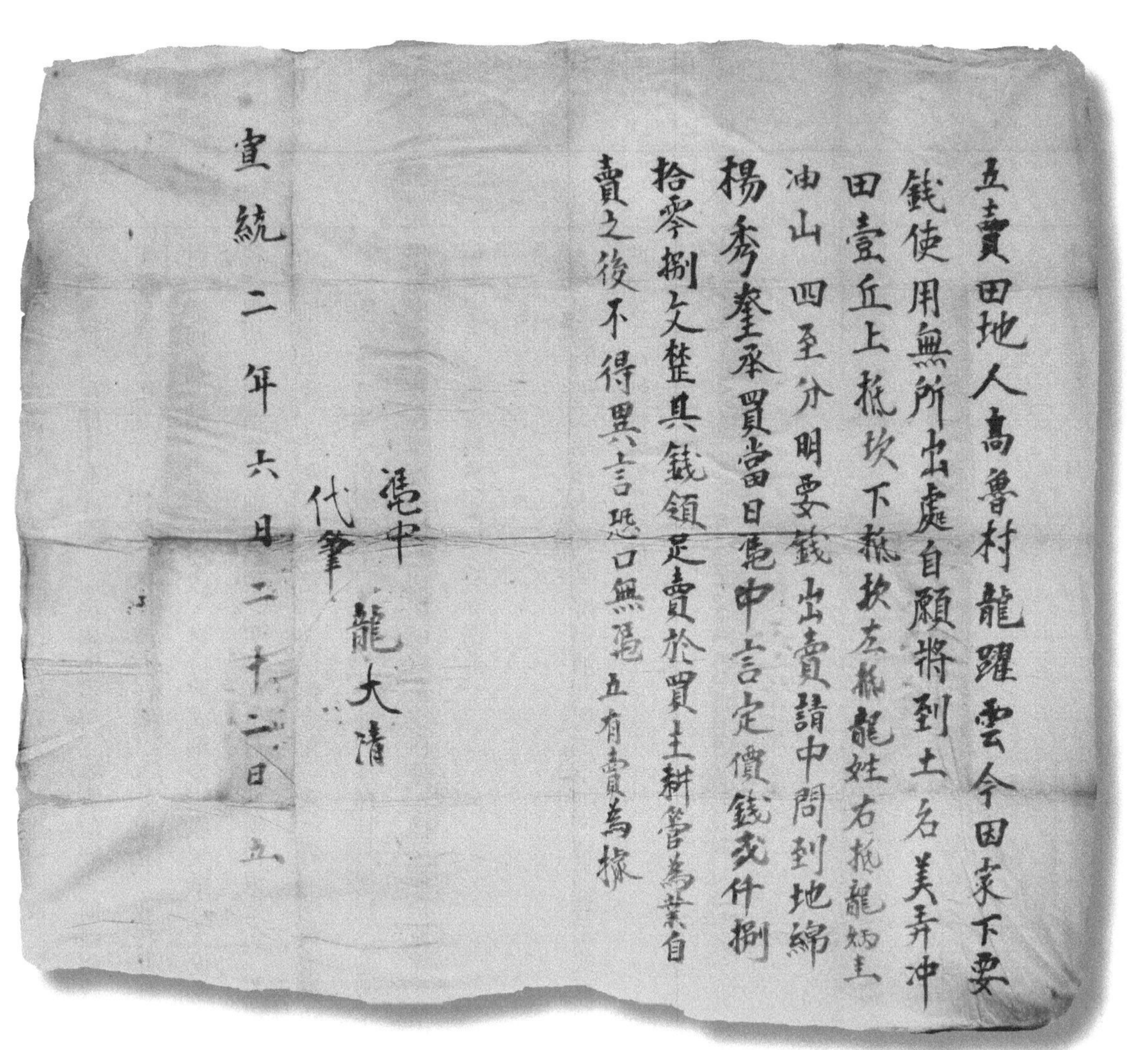

立賣田地人高魯村龍躍雲今因家下要
錢使用無所出處自願將到土名美弄冲
田壹丘上抵坎下抵坎左抵龍姓右抵龍炳主
油山四至分明要錢出賣請中問到地締
楊秀奎承買當日憑中言定價錢弍什捌
拾零捌文整其錢領足賣於買主耕管為業自
賣之後不得異言恐口無憑立有賣為據

憑中
代筆　龍大清

宣統二年六月二十二日　立

· GT—GYD—049　GT—021—218 ·

民国三年胡邦乐、胡邦屏断卖田契

断 卖 契

贵州国税厅筹备处，为颁发印契以资信守事。照得民国成立，各府、州、县印信已经更换，民间所有业契，与民国印不符，难资信守。前经财政司奉都督命令，特制三联契纸发行，各属一体，遵办在案。本处成立，业将此项契税办法报明，财政部划为国税，归本处征收，自应照式刻发三联契纸。无论业户原契已税、未税，俱应一律请领。前清已税，买契产价每拾两纳税银贰角；未税者，纳税银伍角。前清已税，当契产价每拾两纳税银壹角，未税者，纳税银贰角。从奉到民政长展限令之日起，仍限五个月内，仰各业户从速挂号投税。逾限不投税者，原契作为废纸。其各凛遵勿违，切切。后余空白处，摘录业户原契，至该业户原契仍粘附于后。加盖骑缝印信，合并饬遵。

龙秀容得买胡邦乐、胡邦屏桐油冲田弍坵，产价钱叁千弍百捌拾文，合银弍两肆钱，应纳税银壹角弍仙。

中华民国三年　　月　　号给

〖文书原持有者：龙秀斌；来源地：高酿镇优洞村岑巩下组〗

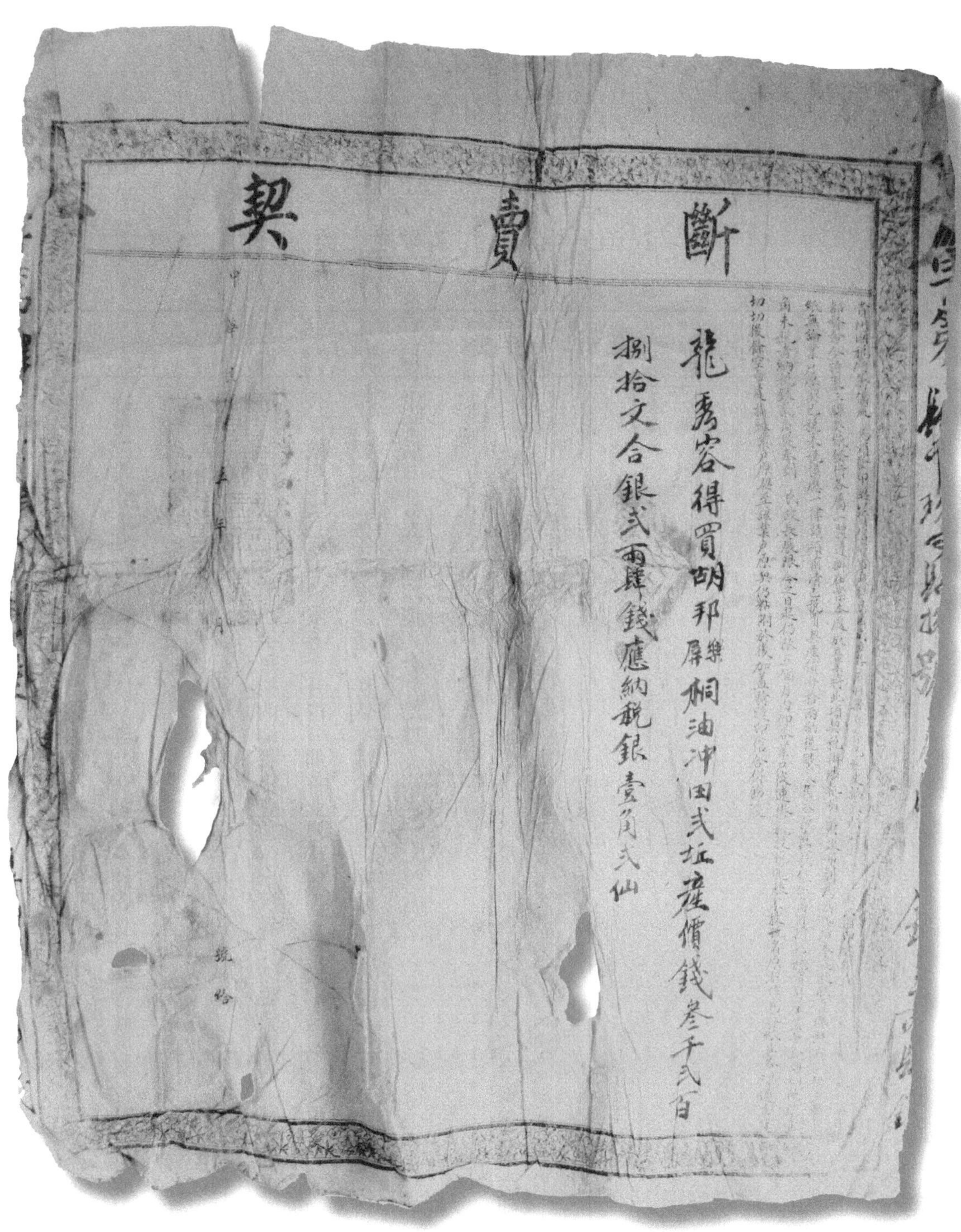

断卖契

龍秀容得買胡邦屏(樂)桐油冲田弍坵，産價錢叁千弍百捌拾文，合銀弍兩肆錢，應納税銀壹角弍仙

· GT—GYD—050 GT—021—200 ·

· GT—GYD—051 GT—021—214 ·

民国三年龙秀仁断卖地土契

断卖契

贵州国税厅筹备处，为颁发印契以资信守事。照得民国成立，各府、州、县印信已经更换，民间所有业契，与民国印不符，难资信守。前经财政司奉都督命令，特制三联契纸发行，各属一体，遵办在案。本处成立，业将此项契税办法报明，财政部划为国税，归本处征收，自应照式刻发三联契纸。无论业户原契已税、未税，俱应一律请领。前清已税，买契产价每拾两纳税银贰角，未税者，纳税银伍角。前清已税，当契产价每拾两纳税银壹角，未税者，纳税银贰角。从奉到民政长展限令之日起，仍限五个月内，仰各业户从速挂号投税。逾限不投税者，原契作为废纸。其各凛遵勿违，切切。后余空白处摘录业户原契，至该业户原契仍粘附于后。加盖骑缝印信，合并饬遵。

龙秀荣得买龙秀仁堂见冲地土壹团，产价钱肆百式拾捌文，合银叁钱，应纳税银壹仙伍厘。

中华民国三年月号给

〖文书原持有者：龙秀斌；来源地：高酿镇优洞村岑巩下组〗

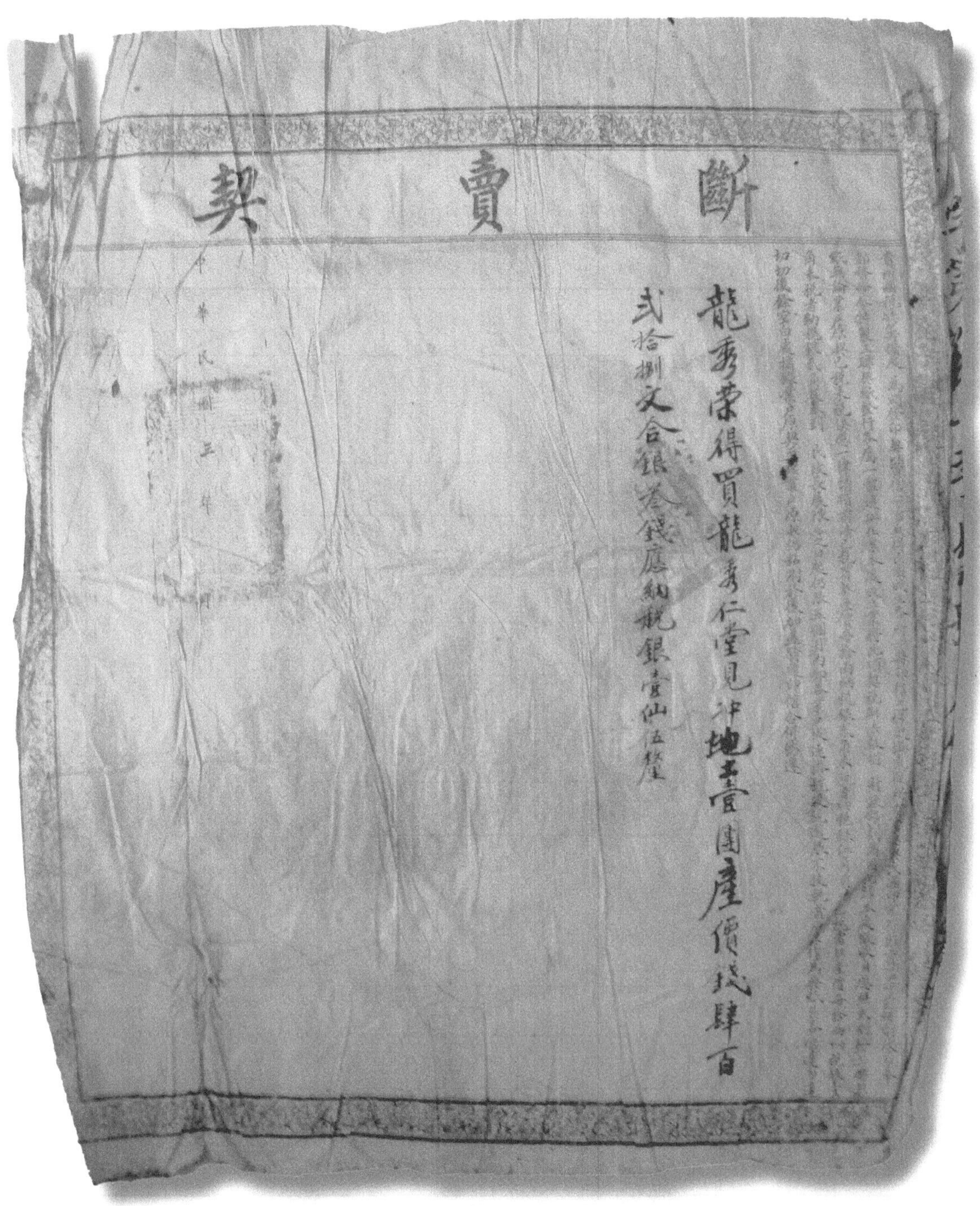
斷賣契

龍秀棠得買龍壽仁堂見冲地土壹團屋價錢肆百

弍拾捌文合銀叁錢應納稅銀壹仙伍釐

中華民國三年

·GT—GYD—051　GT—021—214·

• GT—GYD—052　GT—021—209 •

民国三年贵州省天柱县政府出具龙秀荣验契注册证

验契注册证

贵州国税厅筹备处为给与验契证事。今据天柱县人龙秀荣，呈由本县验契所，以不动产请求注册给证。核计产价在叁拾元以下，业经照章缴纳，注册费壹角。除将该产注入该县验契注册薄第　册第　号外，所有应行记载事项开列于后，合行给证，以为该业主管业之证据。此证。

计开

业主姓名　龙秀荣　籍贯　天柱　住所

产业所在地名		塞（寨）脚登头
产别		园地
产数细别		壹团
四至	东	
	南	
	西	
	北	
产价		银壹钱
年纳税额		
置买得当年月		光绪廿七年正月十三日
上业主姓名		龙运标
中证姓名		杨能虑
摘要		

原契曾否税过　未

县知事兼验契所所长

县验契所所员

右给业主龙秀荣　收执

天字第五百九六号

中华民国三年　月　日

〖文书原持有者：龙秀斌；来源地：高酿镇优洞村岑巩下组〗

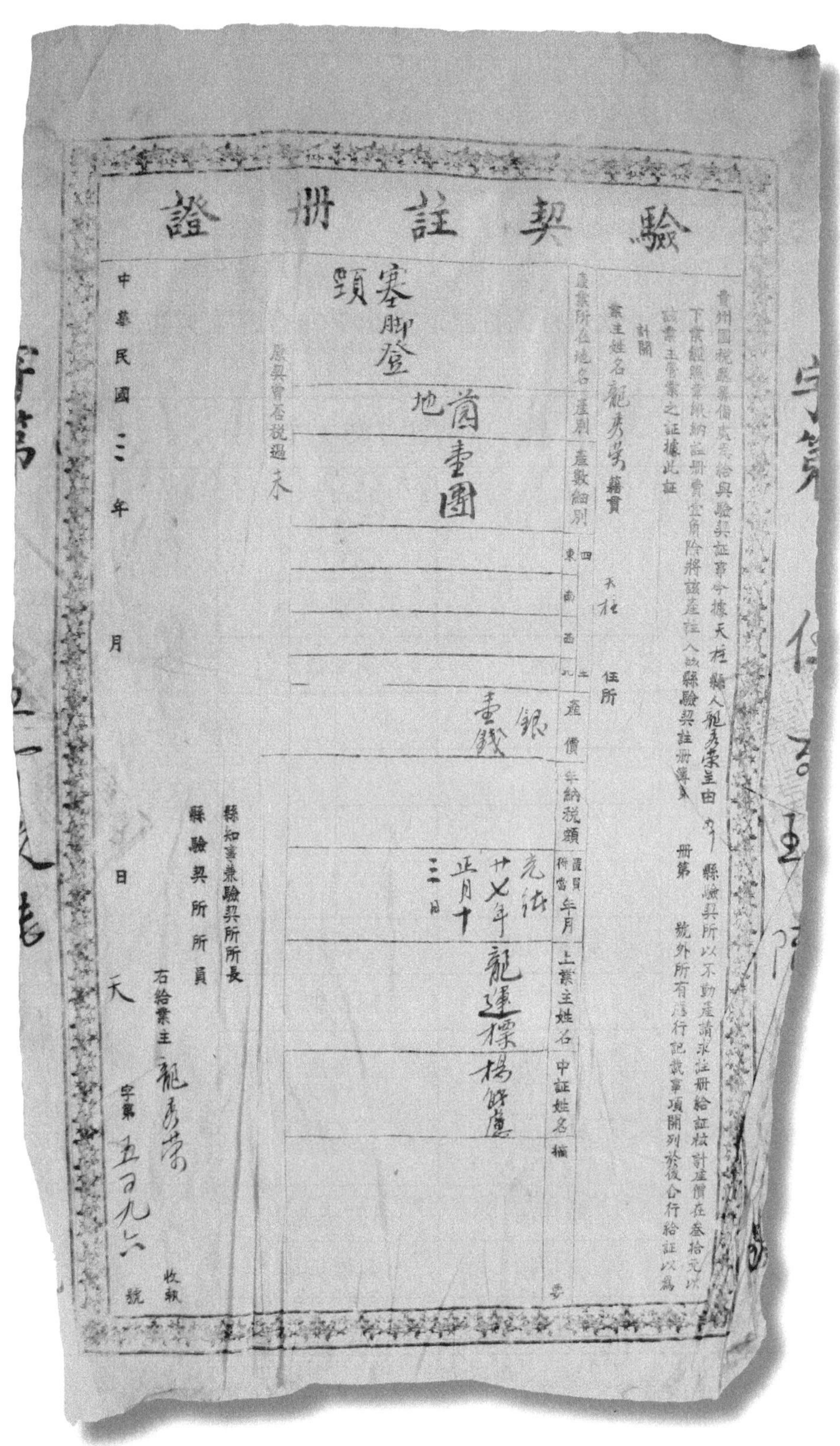

• GT—GYD—052 GT—021—209 •

· GT—GYD—053 GT—021—207 ·

民国三年贵州省天柱县政府出具龙秀容验契注册证

验契注册证

贵州国税厅筹备处为给与验契证事。今据天柱县人龙秀容，呈由本县验契所，以不动产请求注册给证。核计产价在叁拾元以下，业经照章缴纳，注册费壹角。除将该产注入该县验契注册薄第七册第　号外，所有应行记载事项开列于后，合行给证，以为该业主管业之证据。此证。

计开

业主姓名　龙秀容　籍贯　天柱　住所　岑孔

产业所在地名	六区桐油冲
产别	田
产数细别	贰坵
四至　东	
四至　南	
四至　西	
四至　北	
产价	贰两肆钱
年纳税额	
置买年月得当	光绪二十七年七月十七日
上业主姓名	胡邦乐
中证姓名	杨长富
摘要	自置

原契曾否税过　未税

县知事兼验契所所长

县验契所所员

右给业主龙秀容　收执

字第柒百零式号

中华民国三年　月　日

〖文书原持有者：龙秀斌；来源地：高酿镇优洞村岑巩下组〗

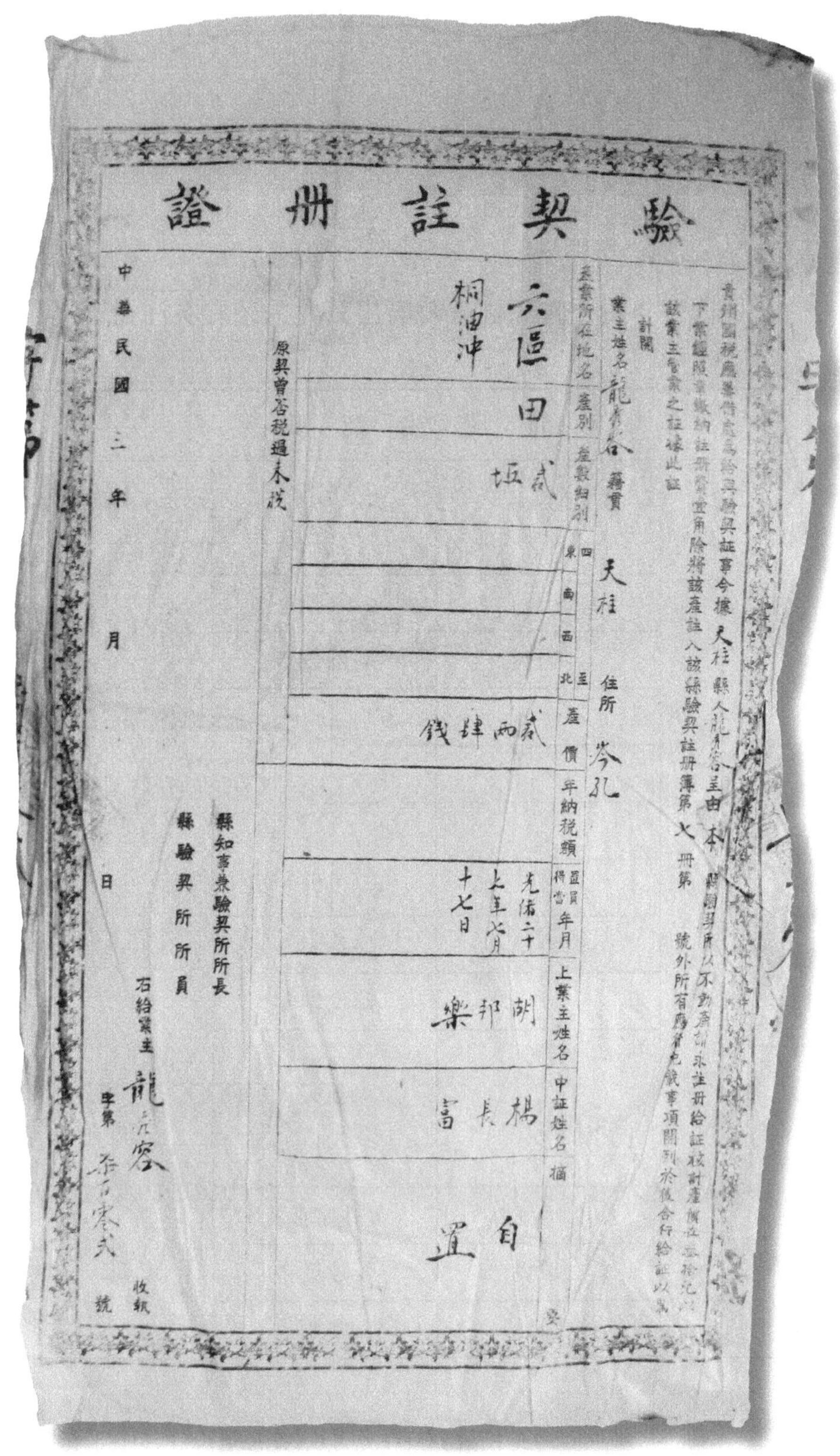

·GT—GYD—053　GT—021—207·

民国三年贵州省天柱县政府出具龙秀荣验契注册证

验契注册证

贵州国税厅筹备处，为给与验契证事。今据天柱县人龙秀荣，呈由本县验契所，以不动产请求注册给证。核计产价在叁拾元以下，业经照章缴纳，注册费壹角。除将该产注入该县验契注册薄第　册第　号外，所有应行记载事项开列于后，合行给证，以为该业主管业之证据。此证。

计开

业主姓名　龙秀荣　籍贯　天柱　住所

产业所在地名	堂见冲
产别	土
产数细别	壹团
四至　东	
四至　南	
四至　西	
四至　北	
产价	银叁钱
年纳税额	
置买得当年月	光绪廿八年二月十四日
上业主姓名	龙秀仁
中证姓名	龙承二
摘要	自置

原契曾否税过　未

县知事兼验契所所长

县验契所所员

右给业主龙秀荣　收执

中华民国三年　月　日

天字第五百九七号

〖文书原持有者：龙秀斌；来源地：高酿镇优洞村岑巩下组〗

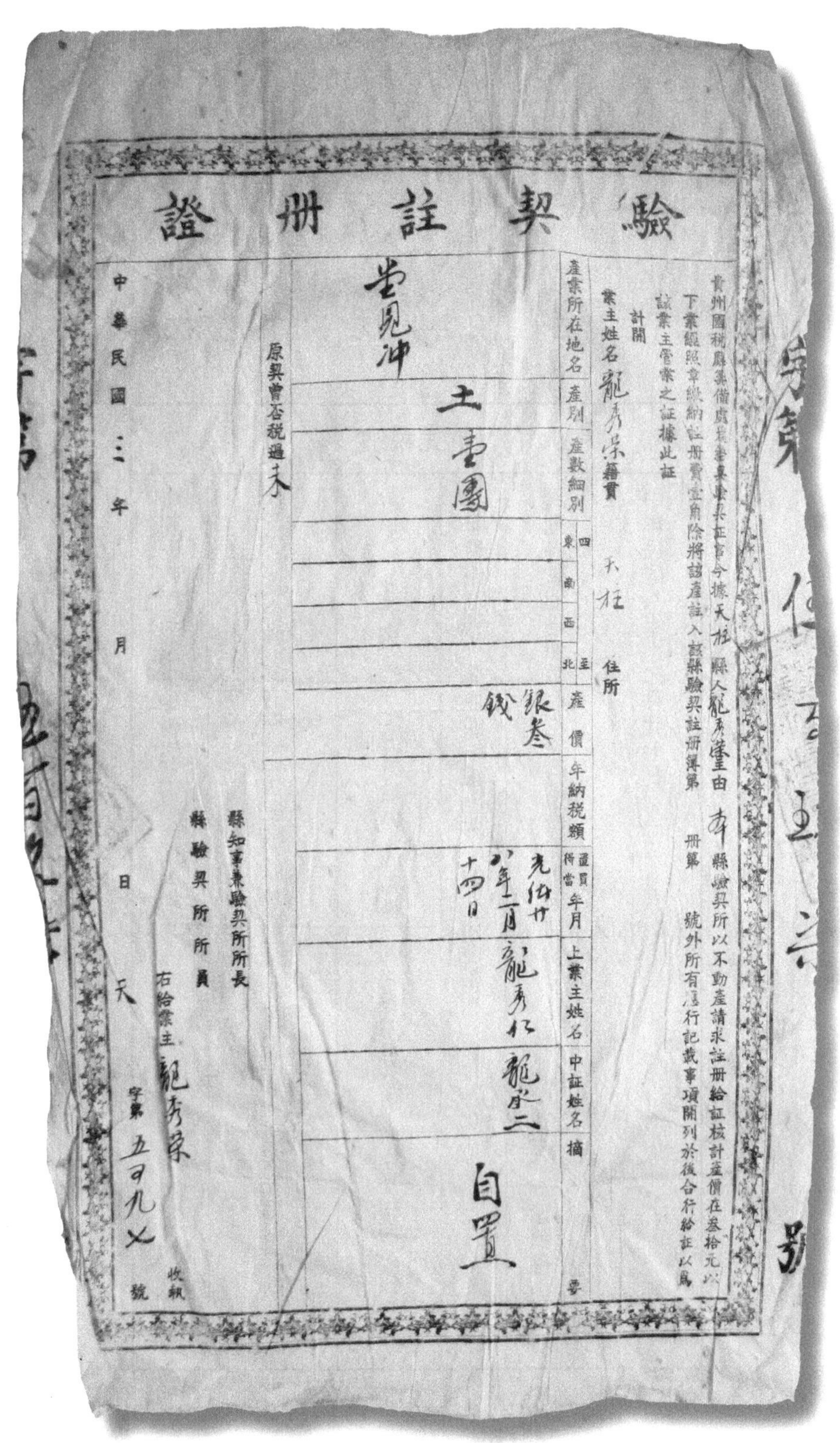

驗契註冊證

貴州國稅廳籌備處長兼查驗契稅官今據天柱縣人龍秀棠呈由本縣驗契所以不動產請求註冊給証校計產價在叁拾元以下業經照章繳納証冊費壹角除將該產註入該縣驗契註冊簿第　冊第　號外所有應行記載事項開列於後合行給証以爲該業主管業之証據此証

計開

業主姓名 龍秀棠 籍貫 天柱 住所

產業所在地名	產別	產數細別	四至 東 南 西 北	產價	年納稅額	置買/得當 年月	上業主姓名	中証姓名	摘要
坐見冲	土	壹團		銀叁錢		光绪廿八年二月十四日	龍秀朽	龍成二	自買

原契曾否稅過 未

縣知事兼驗契所所長

縣驗契所所員

右給業主 龍秀棠 收執

中華民國三年　月　日

天字第五百九乂號

民国八年十二月二十七日贵州财政厅出具龙秀荣纳税凭单

单凭税纳

贵州财政厅为掣付纳税凭单事今据天柱县

□区	五甲
花户姓名	龙秀荣
己未年应纳原数	两石七升九合八
连耗及加收规费共纳银两数	两一钱三分　厘
实完纳银两数	库平银两一钱六分

税单费银　钱　分厘滞纳银　两　钱　分　厘

右列各款业已照数收讫合行掣付凭单为据

收入官

中华民国八年十二月廿七日

〖文书原持有者：龙秀斌；来源地：高酿镇优洞村岑巩下组〗

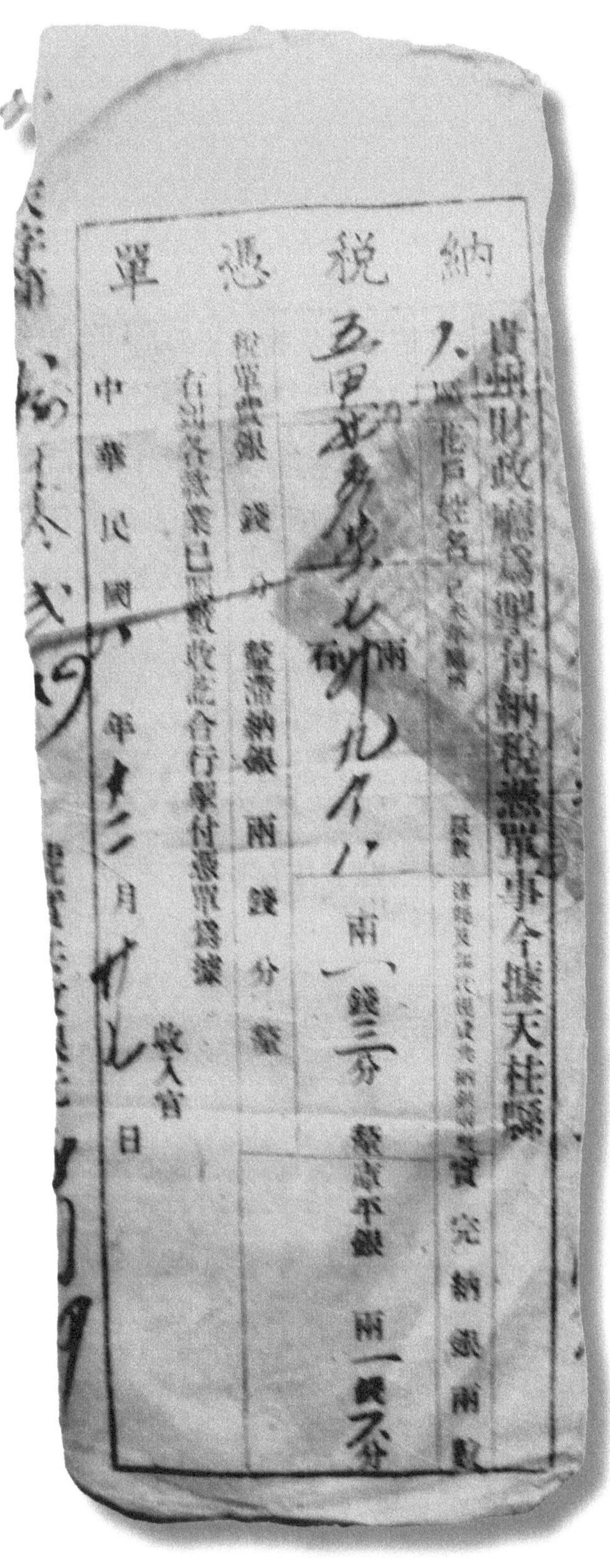

• GT—GYD—055　GT—021—104 •

· GT—GYD—056 GT—021—111 ·

民国九年三月二十七日龙彦德房屋货物地土等遗产交付龙彦禄耕管付约字

立付约字人，今因龙彦德以前下欠旧账龙彦禄肆拾仟文以后亡故归阴，无钱用度，堂兄彦禄除（出）钱超荐安埋，总共又去钱捌仟壹百文。彦德剩下房屋壹间半，货物或件，小盘山地土壹股，付与彦禄耕管，不得异言。立有付约为凭。

凭堂兄　龙彦川

凭亲戚　杨绍勋

讨笔　　伍永隆

庚申年三月二十七日　立字

〖文书原持有者：龙秀斌；来源地：高酿镇优洞村岑巩下组〗

· GT—GYD—056 GT—021—111 ·

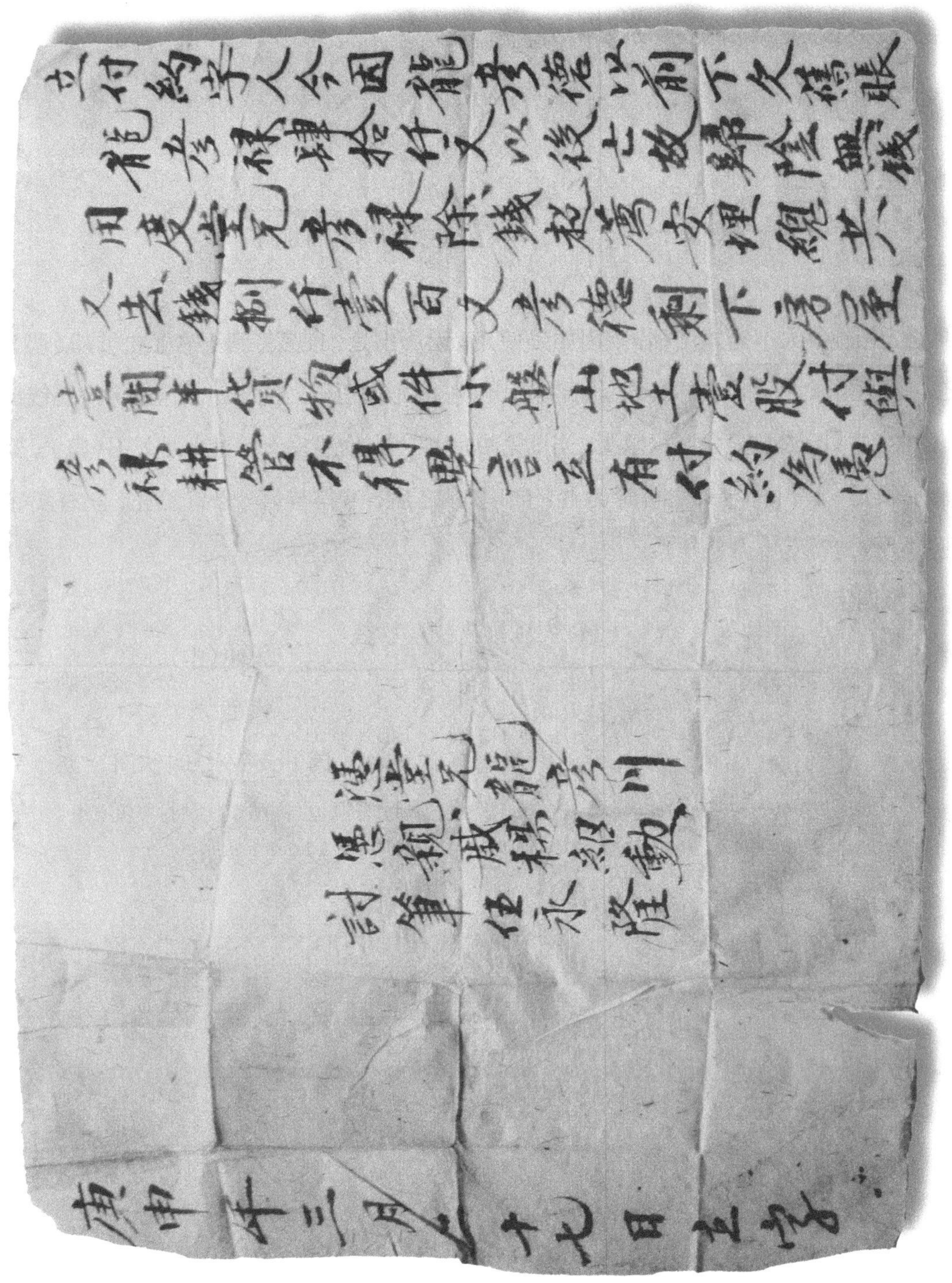

· GT—GYD—057 GT—021—117 ·

民国十三年六月十九日龙彦福卖田地字

立卖田地字人本寨龙彦福，今因要钱使用，无所出处，自愿将到土名亚松坡却（脚）田乙（一）丘出卖，上抵龙振恒田，下抵卖主田，左抵龙振恒田，右抵山，四至分明，要钱出卖。请冲（中）问到堂兄龙彦禄承买。当日凭冲（中）言定价钱三十八封八百文正（整）。其钱亲手领足，其田付与买主耕管为业。自〔卖〕之后，不得异言。恐口无凭，立有卖字存照。

内添四字。

凭冲（中）代笔 杨胜泗

民国甲子年六月十九日　立

〖文书原持有者：龙秀斌；来源地：高酿镇优洞村岑巩下组〗

立賣田地字人本寨龍孝福今因要小使用無
所出處自願將到土名亞松坡却田乙丘出賣
上抵龍振桓田下抵賣主田左抵龍振桓田右抵山
四至分明要小出賣請中問到堂兄龍孝祿承買當日
憑中言定價小三十八封八百文正其小親手領
足其田付與買主耕管為業自立之後不得異
言恐口無憑立有賣字存照

憑中 楊勝洄
代筆

內添四字

民國甲子年六月十九日 立

· GT—GYD—057 GT—021—117 ·

· GT—GYD—058 GT—021—109 ·

民国十三年十二月八日贵州财政司出具龙秀荣纳税凭单

单凭税纳

贵州财政司为掣付纳税凭单事今据天柱县

□区	□
花户姓名	龙秀荣
□原数	两 七升九合八勺 石
连耗及加收规费共纳银两数	两一钱三分三厘
实完纳银两数	库平银 两一钱六分

税单费银 钱 分 厘滞纳银 两 钱 分 厘

右列各款业已照数收讫合行掣付凭单为据

收入官

中华民国十三年十二月八日

〖文书原持有者：龙秀斌；来源地：高酿镇优洞村岑巩下组〗

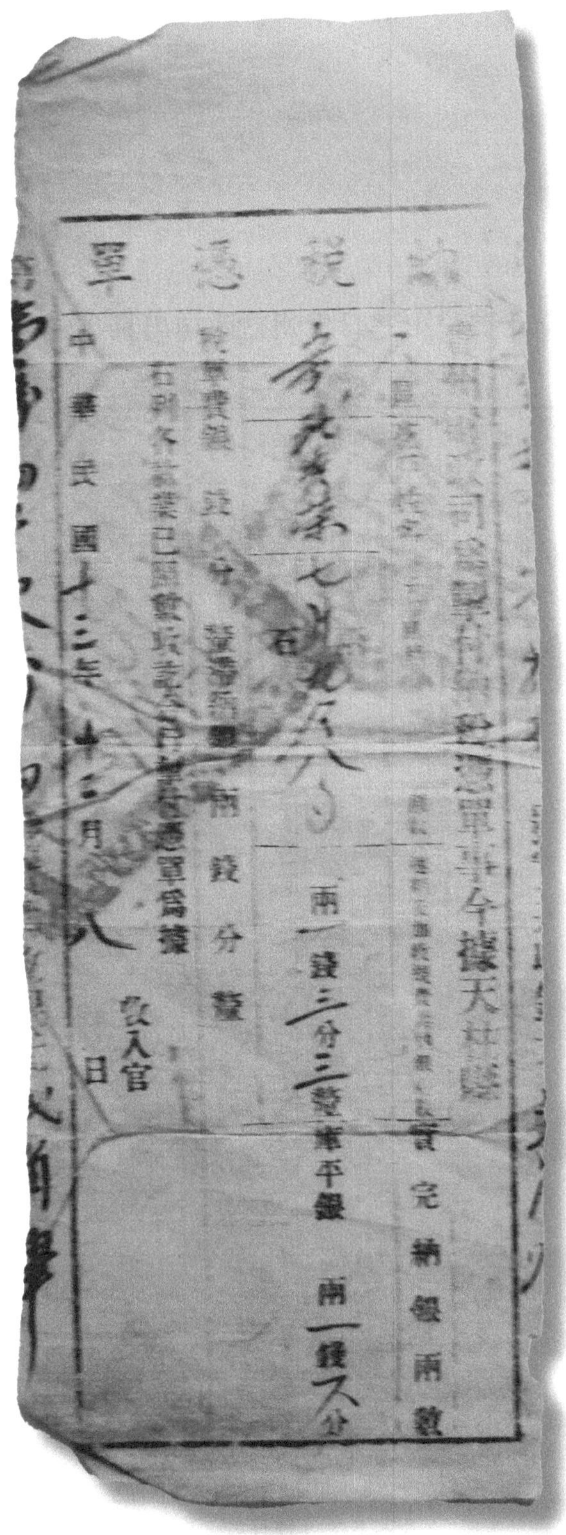
納稅憑單

……財政司爲發給納稅憑單事今據天柱縣

完納銀兩數

兩一錢三分三釐庫平銀　兩一錢乆分

税票費銀　錢　分　釐　兩　錢　分　釐

右列各款業已照數收訖合給憑單爲據

中華民國十三年十二月　日　收入官

· GT—GYD—058　GT—021—109 ·

· GT—GYD—059　GT—021—106 ·

民国十三年十二月十三日贵州财政司出具盘路会田纳税凭单

单凭税纳

贵州财政司为掣付纳税凭单事今据天柱县

□区	五甲
花户姓名	盘路会田
甲子年应纳原数	两弍勺石
连耗及加收规费共纳银两数	两　钱　分一厘
实完纳银两数	库平银　两　钱三分

税单费银　钱　分　厘滞纳银　两　钱　分　厘

右列各款业已照数收讫合行掣付凭单为据

收入官

中华民国十三年十二月十三日

〖文书原持有者：龙秀斌；来源地：高酿镇优洞村岑巩下组〗

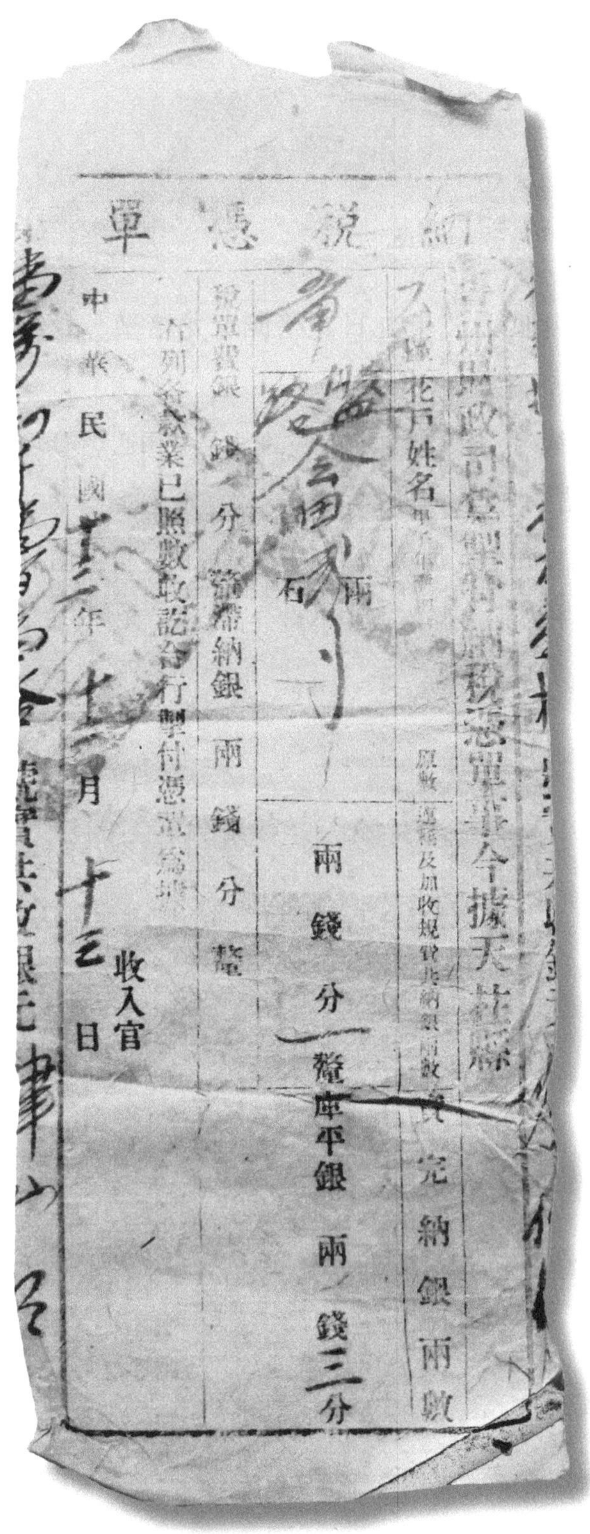

• GT—GYD—059　GT—021—106 •

· GT—GYD—060　GT—021—119 ·

民国十六年四月二十九日龙绪渊、龙绪堃、龙绪显等卖田契

立卖田契字人龙绪渊、龙绪堃、龙绪显、龙大清共田乙（一）坵[1]，今因家下要钱使用，自愿将到土明（名）蜡桂波（坡）田乙（一）坵出卖。上下抵山，左右抵山，自至分名（明），要钱出卖。上门问到岑孔村龙灿林承买。当日凭中议定价钱四拾四仟八百文正（整）。其钱领足，其田卖与买主为业。自卖之后，不得异言。恐后无凭，立有卖字为据。

内添四字。

凭中　龙绪灼

代笔　龙绪祥

民国今（丁）卯年四月廿九日　立

〖文书原持有者：龙秀斌；来源地：高酿镇优洞村岑巩下组〗

【注释】

① 龙绪渊、龙绪堃、龙绪显、龙大清：原文书中写为“龙绪渊、龙绪堃、龙绪显、大清”。为方便阅读，在名字前补充姓氏，后径改，同类情况不再说明。

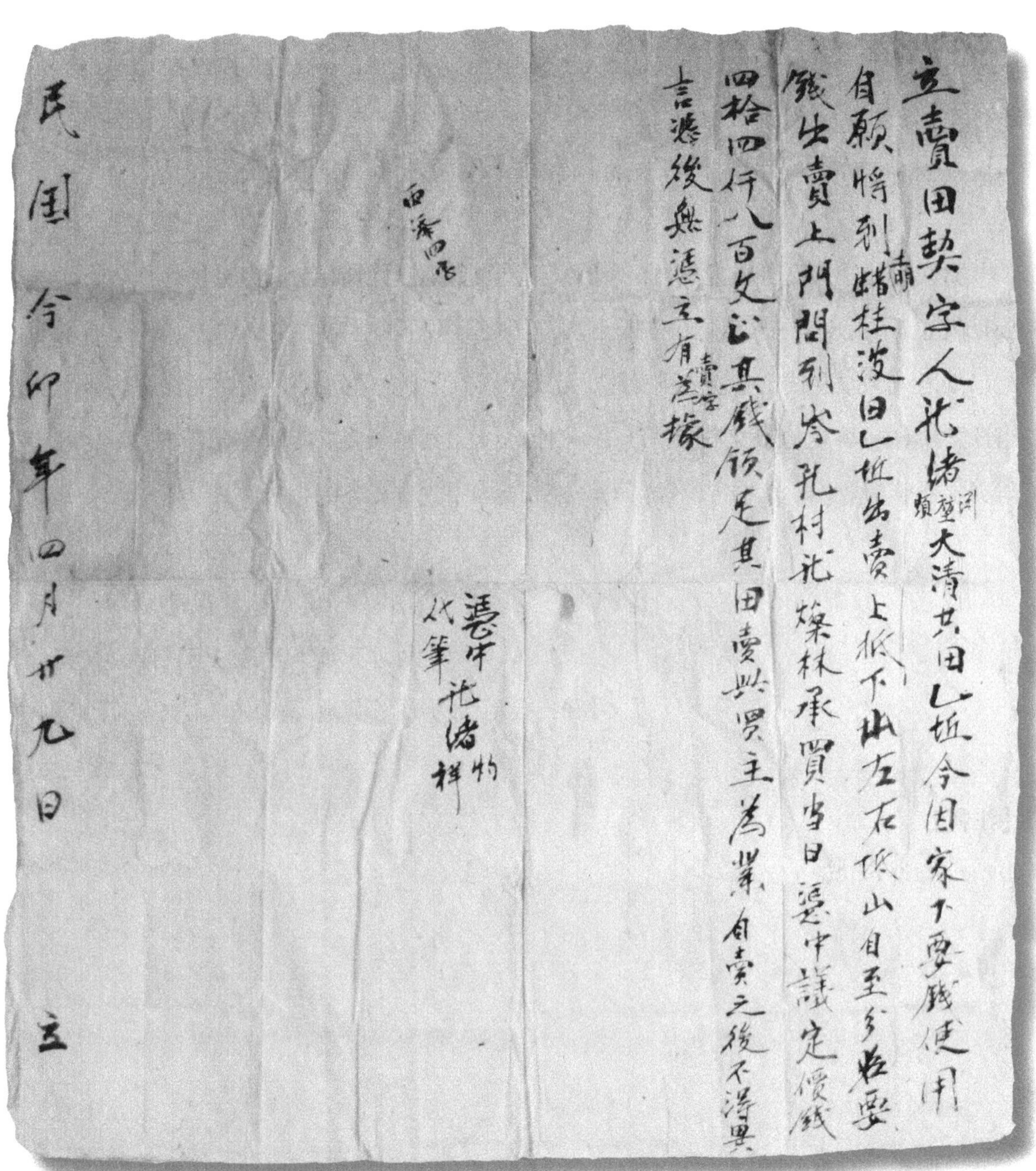

立賣田契字人龙绪頻登洞大清共田乙坵今因家下要錢使用自願將到蜡補桂沒田乙坵出賣上抵下山左右抵山自至今出要錢出賣上門問到本孔村龙燦林承買当日凴中議定價錢四拾四仟八百文正其錢領足其田賣與買主為業自賣之後不得異言凴後無凴立有賣字為據

西添四字

凴中代筆 龙绪祥

民国今卯年四月廿九日 立

· GT—GYD—060 GT—021—119 ·

· GT—GYD—061 GT—021—115 ·

民国十六年五月二十三日龙绪彬卖地土字

立卖地土字人高鲁村龙绪彬，今因家下要钱使用，无所出处，自愿将到土名贵奏坡，上抵卖主，下抵田，左抵土坎，右抵土坎，正冲三坪，下坪半冲，左有二平（坪），右塝有半凸①，四至分明，要钱出卖。先问房族，无钱承买。请中上门问到岑孔村龙彦禄名下承买。当日凭冲（中）言定价钱柒仟陆陌（佰）捌拾文整。其钱领足，其地土阴阳两卖，其地土卖与买主耕管为业。自卖之后，不得异言。恐口无凭，立有卖字为据。

凭中
代笔 龙大清

民国丁卯年五月二十三日　立契

〖文书原持有者：龙秀斌；来源地：高酿镇优洞村岑巩下组〗

【注释】

① 凸：当地指小山坡。

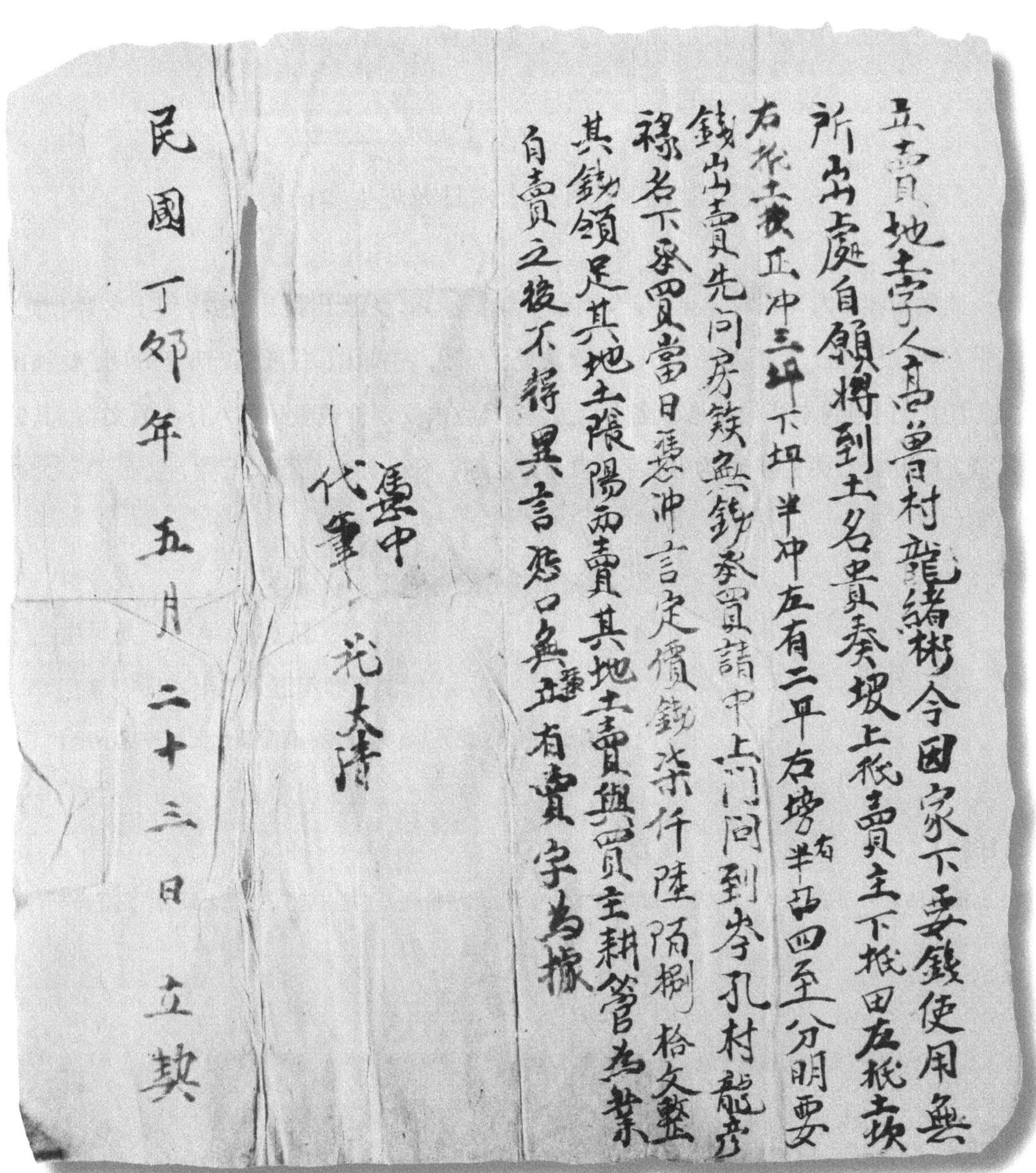

立賣地土字人高曾村龍緒彬今因家下要錢使用無
所出處自願將到土名貫秦堠上𫝀賣主下抵田左抵土塊
右抵土塊五冲三丘下坪半冲左有二丘右塝半丘右四至分明要
錢出賣先問房族無錢承買請中上門問到岑孔村龍彦
祿名下承買當日憑中言定價錢柒仟陸陌捌拾文整
其錢領足其地土陰陽兩賣其地土賣與買主耕管為業
自賣之後不得異言恐口無憑立有賣字為據

憑中
代筆 龍大清

民國丁卯年五月二十三日 立契

·GT—GYD—061 GT—021—115·

· GT—GYD—062 GT—021—216 ·

民国十六年五月二十六日龙见生卖田契

立卖田契字人岑孔村龙见生，今因家下要钱使用，无所出处，自愿将到土名票（栗）木中（冲）田二坵，上抵龙沾魁田，下抵龙登上田①，左抵山，右抵路，四至分明，要钱出卖。请中上门问到本寨村龙彦禄名下承买。当日凭中议定价钱壹佰零八仟八佰文整。其钱领清，其田卖与买主耕管为业。字（自）卖之后，不得异言。恐口无凭，立有卖字为据是实。

凭中　龙令科

新（亲）笔　龙见生

民国丁卯年五月二十六日　立字

〖文书原持有者：龙秀斌；来源地：高酿镇优洞村岑巩下组〗

【注释】

① 上抵龙沾魁田，下抵龙登上田：据同册其他文书推测，龙沾魁疑为“龙占魁”，龙登上疑为“龙登尚”。

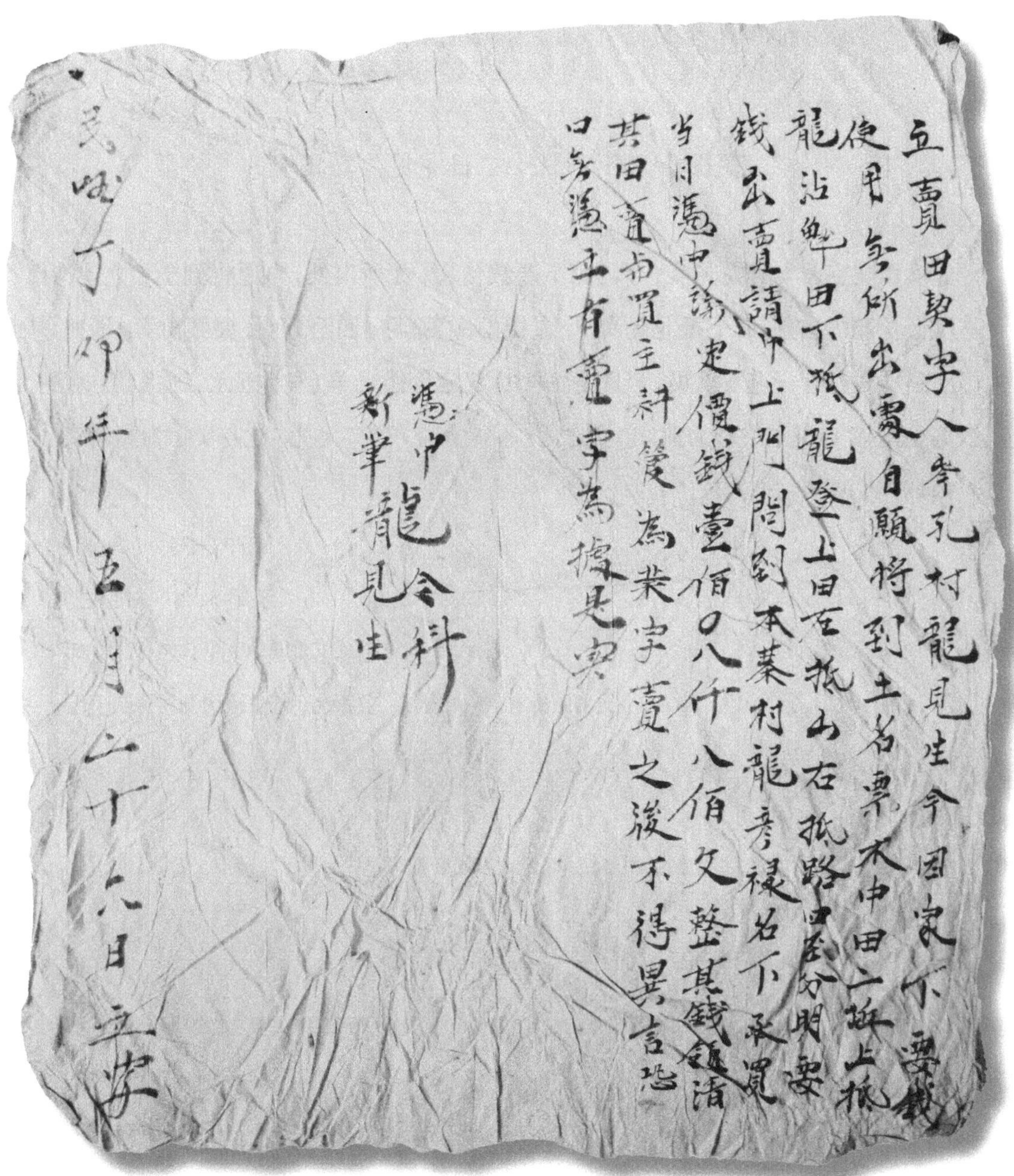

立賣田契字人夲孔村龍見生今因家下要錢
使用無所出處自願將到土名禀木中田二坵上抵
龍治乾田下抵龍登上田左抵山右抵路四至分明要
錢出賣請中上門問到本寨村龍彥祿名下承買
當日憑中議定價錢壹佰〇八仟八佰文整其錢領清
其田賣與買主耕管為業字賣之後不得異言恐
口無憑立有賣字為據是實

憑中 龍令科
親筆 龍見生

民國丁卯年五月二十六日 立字

· GT—GYD—062 GT—021—216 ·

· GT—GYD—063 GT—021—217 ·

民国十六年八月十二日龙见生卖田契

立卖田契字人本村龙见生，今因家下要钱使用，无所出处，自愿将到土名立木冲田乙（一）坵，上抵龙占魁田，下抵龙登尚田，左抵山，右抵路，四至分明，要钱出卖。请冲（中）上门问到本村龙彦禄名下承买。当日凭冲（中）议定价钱光羊（洋）伍元二觉（角）捌整[①]。其钱禀足[②]，卖与买主耕管为业。自卖之后，不得异言。恐口无凭，立有卖字为据是实。

内怌（添）三可（个）字。

凭冲（中）　龙令科

亲笔　　　龙见生

民国丁卯年八月十二日　立字

〖文书原持有者：龙秀斌；来源地：高酿镇优洞村岑巩下组〗

【注释】

① 光羊：应为“光洋”，方言，指银圆。觉：为“角”之方言同音误写。
② 禀足：禀，领受、承受。禀足，即领足。

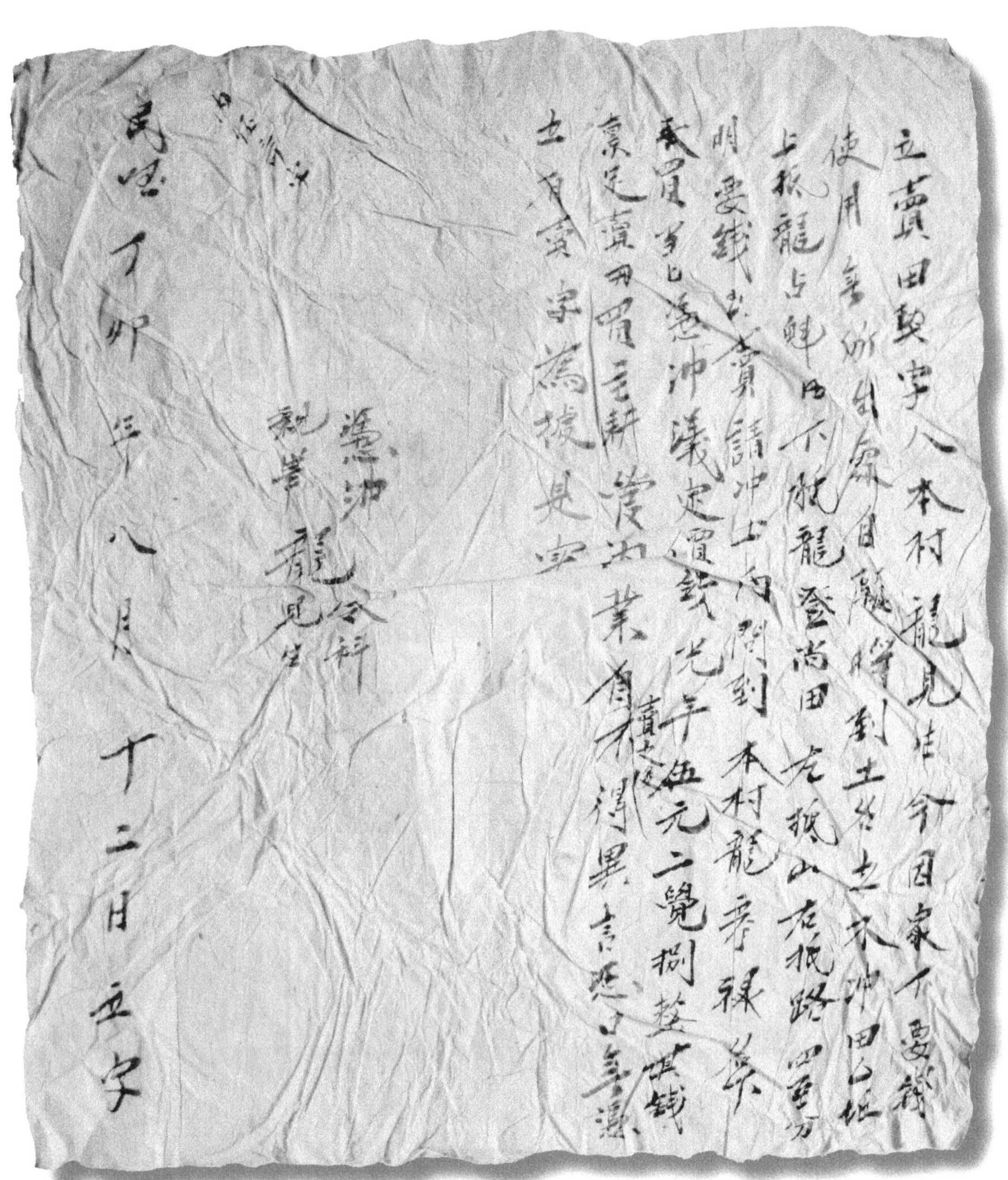

立賣田契字人本村龍見生今因家下要錢
使用無所出處自願將到土名木冲田乙坵
上抵龍占魁田下抵龍登尚田左抵山右抵路四至分
明要錢出賣請中上門問到本村龍秀祿名下
承買為業憑中議定價錢光洋伍元二角捌整其錢
賣足賣田買主耕管為業自賣之後不得異言恐口無憑
立有賣字為據是實

憑中 龍令科
親筆 龍見生

民國丁卯年八月十二日 立字

· GT—GYD—063 GT—021—217 ·

· GT—GYD—064　GT—021—215 ·

民国十六年十一月二十四日龙奶林卖田地字

立卖田地字人龙奶林，今因家下要钱使用，无所出处，自愿将到土名岑大田壹坵，收花三十边，上抵山，下抵令泰田，左抵山，右抵奶清田，四至分明，要钱出卖。先问亲房，龙彦禄名下承买。当日凭中言定价钱壹百六十封〇八十文正（整）。其钱领清，其田卖与买主耕管为业。自卖之后，不得异言。恐后无凭，立有卖字永远存照。

凭　　奶清

笔　吴多远

民国拾陆年十乙(一)月廿四日　立

〖文书原持有者：龙秀斌；来源地：高酿镇优洞村岑巩下组〗

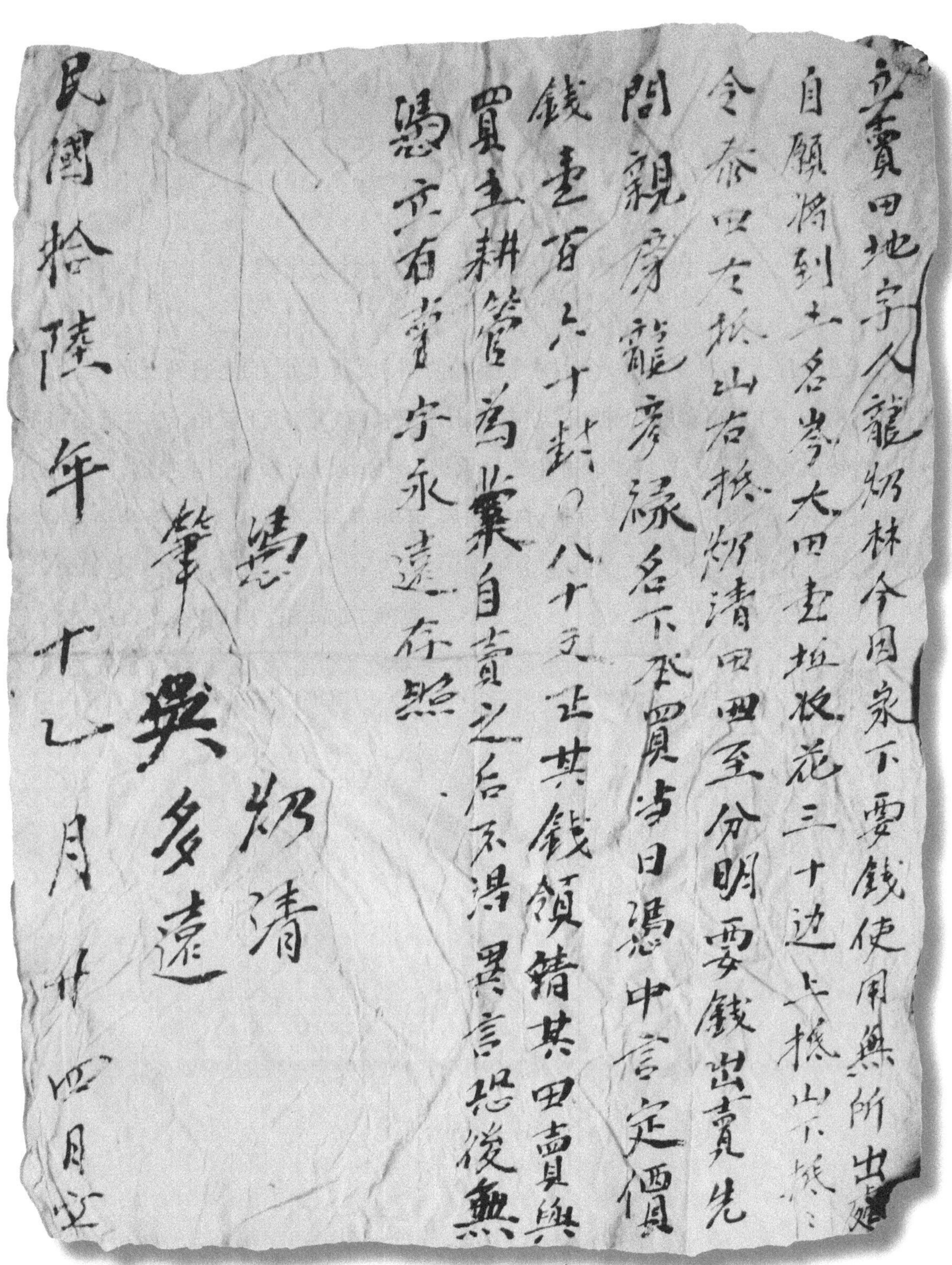

立賣田地字人龍炳林今因家下要錢使用無所出處
自願將到土名岑大田壹坵收花三十边上抵山下抵〻
全荅田左抵山右抵炳清田四至分明要錢出賣先
問親房龍彥祿名下承買當日憑中言定價
錢壹百六十封〇八十文正其錢領清其田壹與
買主耕管為業自賣之后不得異言恐後無
憑立有賣字永遠存照

憑 炳清

筆 吳多遠

民國拾陸年十乙月廿四日立

·GT—GYD—064 GT—021—215·

· GT—GYD—065 GT—021—203 ·

民国十六年十二月一日龙灿林卖田契

立卖田契字人本村龙灿林，今因家下要钱使用，无所出处，自愿将到土明（名）蜡桂波（坡）田乙（一）坵出卖，上下抵山，左右抵山；正冲田贰坵，上下抵山，左右抵山，四至分明，要钱出卖。自己上门问到本村龙彦禄承买。当面议定价钱壹佰贰拾捌仟八百文正（整）。其钱领足，其田卖与买主为业。自卖之后，不得异言。恐后无凭，立有卖字为据。

凭笔　龙灿清

民国丁卯年十二月初乙（一）日　立

〖文书原持有者：龙秀斌；来源地：高酿镇优洞村岑巩下组〗

立賣田契字人本村龍燊林今因家下
要錢使用無所出處自願將到土明生桂木
坡田乙坵出賣上下抵山左右抵山正冲
田貳坵上下抵山左右抵山四至分明要
錢出賣自己上門問到本村龍彥祿
承買当面議定價錢壹佰貳拾捌仟
八百文正其錢今領足其田賣與買主為
業自賣之後不得異言恐後無憑立
有賣字為據
憑筆龍燊清
民国丁卯年十二月初乙日 立

·GT—GYD—065　GT—021—203·

民国十八年四月七日贵州财政厅出具龙秀荣丁粮纳税凭单

贵州财政厅为掣付丁粮纳税凭单事今据天柱县

区名	五甲
花户姓名	龙秀荣
年纳定额	七两石升九合三
连耗及加收规费共纳银两数	△两一钱三分三厘
税单费	△钱二分五厘
滞纳金	△两△钱二分七厘

丁卯年通共应纳银△两一钱八分五厘申合大洋△元二角八仙已收讫

戊辰

中华民国十八年四月七日征收官

人税纳付裁联此

〖文书原持有者：龙秀斌；来源地：高酿镇优洞村岑巩下组〗

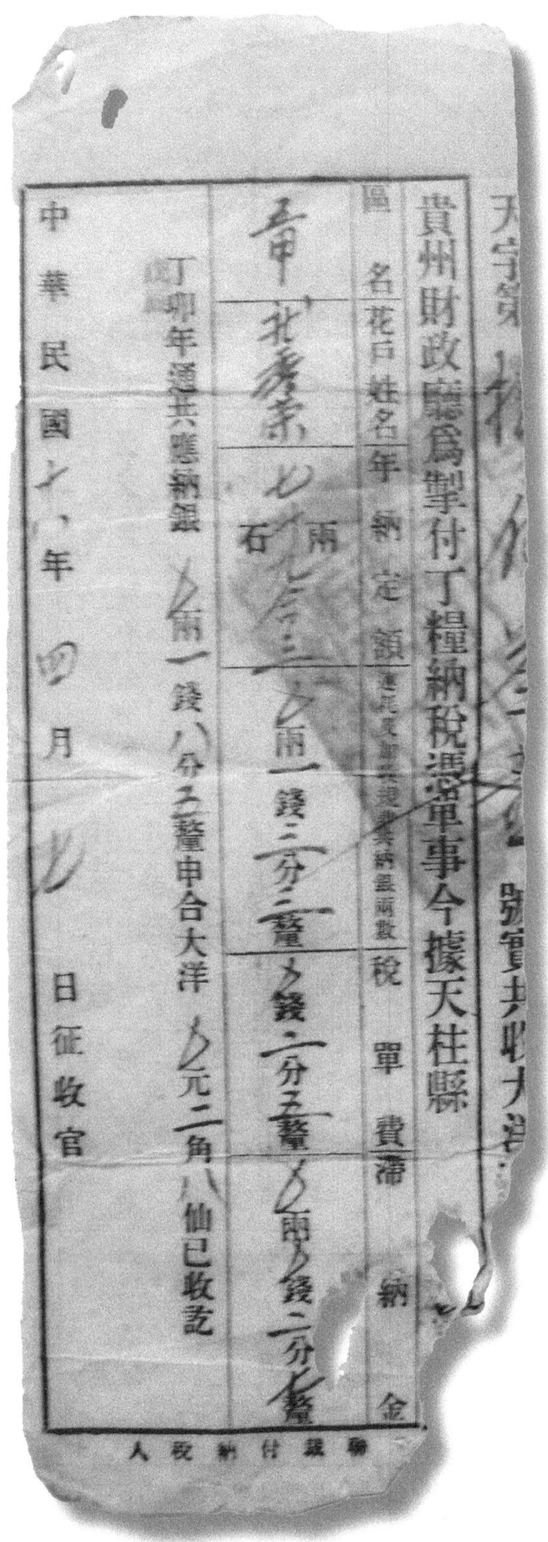
天字第　號實共收大洋
貴州財政廳爲掣付丁糧納稅憑單事今據天柱縣
區　名　花戶姓名　年納定額　應完丁糧兵款或兵費納銀兩數　稅　單　費滯　納　金
丁卯年選兵應納銀　兩一錢八分二釐申合大洋　元二角八仙已收訖
中華民國　年　月　日征收官
聯　付　納　稅　人

· GT—GYD—066　GT—021—101 ·

民国十八年四月七日贵州财政厅出具盘路会田丁粮纳税凭单

贵州财政厅为掣付丁粮纳税凭单事今据天柱县

区名	花户姓名	年纳定额	连耗及加收规费共纳银两数	税单费	滞纳金
五甲	盘路会田	两弌勺石	△两△钱△分三厘	△钱二分五厘	△两△钱△分一厘

丁卯年通共应纳银△两△钱二分九厘申合大洋△元△角五仙已收讫

戊辰

中华民国十八年四月七日征收官

人税纳付裁联此

〖文书原持有者：龙秀斌；来源地：高酿镇优洞村岑巩下组〗

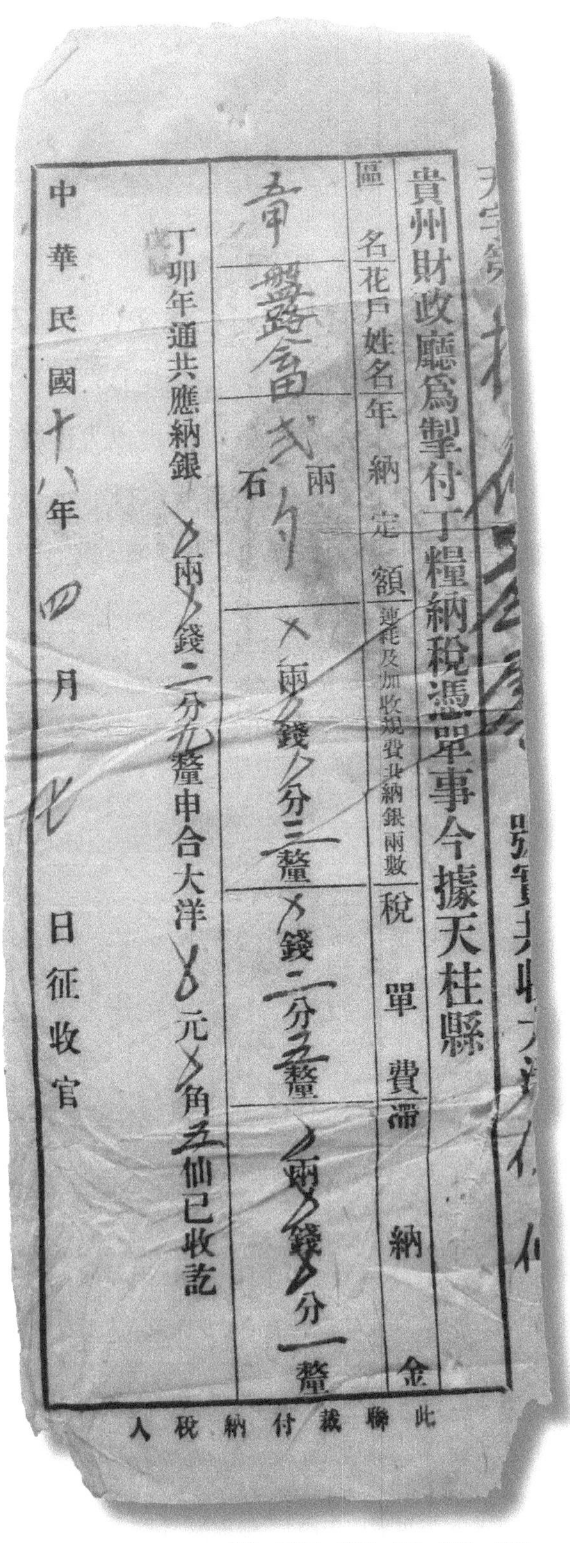

貴州財政廳爲掣付丁糧納稅憑單事今據天柱縣

區　名花戶姓名年納定額　連花及加收規費共納銀兩數　稅單費滯納金

章盤錫命　兩　石

丁卯年通共應納銀　兩　錢二分九釐申合大洋　元　角五仙已收訖

中華民國十八年四月　日征收官

此聯裁付納稅人

· GT—GYD—067　GT—021—107 ·

· GT—GYD—068 GT—021—206 ·

民国十八年十二月十三日杨光文讨阴地安坟字

立讨阴地安坟字人杨光文，情因先人故化①，无地以为佳城，于是与岑孔龙彦禄所有阴地壹穴，坐落地名登毛坡，面讨之地②。情蒙亲戚彦禄承允，愿将此地送我壹棺以为先父之坟，准我安葬此棺。已（以）后我只斩草，不得再葬。若后恐有占占霸葬者，立有讨字为据是实。

立合同两姓财发人兴（半字）。

地理 龙廷干

凭亲戚 陆炳锡

陆炳富

龙元辉

凭亲房 杨承枫

杨承勋

杨森林

杨森柱

杨秀清

代笔 杨宗城

民国拾捌年岁次己巳十二月十三日 立字

〖文书原持有者：龙秀斌；来源地：高酿镇优洞村岑巩下组〗

【注释】

① 故化：去世，死亡。

② 面讨：面，当面；讨，请求。当地风俗买地用于葬人，俗称为“讨”。

立討陰地安坟字人楊先之，情因先人故化無地以
為佳城，於是與岑孔龍彥祿所有陰地壹穴，坐
落地名登毛坡面討之地，情蒙親戚彥祿承
允，願將此地送我壹棺，以為先父之坟，准我
安葬此棺。已後我只斬草，不得再葬。若後
恐有佔占霸葬者，立有討字為據是實。

立合同兩紙各發人壹

地理龍廷幹

憑親戚陸炳富　錫　龍元輝

憑親房楊承勳　楓　楊森林　桂　秀清

代筆楊宗城

民國拾捌年歲次己巳十二月十三日立字

· GT—GYD—068　GT—021—206 ·

民国十九年二月十八日龙灿林卖田契

立卖田契字人梢（硝）洞龙灿林，今因家下要钱使用，无所出处，自愿将到土名桂礼田乙（一）坵，上扺（抵）龙求乘田，下扺（抵）山，左右扺（抵）山，四至分明，要钱出卖。自己上〔门〕问到岑孔村龙彦禄名下承买。当日凭冲（中）言定价钱叁十伍六百文正（整）。其钱领足，入手应用，其田卖与买主永远耕官（管）为业。自卖之后，不得异言。恐口无凭，立有卖字是实。

内添二字。

凭冲（中）
代笔　龙灿清

民国庚午年二月十八日　立

〖文书原持有者：龙秀斌；来源地：高酿镇优洞村岑巩下组〗

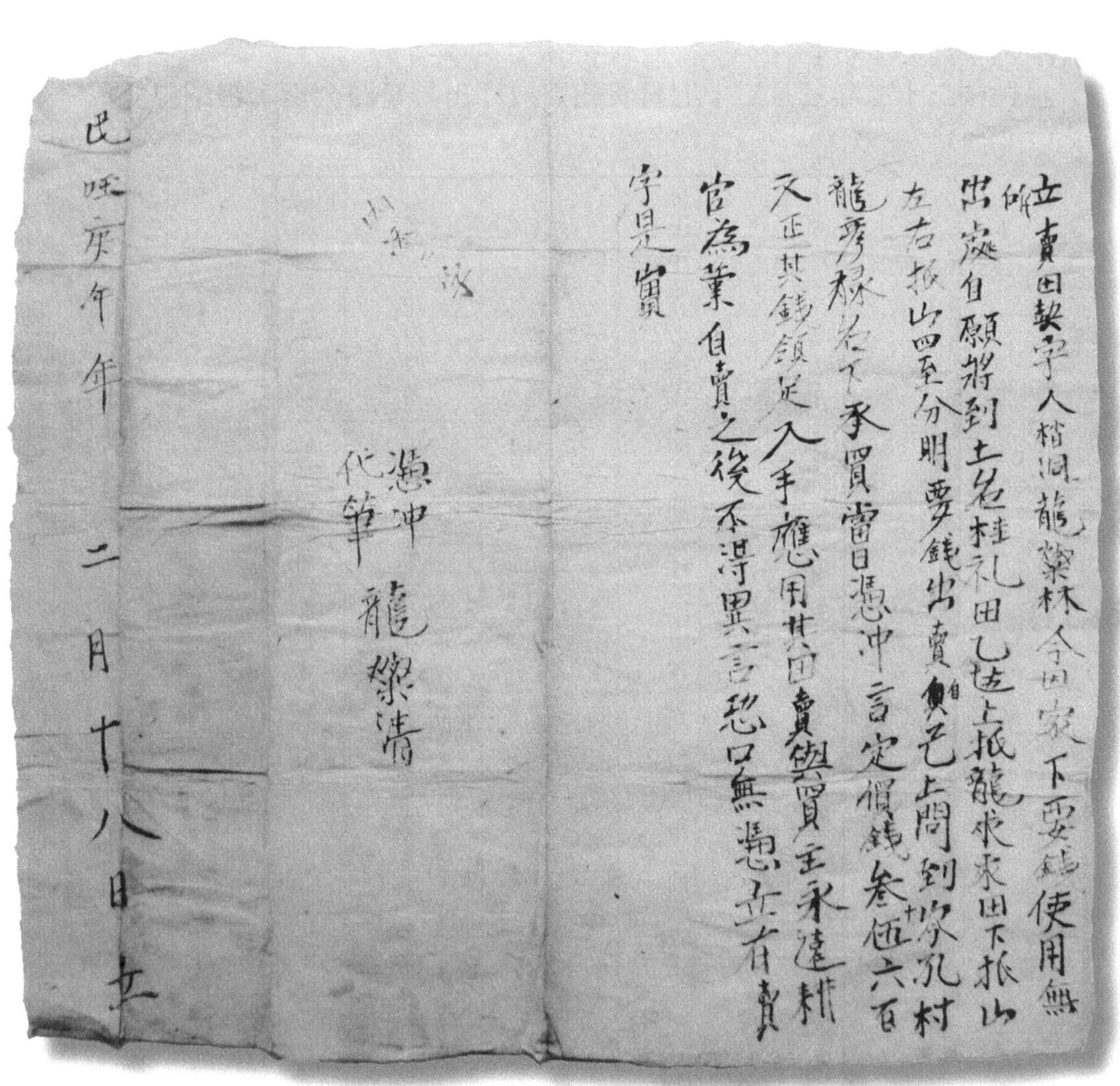

立賣田契字人優洞龍榮林今因家下要錢使用無從
出處自願將到土名桂礼田乙坵上抵龍求來田下抵山
左右抵山四至分明要錢出賣自己上門到坳孔村
龍秀祿名下承買當日憑中言定價錢叁十伍六百
文正其錢領足入手應用其田賣與買主永遠耕
管為業自賣之後不得異言恐口無憑立有賣
字是實

内添二字

憑中
代筆 龍樂清

民國庚午年 二月十八日 立

· GT—GYD—069 GT—021—116 ·

· GT—GYD—070 GT—021—105 ·

民国二十二年三月二十七日贵州财政厅出具盘路会田丁粮纳税凭单

贵州财政厅为掣付丁粮纳税凭单事今据天柱县

区名	
花户姓名	盘路会田
年纳定额	两 式勺 石
连耗及加收规费共纳银两数	△两△钱△分△厘
税单费	△钱△分△厘
滞纳金	△两△钱△分△厘

壬申年通共应纳银△两△钱△分△厘申合大洋△元△角△仙已收讫

中华民国二十二年三月廿七日征收官

人税纳付裁联此

〖文书原持有者：龙秀斌；来源地：高酿镇优洞村岑巩下组〗

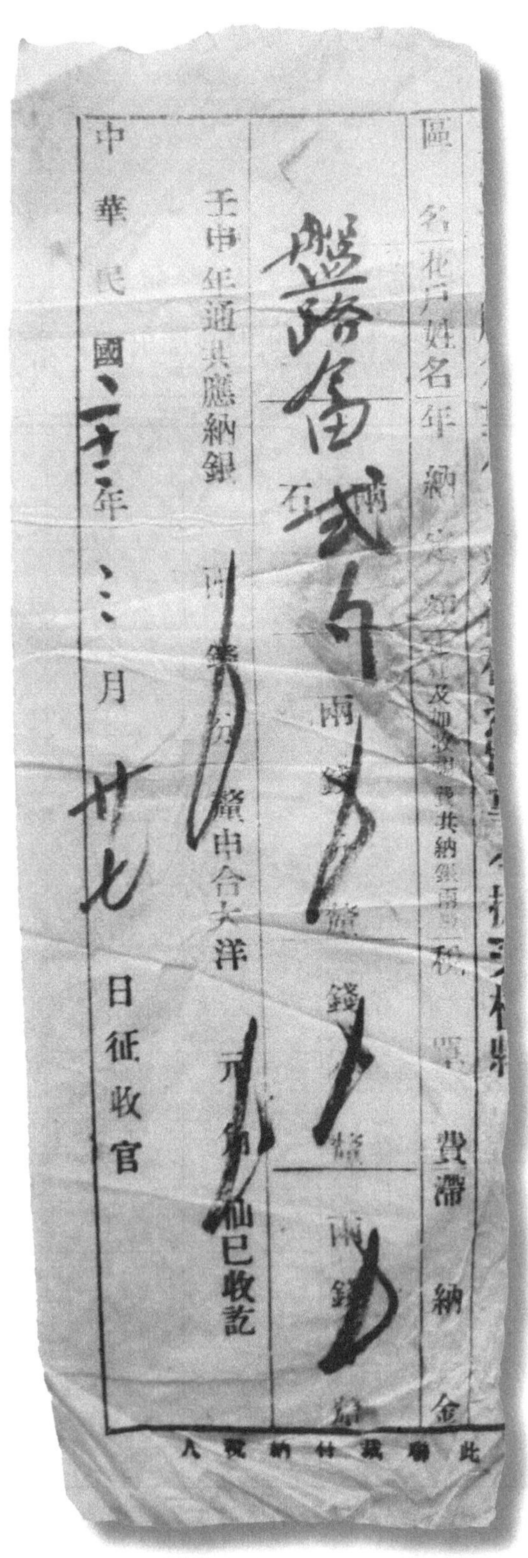
區 名 花戶姓名 年 納 正 附 及加徵 共納銀 兩 錢 毫 費 滯 納 金
龍路富 貳 石 兩 兩 錢 分 兩 錢 分 兩 錢
壬申年通共應納銀 兩 錢 分 釐 串合大洋 元 角 仙 已收訖
中華民國廿一年 三 月 廿七 日 征收官
此聯裁付納稅人

• GT—GYD—070　GT—021—105 •

· GT—GYD—071 GT—021—103 ·

民国二十二年三月二十七日贵州财政厅出具龙秀荣丁粮纳税凭单

贵州财政厅为掣付丁粮纳税凭单事今据天柱县

区名	
花户姓名	龙秀荣
年纳定额	两 七升九三 石
连耗及加收规费共纳银两数	两一钱三分四厘
税单费	钱二分四厘
滞纳金	两 钱一分四厘

壬申年通共应纳银△两一钱七分三厘申合大洋△元弍角柒仙已收讫

局□

中华民国二十二年三月廿七日征收官

人税纳付裁联此

〖文书原持有者：龙秀斌；来源地：高酿镇优洞村岑巩下组〗

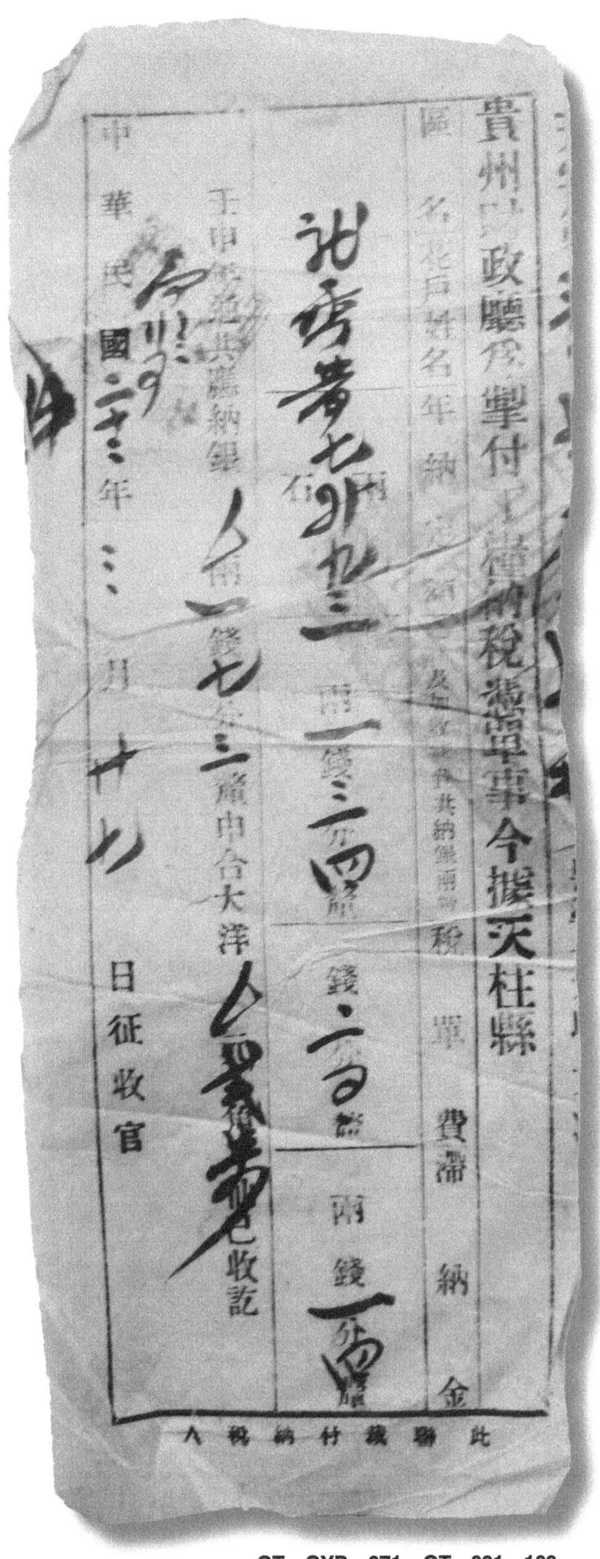

貴州財政廳為掣付下忙糧稅執照事今據天柱縣

區 名花戶姓名年納定額 及加收 共納 正稅 費滯納金

沾秀黄七耕九三 兩一錢三分四釐 錢二分七釐 兩錢一分四釐

壬申年 共應納銀 兩 錢 分 釐申合大洋 元 角 分已收訖

中華民國二十二年 月 日征收官

此聯截付納稅人

• GT—GYD—071 GT—021—103 •

· GT—GYD—072　GT—021—110 ·

民国二十二年四月贵州财政厅出具龙清明丁粮纳税凭单

贵州财政厅为掣付丁粮纳税凭单事今据天柱县

区名	
花户姓名	龙清明
年纳定额	两　八升六　石
连耗及加收规费共纳银两数	两钱一分四厘
税单费	钱二分五厘
滞纳金	两钱分三厘

癸酉年通共应纳银　两　钱四分　厘申合大洋　元　角六仙已收讫

局□

中华民国二十二年四月　日征收官

人税纳付裁联此

〖文书原持有者：龙秀斌；来源地：高酿镇优洞村岑巩下组〗

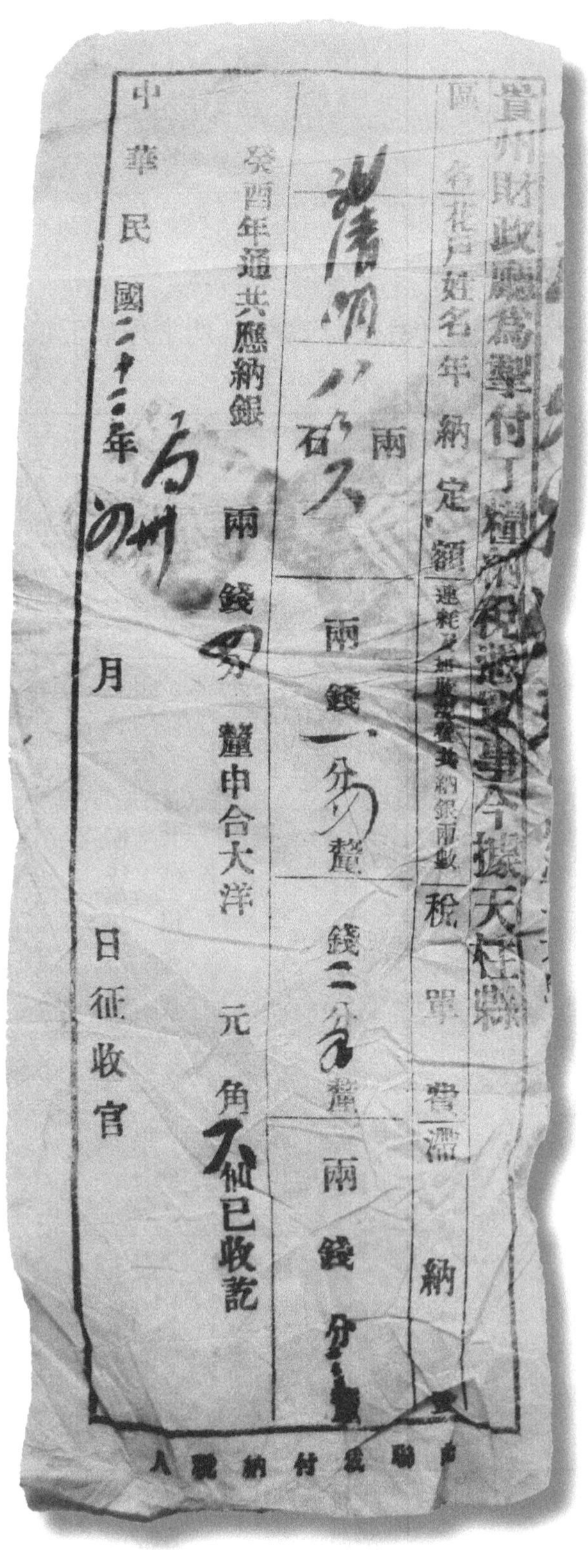

貴州財政廳爲舉付丁糧糧税事今據天柱縣

區 名花户姓名 年納定額 連耗及捐款共納銀兩數 税單壹滙納

陳清明 八石又 兩

兩 錢一分八釐

錢二分五釐

兩 錢 分 釐

癸酉年通共應納銀 兩 錢四分 釐申合大洋 元 角八仙已收訖

中華民國二十二年 高州 月 日征收官

户聯發付納税人

· GT—GYD—072 GT—021—110 ·

民国二十三年四月贵州财政厅出具龙秀荣丁粮纳税凭单

贵州财政厅为掣付丁粮纳税凭单事今据天柱县

区名	
花户姓名	龙秀荣
年纳定额	两 七升九三 石
连耗及加收规费共纳银两数	两一钱三分四厘
税单费	钱二分五厘
滞□	两□

癸酉年通共应纳银 两一钱八分六厘申合大洋 元二角八□

局□

中华民国二十三年四月 日征收官

人税纳付裁联此

〖文书原持有者：龙秀斌；来源地：高酿镇优洞村岑巩下组〗

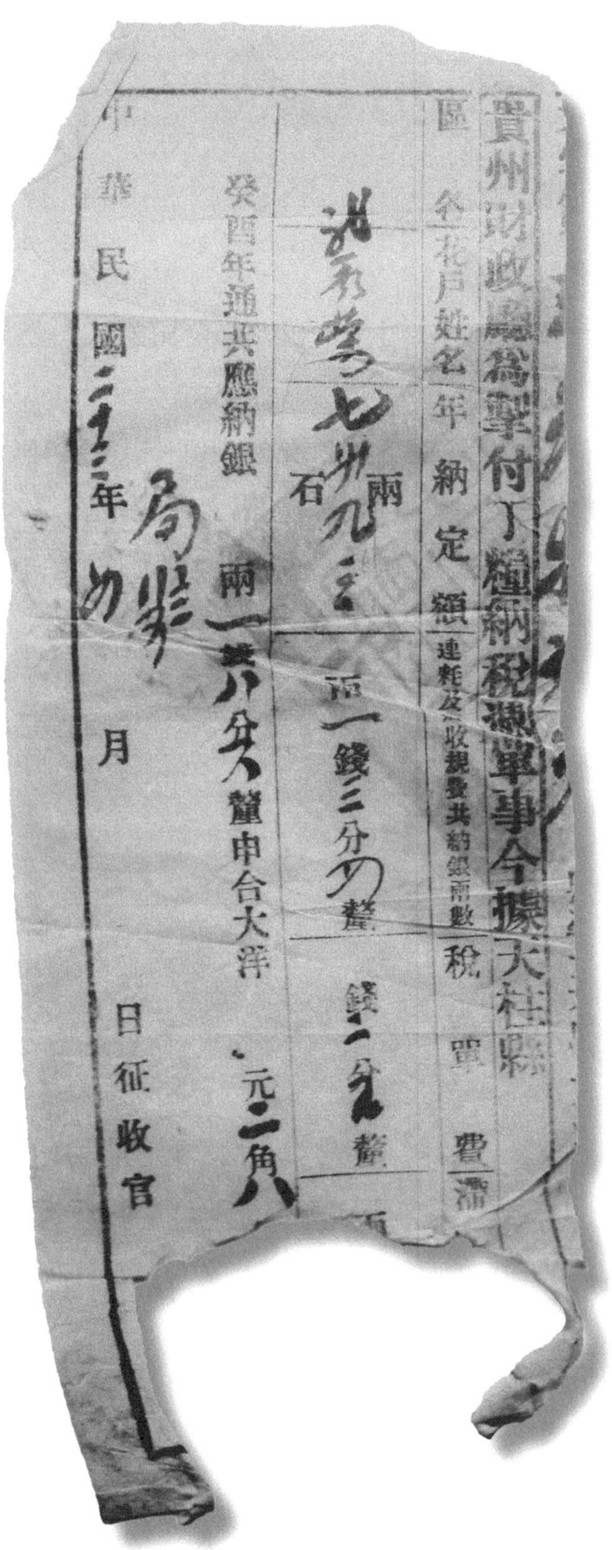

贵州财政厅为掣付丁粮纳税执单事今据大柱县
区 各花户姓名 年 纳 定 额 连耗及收规费共纳银两数 税 单 费 滞
洪永荣 七斗九 石 两
癸酉年通共应纳银 两 一钱八分八厘 申合大洋 一元二角八
中华民国二十二年 四 月 日征收官

• GT—GYD—073 GT—021—102 •

民国二十七年二月十六日龙奶全兄弟二人分关字

立分关字人兄弟二人，情因父遗下产业，兄弟二比自干（甘）意愿平分，约亲房人等均派所田派落。兄奶全之股桂里波（坡）脚田乙（一）坵，又下松田乙（一）坵，桐油冲大小三坵，又岑下冲田乙（一）坵，又白腊冲上贰二坵，又栗木冲大小二坵，派落奶全所管为业。又菜园园对波（坡）大小二坪。派落分明，不得翻悔。若有翻悔，凭有亲族均分人等，不得异言。恐口无凭，立有分关为据。

恭贺子孙双成，人财两发。

龙彦寿
凭族　龙彦菊
龙令文
凭亲　杨胜仕
杨胜标
笔　龙见光

民国二十七年二月十六日　立（半字）

〖文书原持有者：龙秀斌；来源地：高酿镇优洞村岑巩下组〗

立分阄字人兄弟二人，情因父遗下屋業，兄弟二比自士意愿平分，請親房人等踏派，所田派落兄姒全之股杉里波㘭田乙坵，又下杉田乙坵，桐油冲大小三坵，又岑下冲田乙坵，又白腊坪上贰坵二丬，又栗木冲大小二坵，派落姒全所管為業。又菜園丶対股大小二坪，派後分明，不得翻悔。若有翻悔，凭有親族均分人等，不得異言。恐口無凭，立有分阄為據。

恭賀子孫如代代人發貴

憑親族　龍彥壽　全文　君傑　標仁

筆　龍昇光

民國二十七年二月十八日立

• GT—GYD—074　GT—021—202 •

· GT—GYD—075 GT—021—213 ·

民国二十五年闰三月二十七日杨再江卖荒坪田契

立卖荒坪田契字人地棉村杨再江，今因家下要钱使用，无所出处，自愿将到土名美桃山荒田乙(一)坪，上下左右抵山为界，四至分明，要钱出卖。自己上门问到岑孔村杨氏金莲兄女名下承买。当面议定价钱壹拾弍仟捌佰文正(整)。其钱领足入手应用，其契土交与买主耕管为业。自卖之后，不得异言。恐口无凭，立有卖字仔(存)照。

内添二字。

亲笔

民国丙子年后三月二十七日　立

〖文书原持有者：龙秀斌；来源地：高酿镇优洞村岑巩下组〗

立賣荒坪田契字人地棉村楊
再江今因家下要錢使用無所
出處自願將到土名美桃山荒
田山坪上下左右抵山為界四
至分明要錢出賣自己上門
問到岑孔村楊氏金蓮兄妹名下
承買當面議定價錢壹拾弍
仟捌佰文正其錢領足入、
手應用其契土交與買主
耕管為業自賣之後不得異
言恐口無憑立有賣字存照。

内添小字

親筆

民國丙子年後三月二十七日立

GT—GYD—075　GT—021—213

民国二十六年一月二十六日贵州省政府财政厅出具龙秀荣丁粮税单凭单

单凭单税粮丁

贵州省政府财政厅为掣付丁粮纳税凭单事

兹据　县　区花户　缴纳民国二十五年应完

赋别	应纳定额	照原科则计征共纳银元数	税单费	滞纳金
龙秀荣 盘路会	七升九三两 二石勺	元二角三分	角 分	元 角七分

右列各项合计通共应纳银　元三角八分已照数收讫给此为据

中华民国二十六年一月廿六日　县长　填给

人税纳付制联此

〖文书原持有者：龙秀斌；来源地：高酿镇优洞村岑巩下组〗

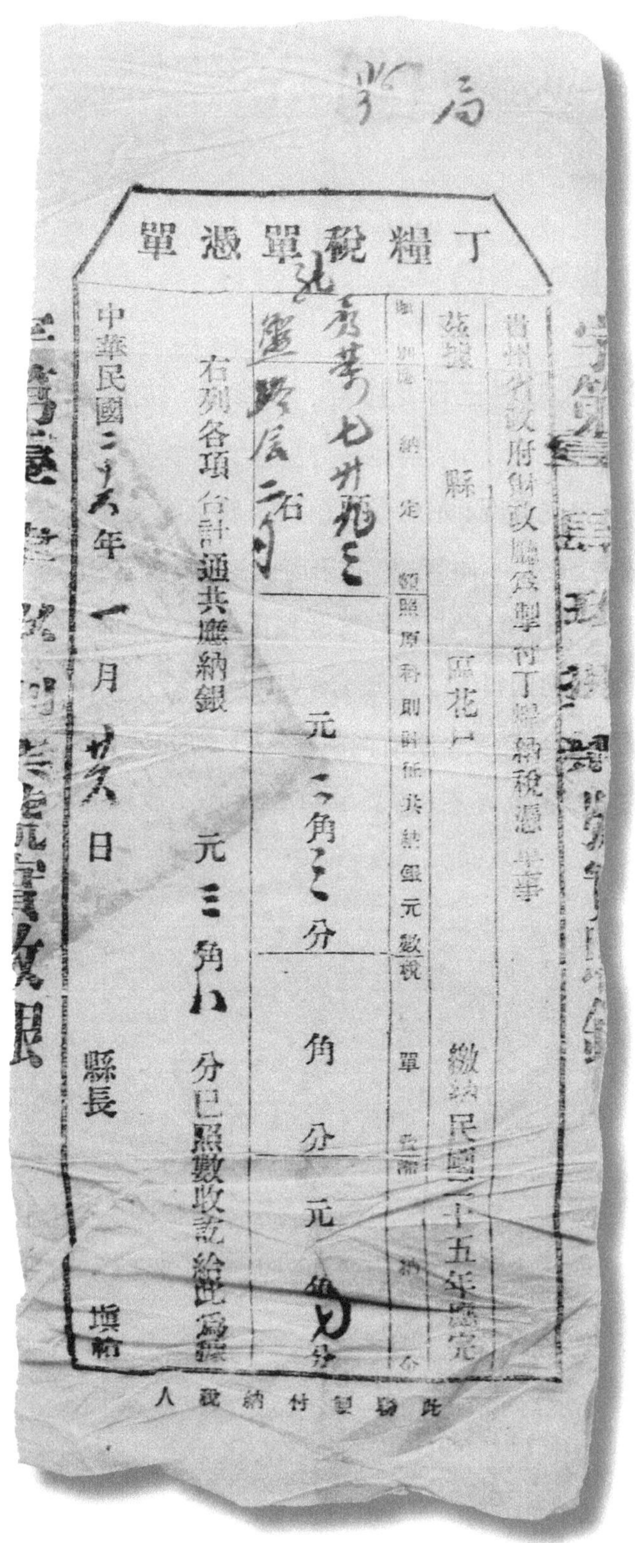
丁糧稅單憑單

貴州省政府財政廳發製丁糧納稅憑單

縣　區花戶

繳納民國二十五年應完

右列各項合計通共應納銀　元　角　分已照數收訖給此爲據

中華民國二十六年一月廿六日

縣長

此聯發付納稅人

• GT—GYD—076　GT—021—108 •

• GT—GYD—077 GT—021—118 •

民国二十七年十二月三日龙彦寿、龙彦禄、龙彦松兄弟三人分关字

立分关字人岑孔村龙彦寿、龙彦禄、龙彦松，情因祖父秀坤、秀海、秀荣遗下之屋，地基两坪[①]，至今家务纷纭，不便管理。兄弟商议，凭族戚人等将屋地基均摊作为叁大股均分，字字股号"天""地""人"三字[②]，备裁龙氏先君家龛前。而秀荣育有一子名□。彦禄有乙（一）大股，彦禄拈阄得"人"字股号，丈尺度数每大股有壹丈捌尺五，又下坪地有壹丈伍尺，拈得"人"字股号，又牛圈有两间在"人"字股号。内外除路，不得异言。恐口无凭，立有分关为据是实。家家兴圣（盛），户户昌隆。

凭族戚　龙奶承

龙武权

龙柄然

龙恩然

戚笔　龙感琮　立

合同（半字）。

民国戊寅年十二月初三日　立

〖文书原持有者：龙秀斌；来源地：高酿镇优洞村岑巩下组〗

【注释】

① 坪：指山区和丘陵地区局部的平地，相当于片或块。

② 字字股号"天""地""人"三字：疑两个"字"中有一个为衍字。

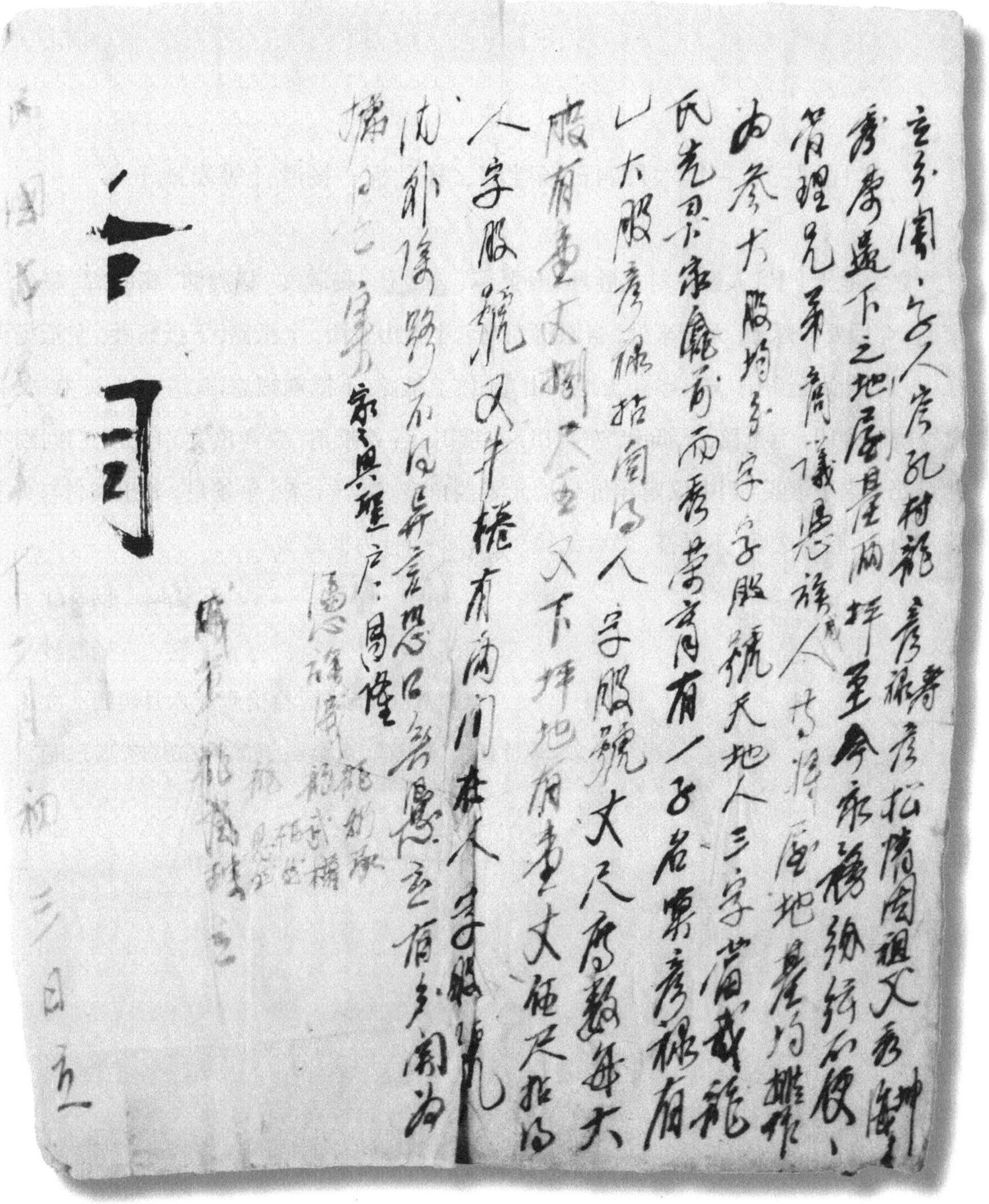

立分關合人彦孔、村龍、彦根、孝彦松，情因祖父秀坤、
秀康遺下之地屋基屋兩坪，至今承管紛紜不便、
管理，兄弟商議憑族人將屋、屋地基均攤作
為叁大股，均分字字股號天地人三字。當載龍
氏先界下家龜前，而秀蒂育有一子名宗彦根面
山大股，彦根拈得人字股號，文尺屋數每大
股有壹丈捌尺，壹丈下坪地有壹丈伍尺，拈得
人字股號丈半權，有兩間木人字股號
洗外係路，不得異言，恐口無憑，立有分關為
據。日立 宗之典匪 彦 國隆

憑族 龍剛承 龍武標

合同

民國 年 十 月 初 三 日 立

· GT—GYD—078 GT—021—114 ·

民国三十一年六月四日杨胜坤、杨胜标、杨胜仕等卖地土字

立卖地土〔字〕人攀芹村杨胜坤、杨胜标、杨胜仕、杨胜文、杨胜渊、杨胜辉、杨昌平家族，今因要洋际普，无所来处，自愿将到土名小盘山壹团，上抵路，下抵杨姓，左抵杨再江山，右抵胡㖞杨山；又有岑孔土地脚山壹团，上抵路，下抵刘耀恩田，左右抵买主；又有盘岑桷山壹团，上抵路，下抵田，左抵田，右抵田。各处抵清，要洋出卖。自己上门问到岑孔龙炌全名下承买。当中议定洋价肆拾元零捌角整。其洋〔亲〕手领足，其土契付与买主管理为业。自卖之后，不异言。恐后无凭，立有卖〔字〕为据是实。

凭中　杨胜仕

笔　　杨胜杪

中华民国叁拾壹年六月初四　立

〖文书原持有者：龙秀斌；来源地：高酿镇优洞村岑巩下组〗

立賣地土人攀芎村楊勝坤、勝仕、文標、德輝、附昌平家族，因今要洋除善無計出處，自願

將到土名小盤山壹團，上抵路，下抵楊姓，左抵楊再江山，右抵胡唖杨山。又有岑孔土地腳壹團，上抵

路，下抵劉耀恩田，左右抵買主。又有盤岑欄山壹團，上抵路，下抵田，左抵田，右抵田，各處抵清。

要洋出賣，自己上門問到岑孔[illegible]鄉全名下承買。當中議定洋價錢拾

元零捌角整。其洋自領足。其土契付與買主管理為業。自賣之後不異

言。恐后無憑，立有賣字據是實。

憑中　楊勝仕

筆　楊勝杉

中華民國叁拾壹年六月初四日　立

· GT—GYD—079 GT—021—201 ·

公元一九五〇年（古历）三月一日王松柏卖地土山老杉木字

立卖地土山老杉木字人摆洞寨王松柏，今因要钱使用，无所出处，自愿将到土名硐钟冲地土山壹团，上抵登领（岭）、龙姓土坎，下抵张姓田为界，左抵硐，右抵岩豁陆为界，四至抵清。请忠（中）上门问到岑孔村龙奶全名下承买。当日凭忠（中）议定价钱叁拾弍仟零捌拾文罡（整）。其钱清（亲）手领足，其地土付与买主永远耕管为业。自卖之后，不得异言。若有异言，立有卖字为据存照。

凭忠（中） 陈德斌

亲笔

内添二字，涂乙（一）字。

民国庚寅年三月初乙（一）日 立

〖文书原持有者：龙秀斌；来源地：高酿镇优洞村岑巩下组〗

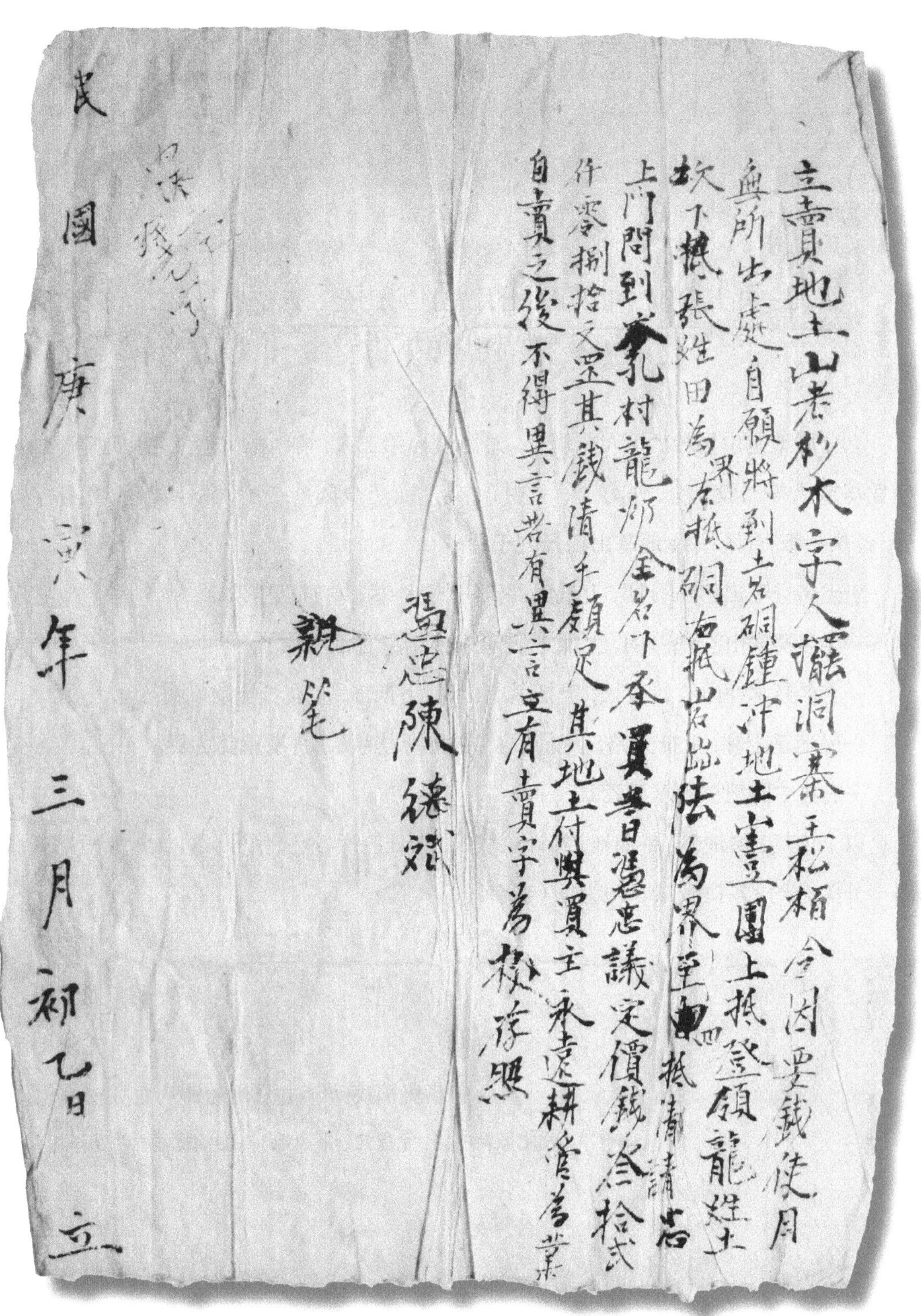

立賣地土山甚杉木字人攏洞寨王松栢今因要錢使用
無所出處自願將到土名硐鍾冲地土壹團上抵登領龍姓土
坎下抵張姓田為界左抵硐右抵岩坳坡為界四至抵清請岩
上門問到岑孔村龍炳金名下承買當日憑中議定價錢叁拾弍
仟零捌拾文正其錢清手領足其地土付與買主永遠耕管為業
自賣之後不得異言若有異言立有賣字為據存照

憑中陳德斌

親筆

民國庚寅年三月初乙日立

• GT—GYD—079 GT—021—201 •

· GT—GYD—080 GT—021—205 ·

公元一九五〇年（古历）七月九日龙奶全、龙奶模兄弟二人分屋地基山场杜后字

立分屋地基山场杜后字人龙奶全、龙奶模兄弟二人，情因祖父遗下之屋地基、山场，今凭房族人等二股均分，作为“人”“财”二字，而奶全阄落“财”字号管理，立有分关杜后，各执一纸存照。并屋地基山场开列于后：

一土名登毛山乙（一）团，上抵大路，下抵屋地基，左右抵土坎。

一土名癸素山乙（一）团，上抵土坎，下抵田，左右抵土坎。

一土名黎木冲山乙（一）团，上抵翁杰山田，下抵田，左右抵土坎。

一屋地基上坪，上抵大路，下抵阳沟，左抵栽岩为界，右抵屋路为界。

一右边牛圈粑屋地基下乙（一）间。

以上山场、屋地基、牛圈地，共计伍块田，本日各管各业，家家兴旺，户〔户〕昌隆。

分关合约，各执壹纸存照为据（半字）。

龙彦南

亲族人　龙奶椿

龙奶勋

中华民国庚寅年七月初九日　龙登松　笔

〖文书原持有者：龙秀斌；来源地：高酿镇优洞村岑巩下组〗

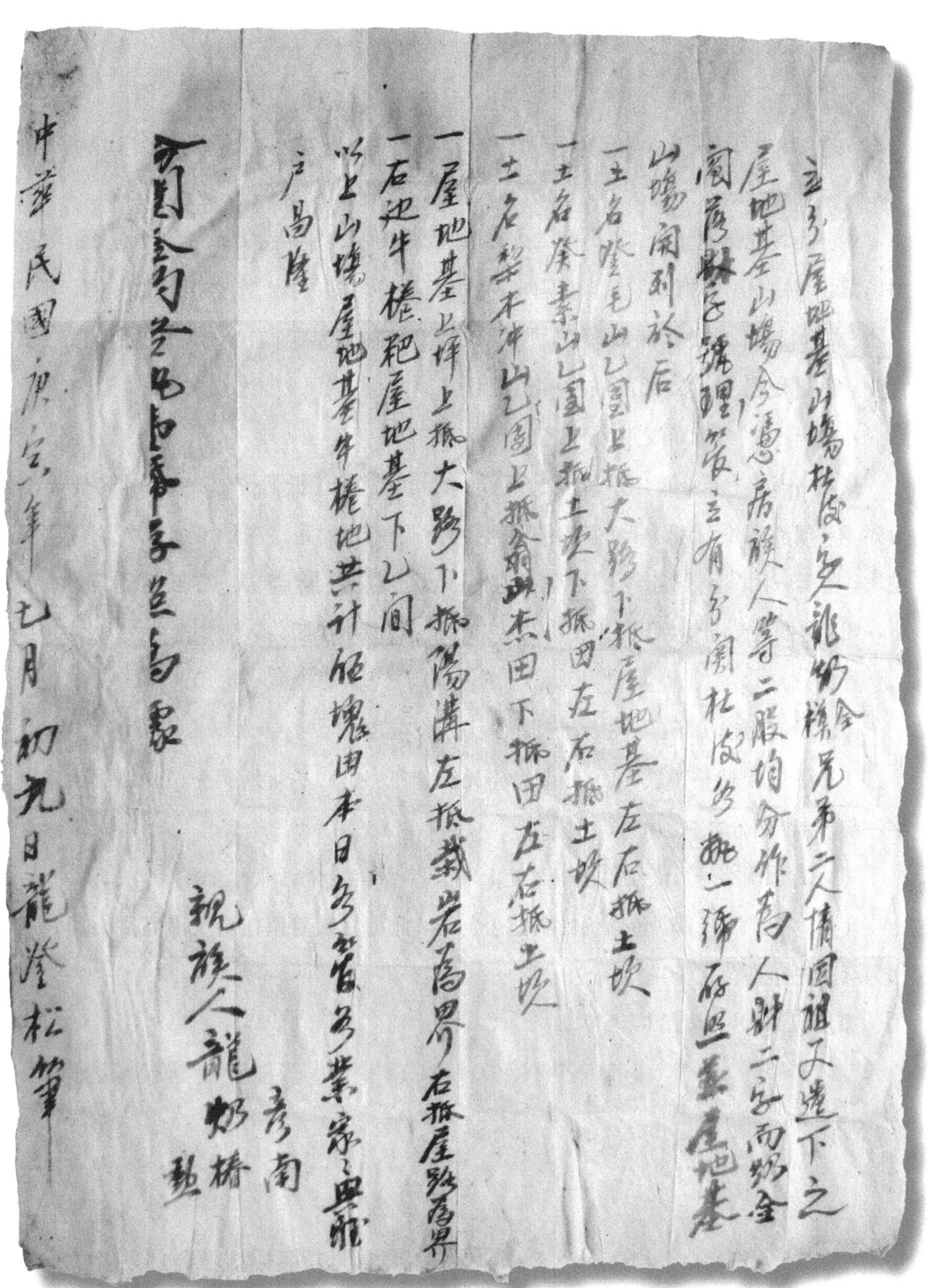

立分屋地基山場杉木字人龍妙標全兄弟二人情因祖父遺下之
屋地基山場今憑房族人等二股均分作爲人財二字而妙全
閹應財字號理管立有分關杉木分執一紙存照其屋地基
山場開列於后
一土名登毛山之園上抵大路下抵屋地基左右抵土坎
一土名癸素山之園上抵土坎下抵田左右抵土坎
一土名黎木沖山之園上抵分關杰田下抵田左右抵土坎
一屋地基上坪上抵大路下抵陽溝左抵栽岩爲界右抵屋路爲界
一右邊牛棬耙屋地基下之間
以上山場屋地基牛棬地共計陸塊由本日分出各管各業家〻興旺
户昌隆
分關合同各執存照爲據
親族人龍妙椿
彥南
勳
中華民國庚寅年七月初九日龍登松筆

• GT—GYD—080　GT—021—205 •

· GT—GYD—081 GT—021—210 ·

公元一九五〇年（古历）七月十六日龙奶全、龙奶模兄弟二人分山场合同

立分山场兄弟龙奶全、龙奶模二人，窃以管理便利，特将我父等三大股均分所派落之山场栗木冲一团，杨梅老一团，道马坡一团，凉亭背左边一团，桂奏祖坟山一团，美宋凸一团，共计陆团。兹凭房族以“乾”“坤”二字平分拈阄为定。自今分后，各照山界，永远管业。恐口无凭，爰喜二纸，各持一纸存照。

左计开“乾”字派落之山场土名：

豪竭一团，上抵（柢）登岭土坎，下抵（柢）田，左抵（柢）土坎，右抵（柢）正岭倒水为界。杨梅老一团，上抵（柢）登岭按石为界，下抵（柢）大路，左抵（柢）土坎，右抵（柢）土坎。桂奏一团，上抵（柢）土坎，下抵（柢）土坎，左抵（柢）土坎，右抵（柢）土坎。美宋凸一团，上抵（柢）土坎，下抵（柢）田，左抵（柢）土坎，右抵（柢）土坎。

外加：

（1）所有祖遗山场，有阴山者永远由我三公与共。

（2）所有祖遗平暮坡一团，留与彦寿兄弟作抵（柢），秀坤所买秀仁光绪式拾四年卖字一契，拾团四分之一之数。

（3）右计阄字号乃依兄弟次序列定（“乾”字派落奶全管业）。

（4）岑孔寨却（脚）鱼塘仍由我三公与共（此塘之粮着留桂奏及上高岴山场共三团作为彦南先年纳粮之资）。

家发人兴，户户隆昌（半字）。

房族　龙永森

龙武权

龙登松

代笔　龙武能

中华民国卅九年岁次庚寅古七月十六日

〖文书原持有者：龙秀斌；来源地：高酿镇优洞村岑巩下组〗

· GT—GYD—081　GT—021—210 ·

立分山場兄弟龍炳樹二人為以管理便利特
將我父等三大股均分所派落之山場眾木冲一團
楊梅老團道島嫩一團涼亭背左邊一團桂奏(?)根(?)坡山
一團美宗巴團共計陸團茲憑房族以乾坤字
平分拈鬮為定自今分後各照山界永遠管
業恐口無憑立書二紙各持一紙存照。
立計開乾字派落之山場土名
豪塲一團　上抵登嶺土坎　下抵田　左抵土坎　右抵正嶺倒水為界
楊梅老團　上抵登嶺枝石為界　下抵大路　左抵土坎　右抵土坎
桂奏一團　上抵土坎　下抵土坎　左抵土坎　右抵土坎
美宗巴團　上抵土坎　下抵田　左抵土坎　右抵土坎
外加
(1) 所有祖遺山場有陰山者永遠由我三公爲共。
(2) 所有祖遺平嵩坡一團留為孝(?)泰兄弟作抵秀坤(?)欧(?)買秀仁光(?)
式拾四年(?)叁字一契拈圍四分之一之數。
(3) 右計鬮字號乃依兄弟次序列定（乾字派落炳全管業）
(4) 岩孔塘(?)抑魚塘仍由我三公爲共（[illegible]）
房族　龍永森
龍武權
龍登松
代筆　龍武能

中華民國廿九年歲次庚辰(?)七月十六日

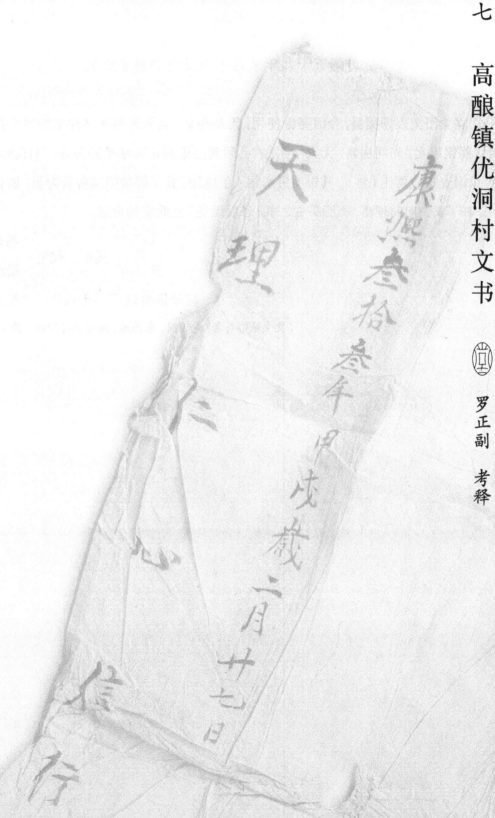

卷三十七

高酿镇优洞村文书

罗正副　考释

乾隆五十九年某月十六日杨美爵卖田契

立卖田契人杨美爵，今因要银使用，无从得处，自愿将到土名冲宝蛸田壹共大小肆坵，要银出卖。先问房族，无人承买。自己问到□鲁寨龙再举承买为业，当日叁面议定田价纹银壹拾壹两正（整）。其银美爵亲领入手应用，其田再举照契耕管为业。如有来历不明，在于卖主向前理落，不□买主之事。恐后无凭，立此卖契为据。

凭中　代笔　杨政保
杨政鳌

乾隆伍拾玖□ 十六日　立契是实

〖文书原持有者：龙启汉；来源地：高酿镇优洞村下高冲组〗

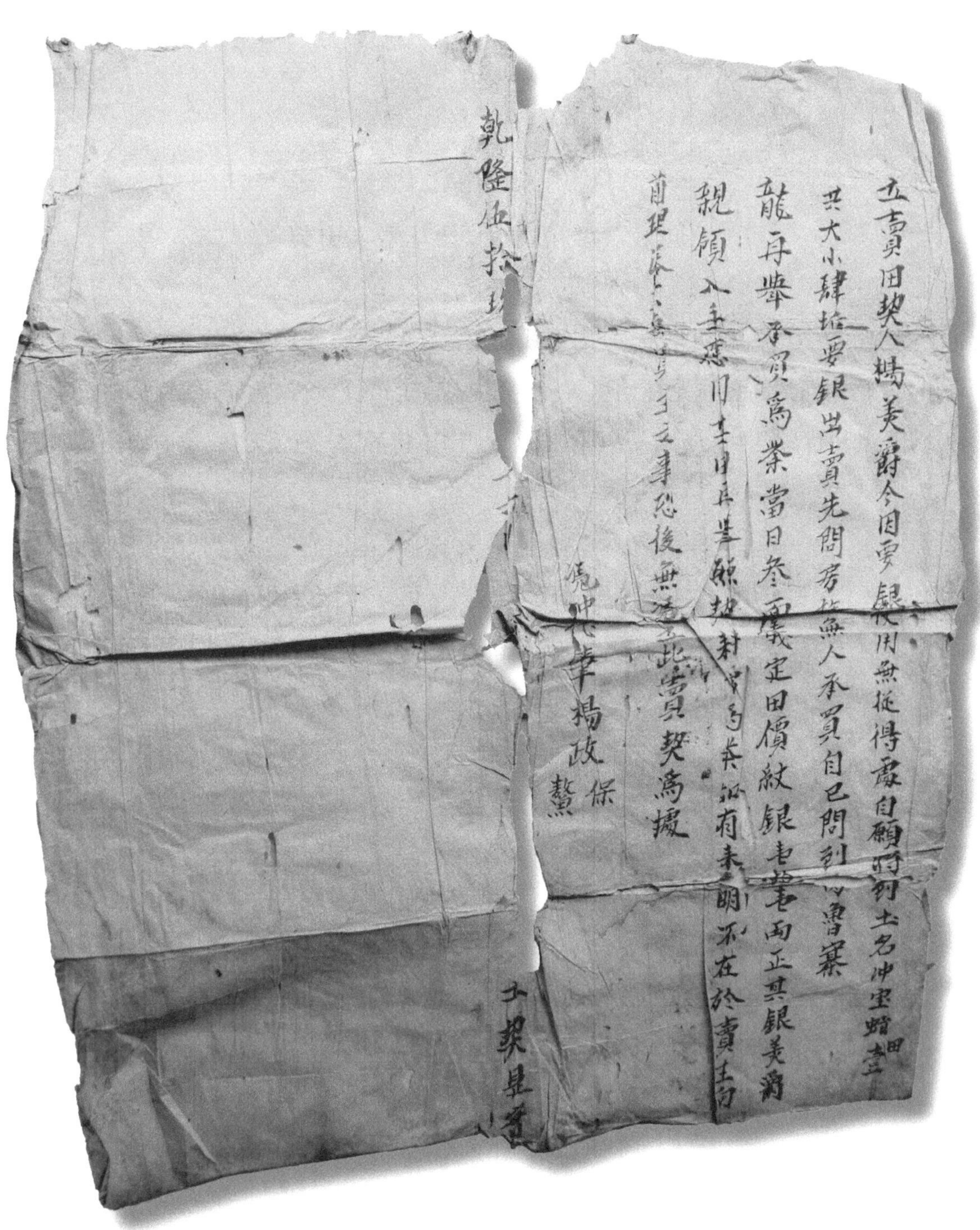
立賣田契人楊美爵，今因要銀使用，無從得處，自願將到土名冲宝蜡田壹
共大小肆拾[illegible]，要銀出賣。先問房族，無人承買，自己問到[illegible]魯寨
龍再舉承買為業。當日叁面議定田價紋銀壹拾[illegible]兩正，其銀美爵
親領入手應用，其田[illegible]買主耕[illegible]，[illegible]有來歷不明，不在於賣主[illegible]
前理落[illegible]主之事。恐後無憑，立此賣契為據。
憑中代筆 楊政保 鰲
乾隆伍拾[illegible]
立契是實

• GT—GYD—001 GT—022—116 •

同治六年五月八日伍华寿卖田契

立卖田契人□寨伍华寿，今因要钱使用，无从得处，自愿将到高鲁屋却（脚）田半坵出卖。请中问到高鲁村龙神德承买。当凭中人言定田价钱乙（一）千弍百文整。其钱亲领应用，其田付与买主永远耕管为业。自买之后，不得异言。恐后无凭，立有卖契是实。

凭中　伍应春

代笔　伍荣宗

同治六年五月初八日　立契

〖文书原持有者：龙启汉；来源地：高酿镇优洞村下高冲组〗

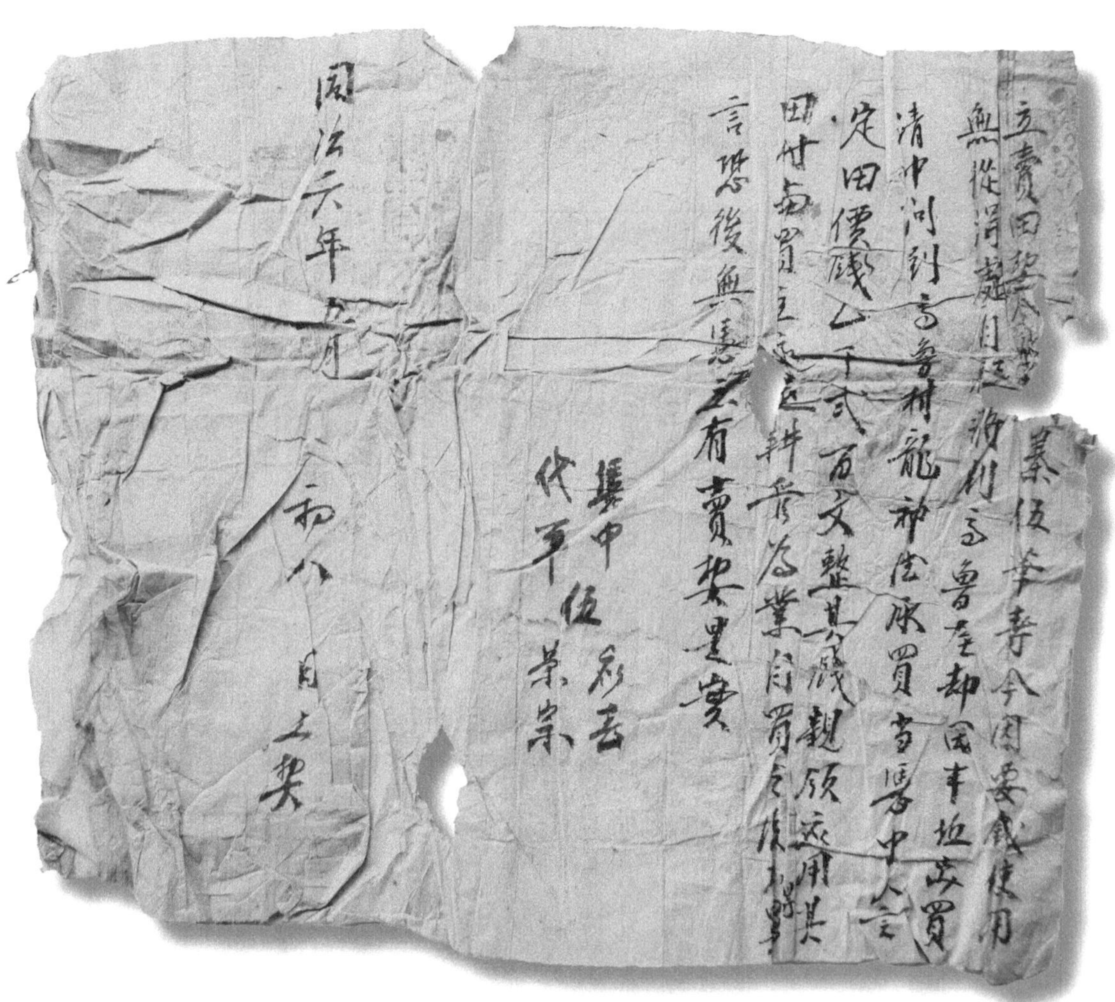

立賣田契人伍華壽今因要錢使用
無從得處自愿將到土名魯屋脚園丰坵出賣
清中問到本寨村龍神保承買當面憑中言
定田價錢乙千弍百文整其錢親領應用其
田付與買主管業耕種為業自賣之後不得異
言恐後無憑立有賣契是實

憑中　伍彩云
代筆　伍榮宗

同治六年五月初八日　立契

· GT—GYD—002　GT—022—094 ·

· GT—GYD—003　GT—022—114 ·

同治十三年十二月一日贵州通省善后总局、贵州承宣布政使司、贵州下游善后总局出具汉民龙昌宇田土执照

照　　执

贵州 通省善后总局 承宣布政使司 下游善后总局 为

发给执照事，照得黔省贼扰之区，居民流散，田土荒芜。兹幸全境肃清，亟须清理田业，广为开垦。除有主有契之田照常耕管外，其有契遗田确者，应准作为本业。屯亡田在者，应仍作为屯业。更有田主远逃，在若存若亡之间者，应暂作为存业。又田主播越，本支尽划及倡乱附贼被剿伏诛者，应即作为绝业叛业。以上各项产业，现在荒芜犹多，间有开垦地处，或系官为安插，或系自谋生聚而恃强逞刁之徒，串通朦（蒙）混影射□惑，以致耕凿者，心志不固，而本司等又无由周知其数，何以定民居而□田赋？兹本司等刊刷三联印照，选委妥员，分赴各府、州、县，逐段（段）查给。凡系有田有契之户，务即呈验盖用戳识（记）；其无契者，务即分别屯存叛绝，将田土坵数、坐落、地名、计算谷种、应纳丁粮，逐一开单报明本团本寨甲长。取具切实甘结，呈请验给执照。如业主有契不呈验、无契不领照者，均不准其管业。□该业户领照之初，自应激发天良，各认本业。如将屯存叛绝各业指为己业，或冒充嫡派，及以少报多，一经发觉，定即从严究办，并将团、寨、甲长、出结人等，及扶同朦（蒙）混连环保结各户，一并分别惩究。至各户领照管业之后，本系己业者，限耕至乙亥冬季，无人告发方准私自出卖。如业主不俟限满而辄卖，买主不俟限满而辄买，查出，田价、田土一并充公，仍治以应得之罪。其承耕屯存叛绝各业者，俟至乙亥年冬季无人争认，即将原照呈验加盖戳记，或今补充屯卒，或今承充官佃，分别酌定，□资永业。如临期不呈请加戳，查出追还原照，另召妥佃，亦治以应得之罪。除出示晓谕外，为此仰□耕户等遵照承领以资□业。再查耕种己业遗失契据者，前曾由局刊发执照，该业户□如己□□前照，亦即呈请换领，以凭截取缴验。总之，此次清查，系为周知田数，厘定民居起见，并不取给照费。倘有故意需索，许各业户据实具禀，听候提究。凛遵毋违，须至执照者。

计开

汉民龙昌宇耕己业 田土 叁块 块 计 谷种 杂粮 石　斗叁升捌合约收获谷弍拾壹挑坐落西乡高鲁离城伍十里

其 田 土 东 西 抵　南 北 抵　额征 丁银 粮 拾两钱 石 分厘 斗陆升□合陆勺〇拾陆抄陆圭四粒 毫　领牛

右照给耕户　龙昌宇　收执

同治十三年十二月初一日

〖文书原持有者：龙启汉；来源地：高酿镇优洞村下高冲组〗

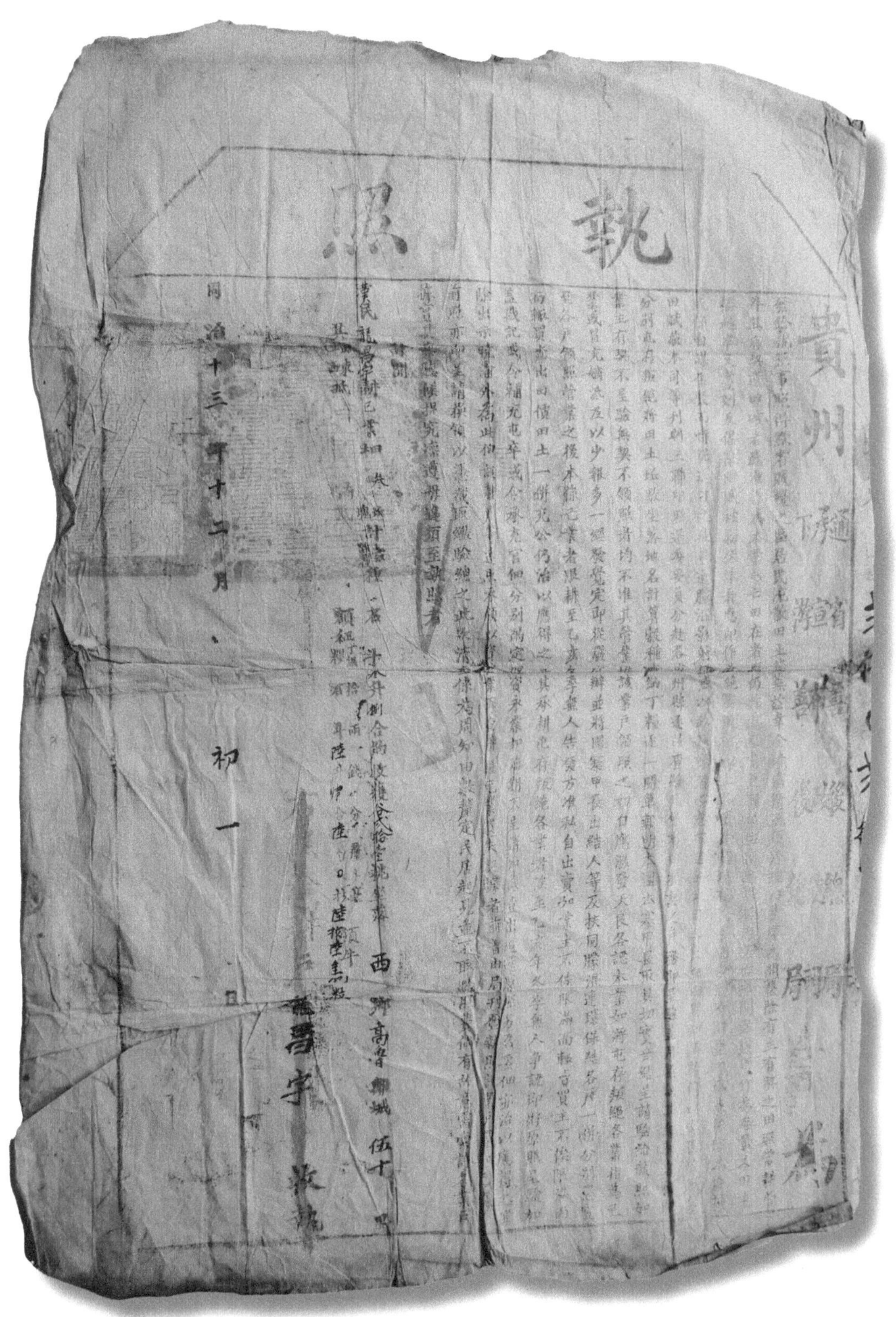
執照

同治十三年十二月初一

• GT—GYD—003 GT—022—114 •

· GT—GYD—004 GT—022—115 ·

光绪四年十一月十四日龙爱某卖田契

立卖田契人少洞寨龙爱□钱使用，自愿将到土名不未坡头□收禾五拾边，要钱出卖。请中问到高鲁村龙学宇、龙神德二人承买。当日凭中言定价钱六□八十文整。其钱卖主领足，不小（少）分文，其田卖□买主耕管为业。自卖之后，不得异言。恐口无凭，立有卖字存照。

凭中　□廷光

代笔　□廷泰

光绪四年十一月十四日

〖文书原持有者：龙启汉；来源地：高酿镇优洞村下高冲组〗

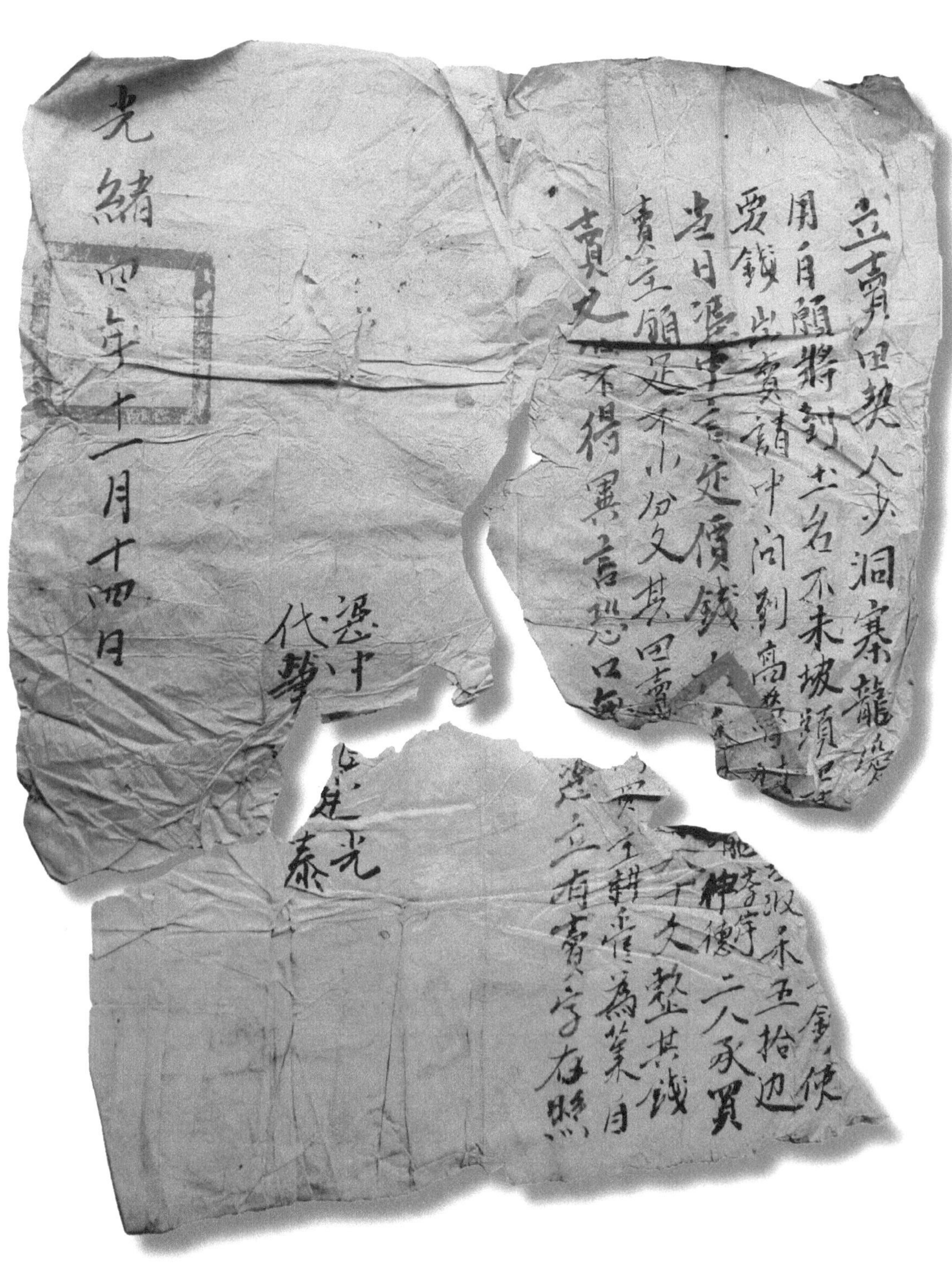

立賣田契人尤洞寨龍[illegible]
周自願將到土名不未坡頭[illegible]
要錢出賣請中問到高[illegible]
當日憑中言定價錢[illegible]
賣主領足不少分文其田賣[illegible]
賣之後不得異言恐口無[illegible]

[illegible]金使
[illegible]收禾五拾边
[illegible]肥李德二人承買
[illegible]千文整其錢
要主耕管為業自
憑立有賣字存照

憑中 [illegible]廷光
代筆 [illegible]泰

光緒四年十一月十四日

· GT—GYD—004 GT—022—115 ·

· GT—GYD—005 GT—022—112 ·

光绪十一年二月六日龙跃雨卖田契

立卖田契人龙跃雨，今因要钱支用，自愿将到上高冲屋脚田乙（一）坵，此田四股均分，将乙（一）股出卖。问到本房龙神德、龙神旺承买。当中议定价钱八千文。其钱领足，田四股壹股买主耕管为业。恐后无凭，立字为据。

凭中 □学云

代笔 来朝

光绪十乙（一）年二月初六日 立

〖文书原持有者：龙启汉；来源地：高酿镇优洞村下高冲组〗

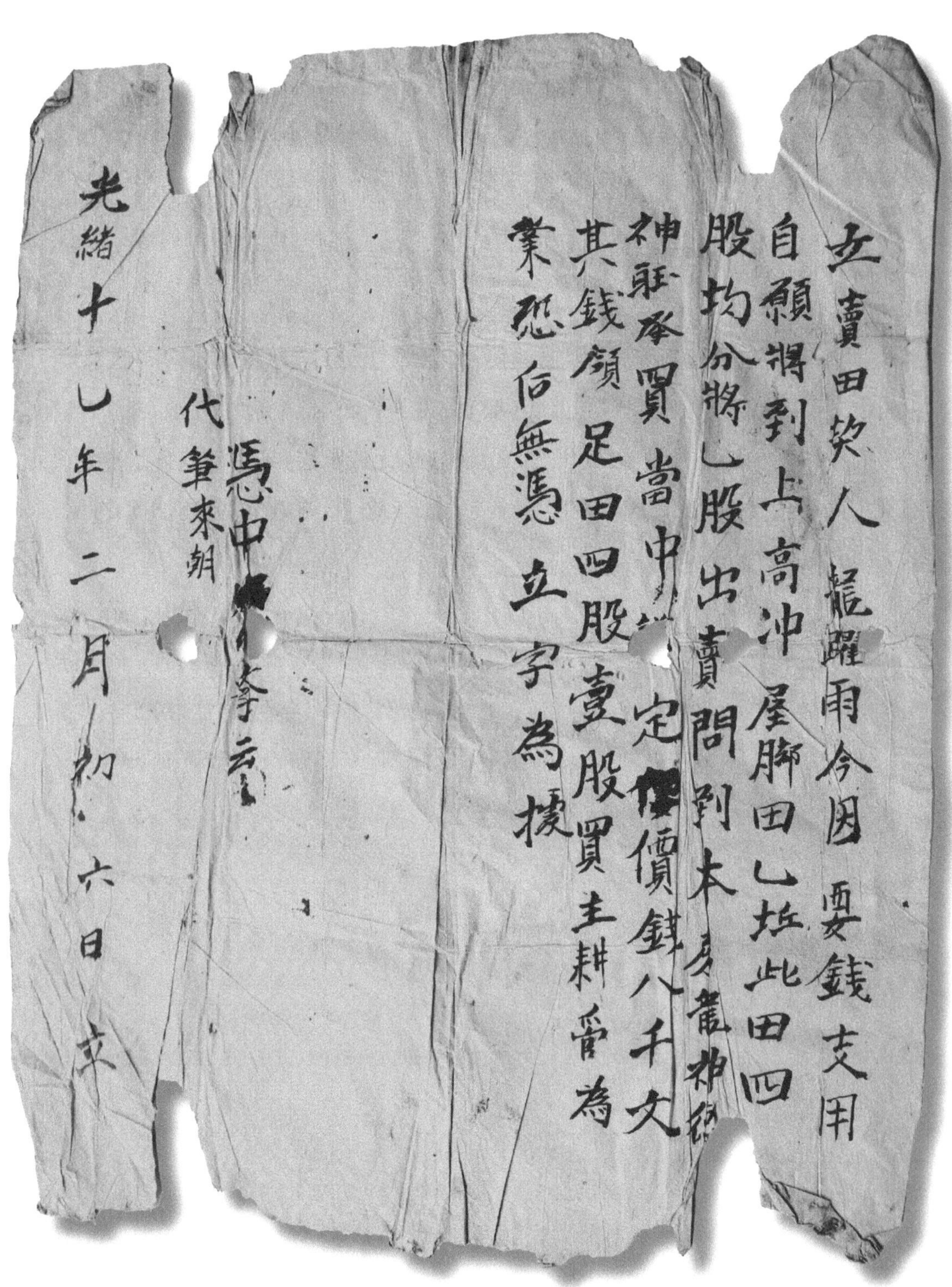

立賣田契人龍躍雨今因要錢支用
自願將到上高冲屋脚田乙坵此田四
股均分將乙股出賣問到本房龍神鈞
神鈺承買當中議定價錢八千文
其錢領足田四股壹股買主耕管為
業恐后無憑立字為據
憑中[illegible]李云
代筆來朋
光緒十乙年二月初六日立

· GT—GYD—005 GT—022—112 ·

· GT—GYD—006　GT—022—099 ·

光绪十一年九月五日杨光陛卖地土字

立卖地土人盘岑杨光陛，今因要钱使用，无所出处，自愿将到土名高达老地土乙（一）团二股均分，乙（一）股出卖，上坻（抵）古路，下坻（抵）高冲，左坻（抵）秀来山，右坻（抵）必德山，四至分明，要钱出卖。先问房族，无钱承买。请中问高鲁龙神德承买。当日凭中言定□千□五百八十文整。其钱领足，其地□主耕管为业。自卖之后，不得异言。恐口无凭，立有卖字是实。

凭中　杨□德

代笔　亲笔　杨光陛

光绪十一〔年〕九〔月〕初五日　立

〖文书原持有者：龙启汉；来源地：高酿镇优洞村下高冲组〗

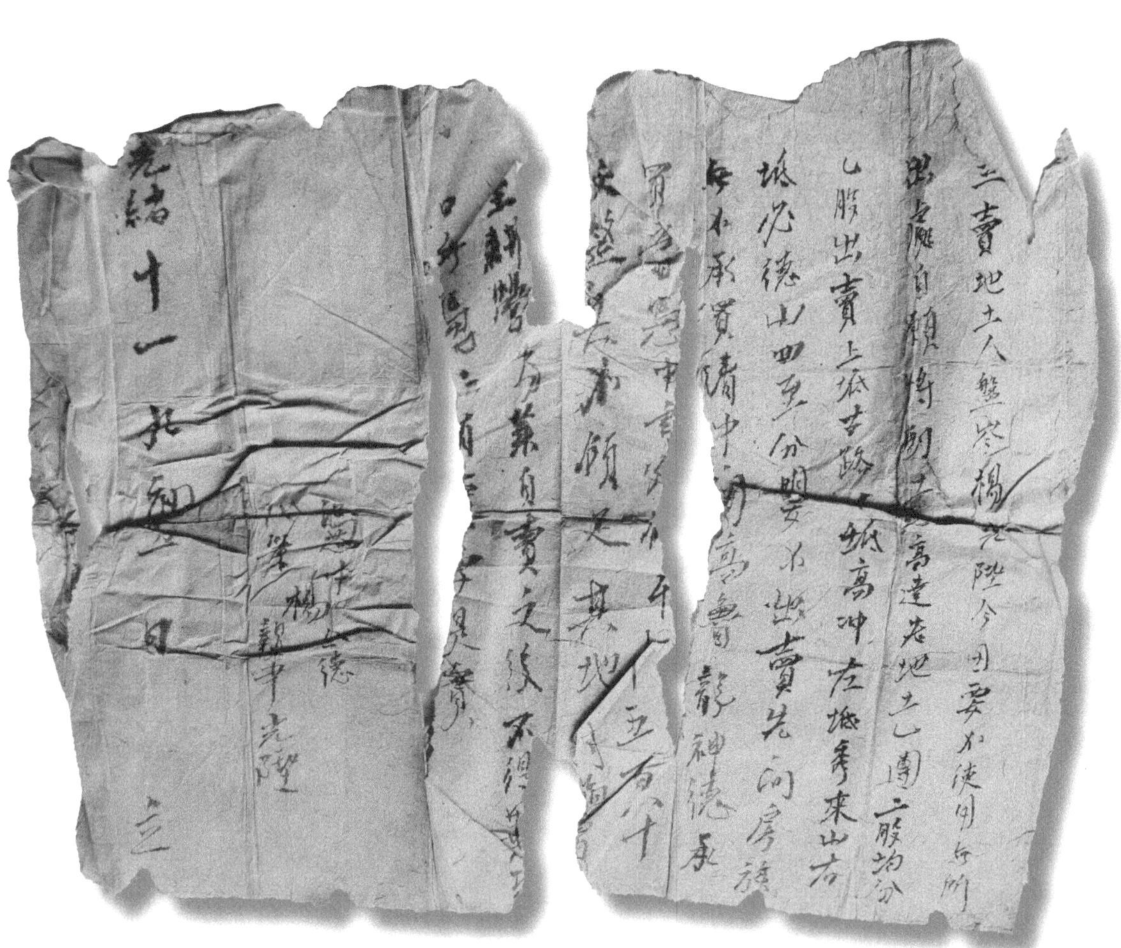

· GT—GYD—006　GT—022—099 ·

· GT—GYD—007 GT—022—098 ·

光绪十二年六月十六日杨光陛卖地土契

立卖契地土人盘岑村杨光陛，今因要钱使用，无所出处，自愿将到土名小圭瓮地土乙(一)团，左抵高冲龙姓，右抵振章圭瓮，下边抵田坡，上边过凸抵□洞山为界，四至分明，要钱出卖。请中问到高鲁村龙神德兄弟二人承买。当日言定价钱二千二百八十文整。其钱领清，其地土任从永远为业。自卖之后，不得异言。恐口无凭，立有卖字是实。

内添二字。

凭中　龙跃云

光泮

代笔　杨光灿

光绪十二〔年〕六月十六日　立

〖文书原持有者：龙启汉；来源地：高酿镇优洞村下高冲组〗

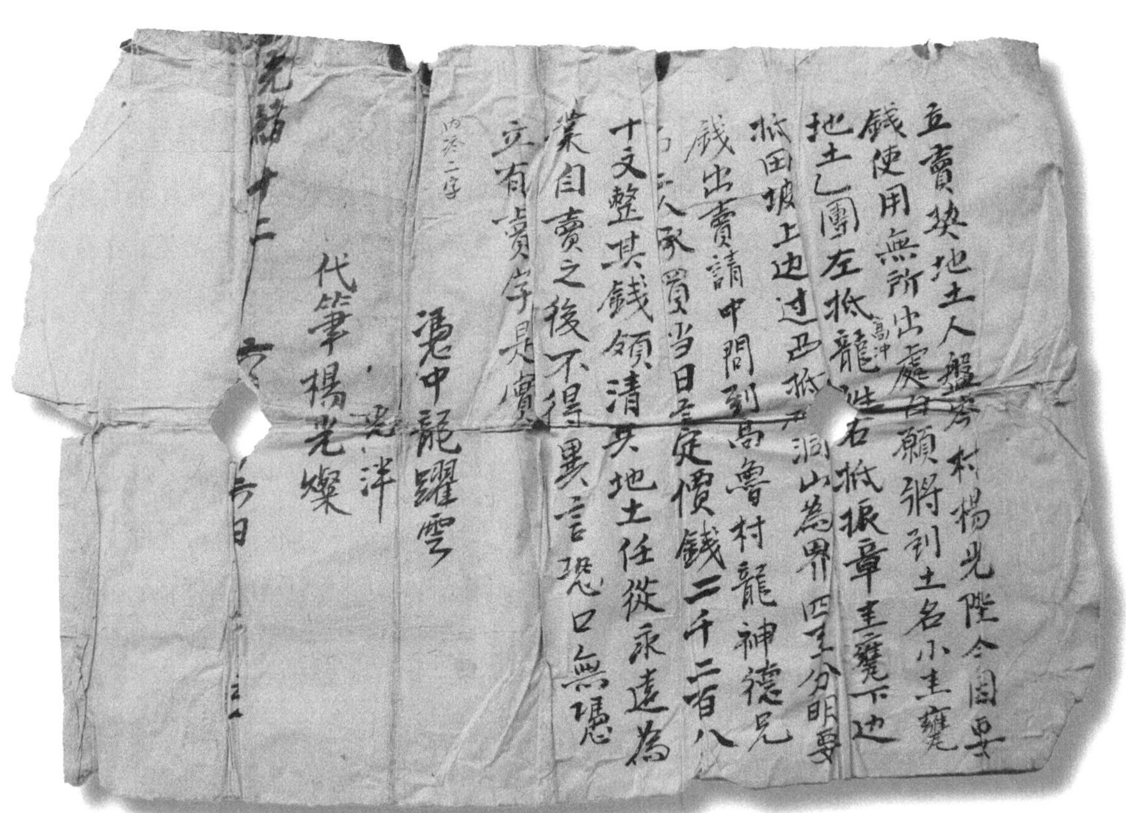

立賣契地土人盤[illegible]村楊光陞今因要
錢使用無所出處自願將到土名小圭甕
地土乙團左抵龍高沖姓右抵振章圭甕下边
抵田坡上边过丙抵[illegible]洞山為界四至分明要
錢出賣請中問到高魯村龍神德兄
名下承買當日言定價錢二千二百八
十文整其錢領清其地土任從永遠為
業自賣之後不得異言恐口無憑
立有賣字是實
內添二字
憑中龍躍雲
代筆楊光燦 光洋
光緒十二[illegible]年[illegible]月[illegible]日 立

· GT—GYD—007 GT—022—098 ·

光绪十二年七月二日龙必德卖地土字

立卖地土人高冲村龙必德，今因家下要钱使用，无所出处，自愿将到土名圭鸟冲头乙（一）冲两髆，上抵古路，下抵必登、必贵，右抵炳光山，左抵必登山，四至分明，要钱出卖。先问房族，无人承买。请中问到高鲁村龙神德承买。当日凭中议定价壹仟弍百捌拾文整。其钱领清，其地土任从买主耕管为业。自卖之后，不得异言。恐后无凭，立有卖字为据。

内添十二字。

凭中　龙必贵

笔　　杨光富

光绪十二年七月初二日　立

〖文书原持有者：龙启汉；来源地：高酿镇优洞村下高冲组〗

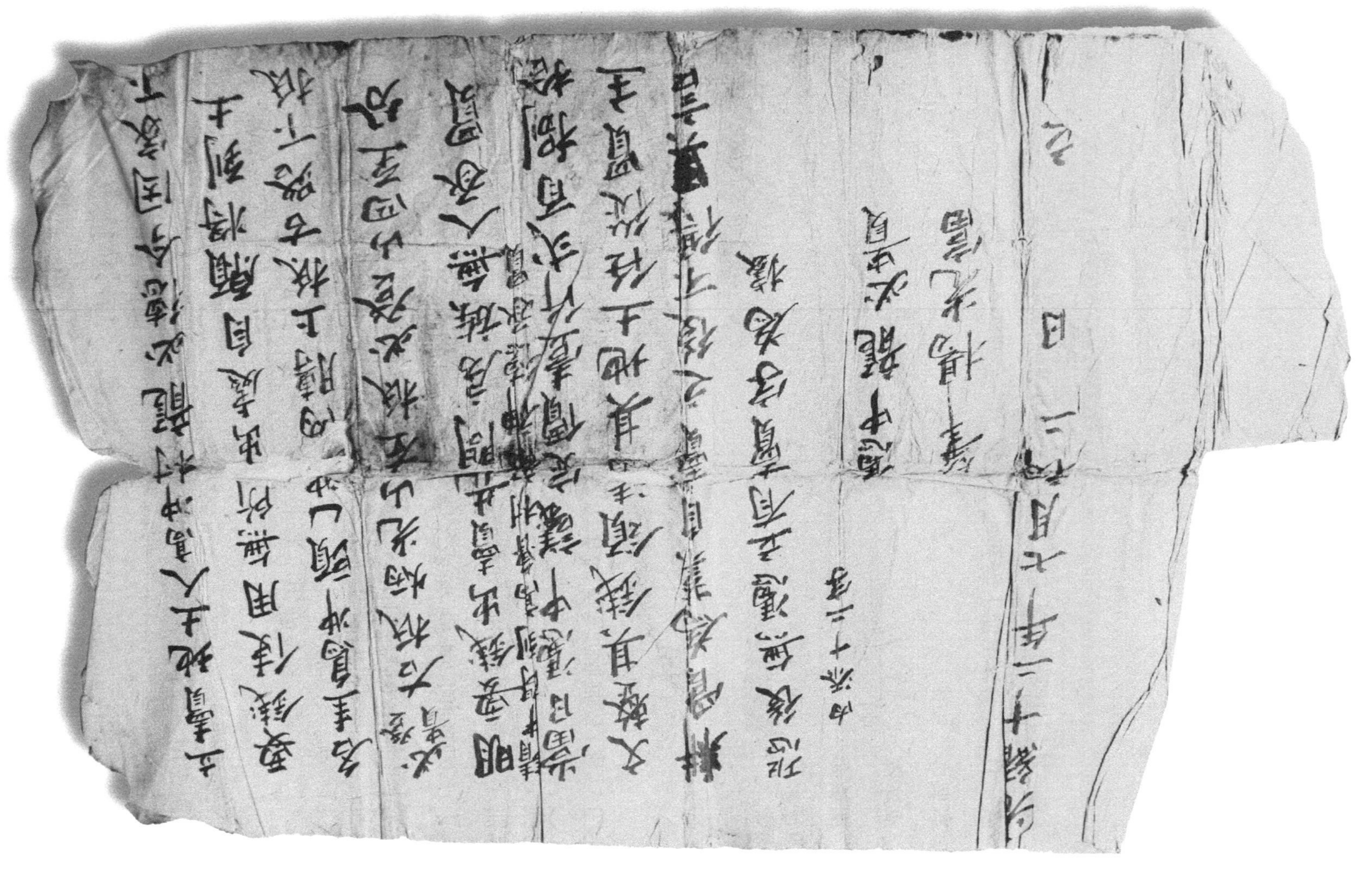

· GT—GYD—008　GT—022—123 ·

光绪十四年六月十一日龙沛球卖田契

立卖田契人勒洞寨龙沛球，今因要钱用度，无所出处，自愿将到土名高圭冲大田乙（一）坵，收禾花一百二十稨，要钱出卖。先问亲房，无人承买。请中上门问到小江平地寨龙玉恩承买。当凭中议定价钱二十五千四百八[十]文正（整）。其田界世（是），上抵罗姓山，下抵龙沛祖田，左抵罗姓山，右抵龙承光田为界，四至分明。其钱领亲（清），其田卖与买主永远耕种为业。自卖之后，不得异言。若有不清，在与卖主向前理洛（落），□干买主之事。恐口无凭，立有卖字存照。

道一四。

内添二字。

[凭]中　罗承典

[　]中　龙秀明
龙大本

亲笔　龙沛球

光绪十四年六月十一日　立

〖文书原持有者：龙启汉；来源地：高酿镇优洞村下高冲组〗

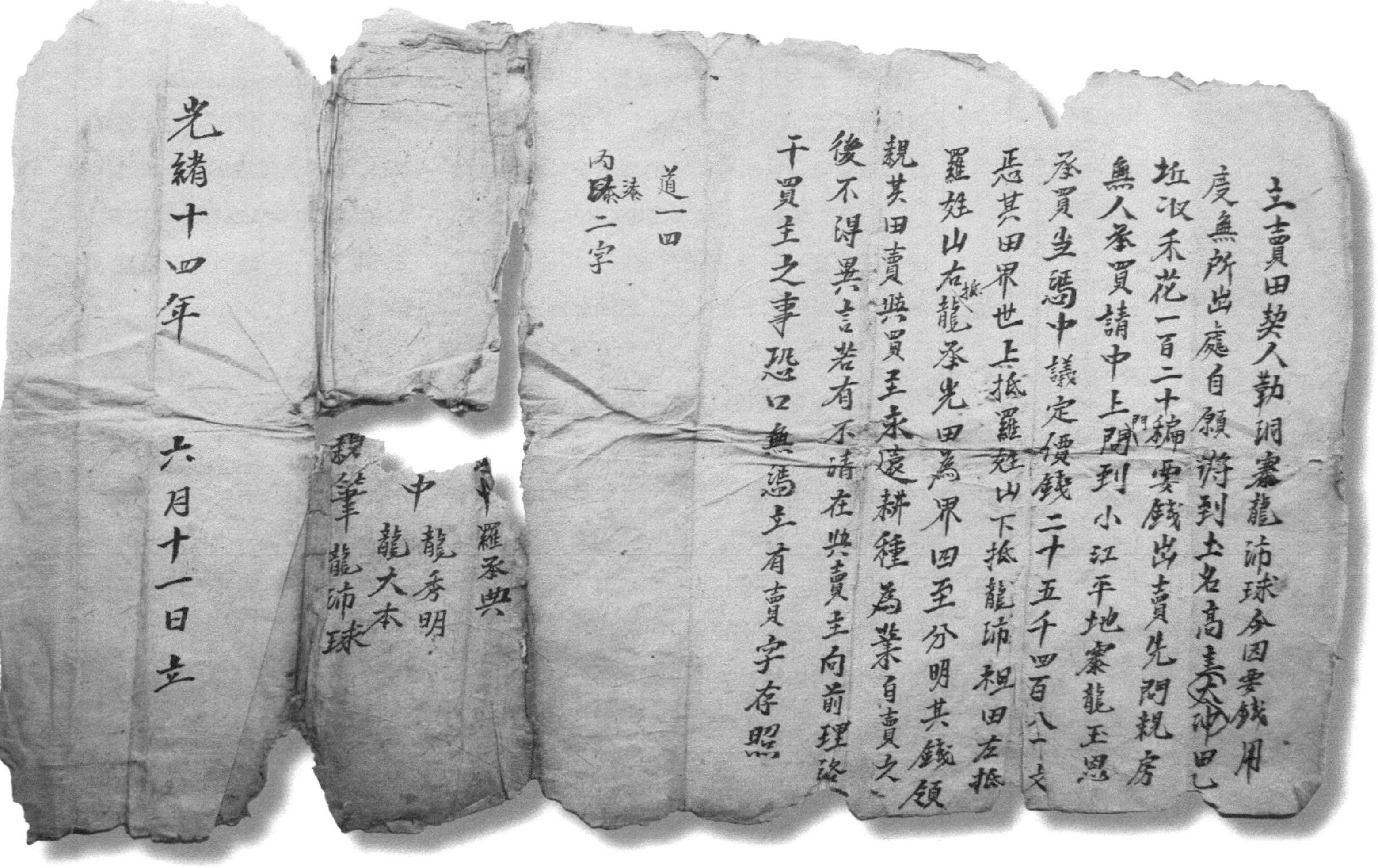

立賣田契人勤洞寨龍沛球，今因要錢用度，無所出處，自願將到土名高表沖田乙坵，收禾花一百二十編，要錢出賣。先問親房，無人承買，請中上門到小江平地寨龍玉恩承買出，憑中議定價錢二十五千四百八十文。[illegible]其田界至上抵羅姓山，下抵龍沛球祖田，左抵羅姓山，右抵龍承光田為界，四至分明。其錢領親，其田賣與買主永遠耕種為業。自賣之後，不得異言，若有不清，在與賣主向前理落，干買主之事。恐口無憑，立有賣字存照。

道一四

内添二字

中 羅承興　龍秀明　龍大本

親筆 龍沛球

光緒十四年六月十一日 立

· GT—GYD—009　GT—022—118 ·

· GT—GYD—010 GT—022—103 ·

光绪十四年十二月二十三日吴珠堂断卖园地牛圈地基契

断　卖　契

贵州国税厅筹备处，为颁发印契以资信守事。照得民国成立，各府、州、县印信已经更换，民间所有业契，□信守。前经财政司奉□契纸发行，各属一体，遵办在案。本处成立，业将此项契税办法报明，财政部划为国□，自应照式刻发三联契纸，无□已税、未税，俱应一律请领。前清已税，买契产价每拾两纳税银贰角；未税者，纳税银伍角。前清已税，当契产价每拾两纳税银壹角；未□贰角。从奉到民政长展限令之日起，仍限五个月内，仰各业户从速挂号投税。逾限不投税者，原契作为废纸。其各凛遵□，切切。后□摘录业户原契，至该业户原契仍粘附于后，加盖骑缝印信。合并饬遵。

龙神德得买吴珠堂高冲园地牛圈地基□产价钱叁千肆百捌拾文，合银弍两伍钱，应纳税银壹角弍仙伍厘。

立卖园地牛捲（圈）地基人高冲村吴珠堂，今因家下要钱使用，无从可得，□到高冲园地牛圈地基壹坪，□屋地，下抵买主园地，□抵吴玉安园地为界，四至分明，□出卖。先问房族，无钱承买。请中问到高鲁村龙神德承买。当日凭中定议价钱三千四百八十文整。其钱□地牛圈地基，□之后，不与买主耕管为业。自卖之后，不得异言。恐后无凭立有卖字□

内添乙（一）字。

凭中

代笔　吴万元

元中　龙必登

光绪十四年十二月二十三日

〖文书原持有者：龙启汉；来源地：高酿镇优洞村下高冲组〗

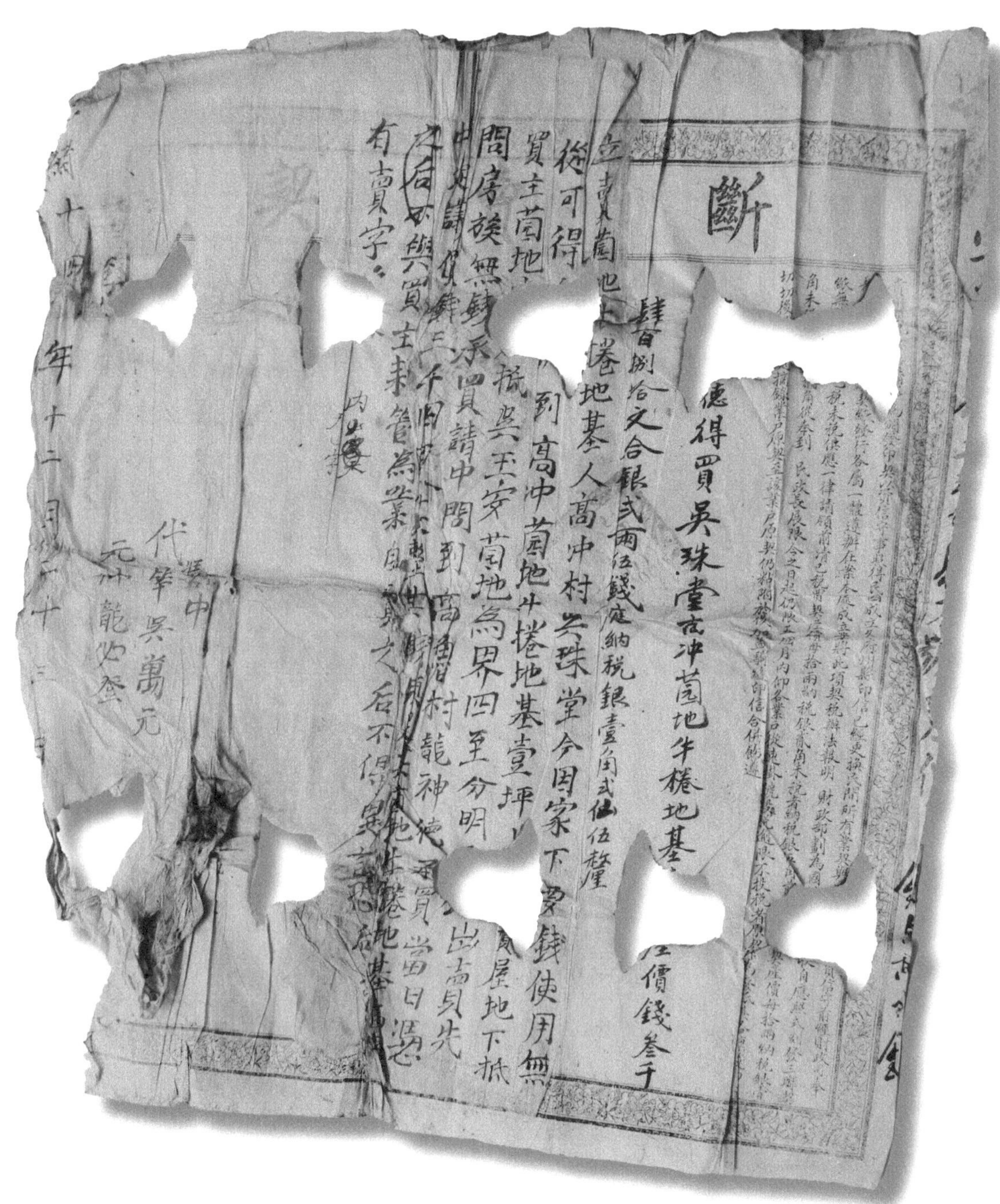

• GT—GYD—010　GT—022—103 •

光绪十五年七月二十一日杨朝东卖地土字

立卖地土人盘岑村杨朝东，要钱使，无所出处，自愿将到土名坪墓坡路坎下地土一冲，上坻（抵）路，左右坻（抵）买主，下坻（抵）万何坡。先问房族，无钱承买。将到高鲁村龙神德承买。当日凭中议定价钱式仟伍百□文。卖与买主耕管为业□卖知（之）后，不得异言。恐口无凭，立有卖字存照。

内添二字。

凭中　杨光陛

代笔　杨启辉

光绪十五年七月二十一日　立

〖文书原持有者：龙启汉；来源地：高酿镇优洞村下高冲组〗

· GT—GYD—011　GT—022—104 ·

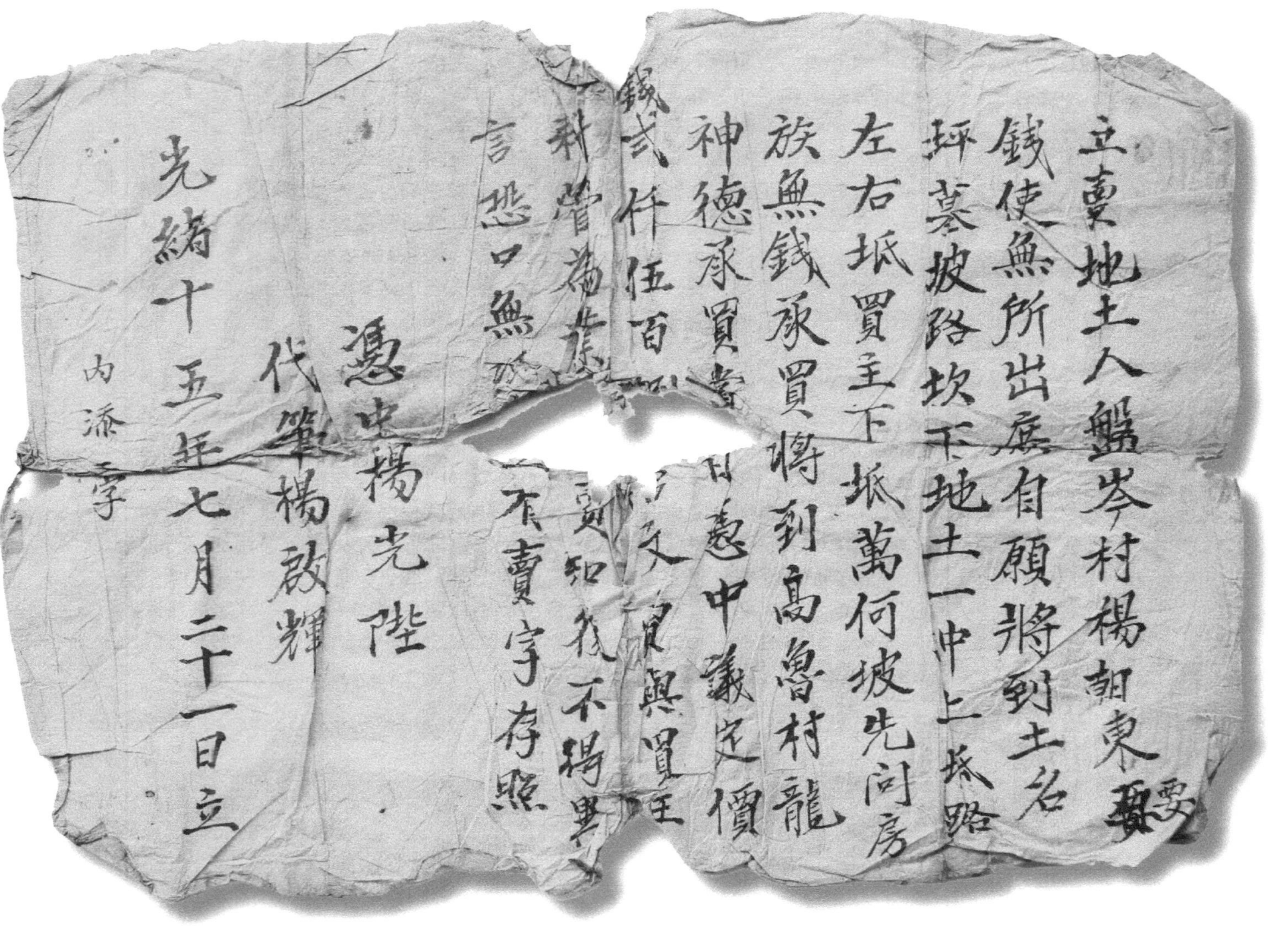

立賣地土人盤岑村楊胡東要
錢使無所出應自願將到土名
坪墓坡路坎下地土一中上抵路
左右抵買主下抵萬何坡先问房
族無錢承買將到高魯村龍
神德承買當日憑中議定價
錢弍仟伍百[illegible]文親與買主
耕管為業[illegible]知後不得異
言恐口無[illegible]立有賣字存照

憑中楊先陞

代筆楊啟輝

光緒十五年七月二十一日立

内添二字

光绪十六年七月某日龙氏仁菊、龙大田、龙耀云等四人断卖杉山地土契[①]

断卖契

贵州国税厅筹备处，为颁发印契以资信守事。照得民国成立，各府、州、县印信已经更换，民间所有业契，与民国印不符，难资信守。前经财政司奉都督命令，特制三联契纸发行，各属一体，遵办在案。本处成立，业将此项契税办法报明，财政部划为国税，归本处征收，自应照式刻发三联契纸，无论业户原契已税、未税，俱应一律请领。前清已税，买契产价每拾两纳税银贰角；未税者，纳税银伍角。前清已税，当契产价每拾两纳税银壹角；未税者，纳税银贰角。从奉到民政长展限令之日起，仍限五个月内，仰各业户从速挂号投税。逾限不投税者，原契作为废纸。其各凛遵勿违，切切。后余空白处，摘录业户原契，至该业户原契仍粘附于后，加盖骑缝印信。合并饬遵。

龙宏昌、龙宏佩得买龙氏、龙大田、龙耀云、龙绪彬冷水冲地拾壹弍团，产价钱弍千伍百捌拾文，合银壹两玖钱，应纳税银玖仙伍厘。

立卖杉山地土字人本村龙氏仁菊、孙龙大田、弟叔龙跃云、侄龙绪彬四人名下，今因要钱使用，无所出处，自愿□到土名冷水冲地土弍团。上一团，上抵龙秀坤柴山，下抵买主，右抵卖主柴山，左抵买主柴山。下乙（一）团，上抵龙秀坤柴山，下抵龙安田柴山，左抵龙来朝柴山，右抵龙家老柴山。弍处四至分明，要钱出卖。请中卖与本房龙宏昌、龙宏佩兄弟二人承买。凭中言定价钱弍仟伍百捌拾文正（整）。其钱亲手领足，其杉山地土，任从买主栽杉，蓄禁砍伐，永远耕管为业。自卖之后，不得异言。恐口无凭，立有卖契为据。

凭中　龙安田
　　　刘昌儒
　　　龙承二
　　　龙炳光
　　　李昌高
□笔　杨光藩

光绪拾六年七月□十日　立卖

〖文书原持有者：龙启汉；来源地：高酿镇优洞村下高冲组〗

【注释】

① 龙耀云，疑与“龙跃（躍）云”为同一人，兹录原貌，不再另行说明。

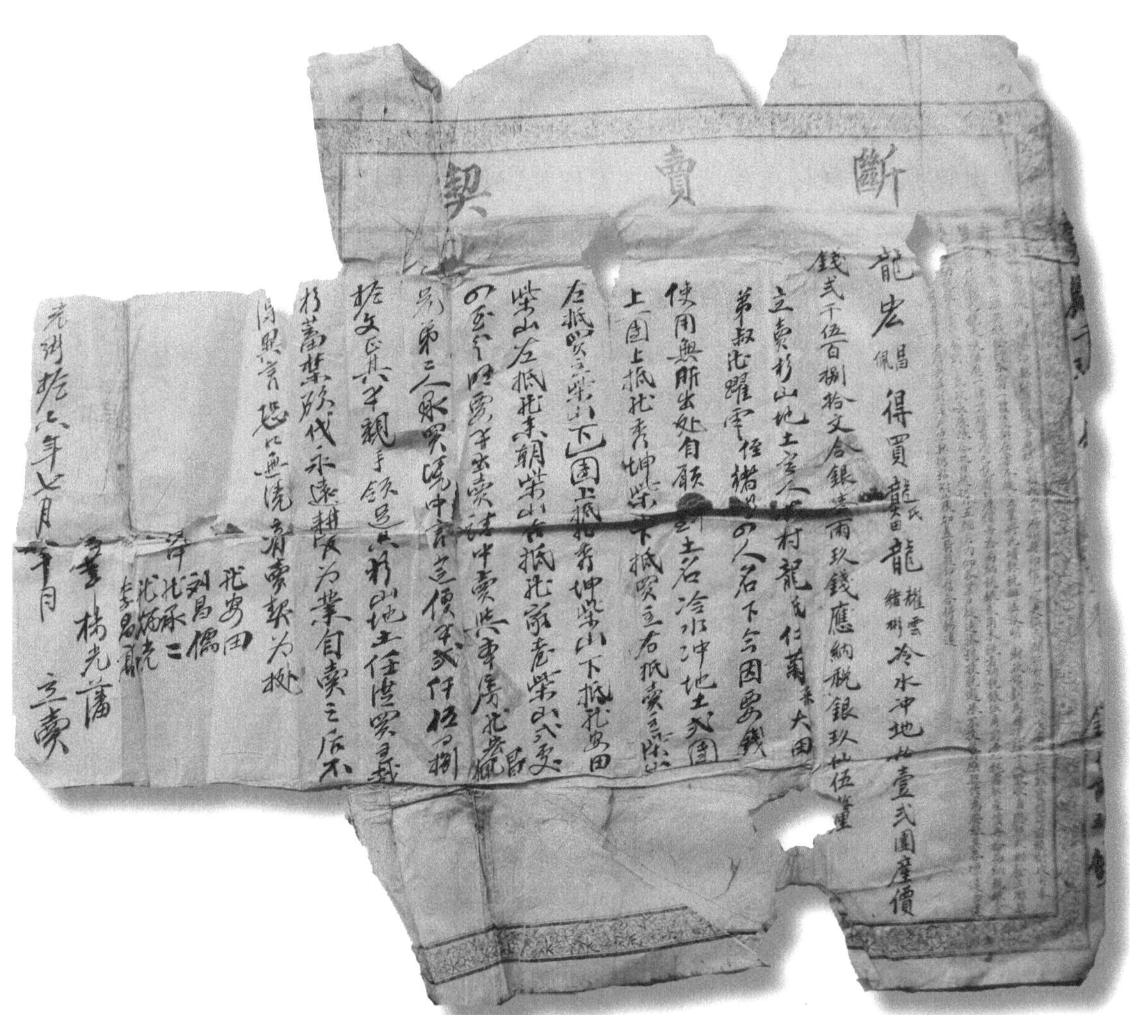

断賣契

立賣杉山地土字人本村龍氏仁蘭、大田弟叔光耀、雲、侄緒[illegible]四人名下，今因要錢使用，無所出处，自願將到土名冷水冲地土弍團，上團上抵[illegible]，下抵[illegible]，左抵[illegible]，右抵[illegible]；下團上抵[illegible]，下抵光安田，左抵光朝[illegible]，右抵光前[illegible]。四至分明，要行出賣，請中賣與本房龍宏昌、佩昌、龍氏龔田、龍權雲、緒彬名下承買。凭中言定價錢弍千伍百捌拾文，合銀壹兩玖錢，應納稅銀玖仙伍釐。其錢親手領足，其杉山地土任從買主耕管為業。自賣之后，不得異言，恐後無凭，立賣契為據。

凭中 光安田、刘昌儒、光承二

代筆 楊光藩

光緒拾六年七月十二日 立賣

GT—GYD—012 GT—022—096

光绪二十年八月十四日龙沛球卖田契

立卖田契字人勒硐村龙沛球，情因家内缺少钱用，无所出处，甘心自愿将到圭老溪田壹坵，上抵山，下抵龙绍恩田，左抵罗渊法田，右抵山为界，四至分清，要钱出卖。先问亲房，无钱承买。请中上门问到高鲁村龙宏昌名下承买。当日凭中言定田价钱肆拾捌仟零八十文整。其钱领足应用，自卖之后，不得异言。恐口无凭，立有卖〔字〕为据是实。

凭中　龙沛光

亲笔

光绪二拾年八月十四日　立

〖文书原持有者：龙启汉；来源地：高酿镇优洞村下高冲组〗

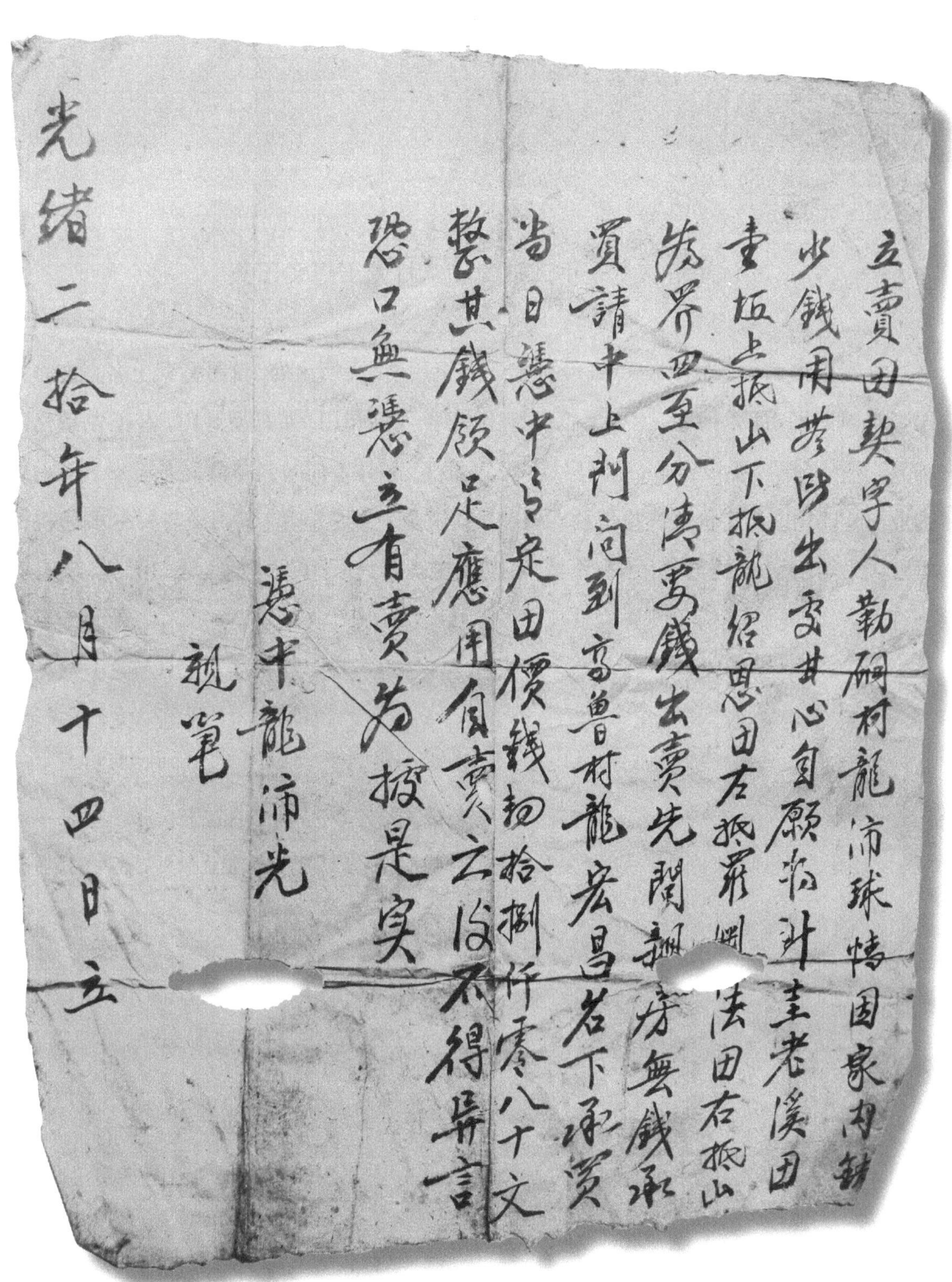

立賣田契字人勒硐村龍沛球情因家内缺
少錢用無路出賣甘心自願將斗圭老溪田
壹坵上抵山下抵龍绍恩田左抵羅開法田右抵山
爲界四至分清要錢出賣先問親房無錢承
買請中上門問到高魯村龍宏昌名下承買
當日憑中言定田價錢捌拾捌仟零八十文
整其錢領足應用自賣之後不得異言
恐口無憑立有賣爲據是實

憑中龍沛光

親筆

光緒二拾年八月十四日立

·GT—GYD—013 GT—022—121·

· GT—GYD—014 GT—022—117 ·

光绪二十一年二月二十八日龙玉恩卖田契

立卖田契字人坪地寨龙玉恩，今因家下要银用度，无所出处，自愿将到土名高圭冲大田壹坵，收禾一百二十糙，上抵上抵罗姓山，下抵龙沛祖田，左抵罗姓山，右抵龙承光田为界，□分明，要银出卖。先问房族，无人承买。请中上门问到高鲁村龙宏章名下承买为业。当日凭中议定价银贰拾伍两八钱整。其银亲手领足应用，其田交与买主永远耕种管业。自卖之后，不得异言。若有不清，在与卖主理落，不干买主之事。恐口无凭，立有卖字存照。

凭中　龙玉发

代笔　龙廷瑞

□□　罗源高

光绪式拾乙（一）年二月二十八日　立字

〖文书原持有者：龙启汉；来源地：高酿镇优洞村下高冲组〗

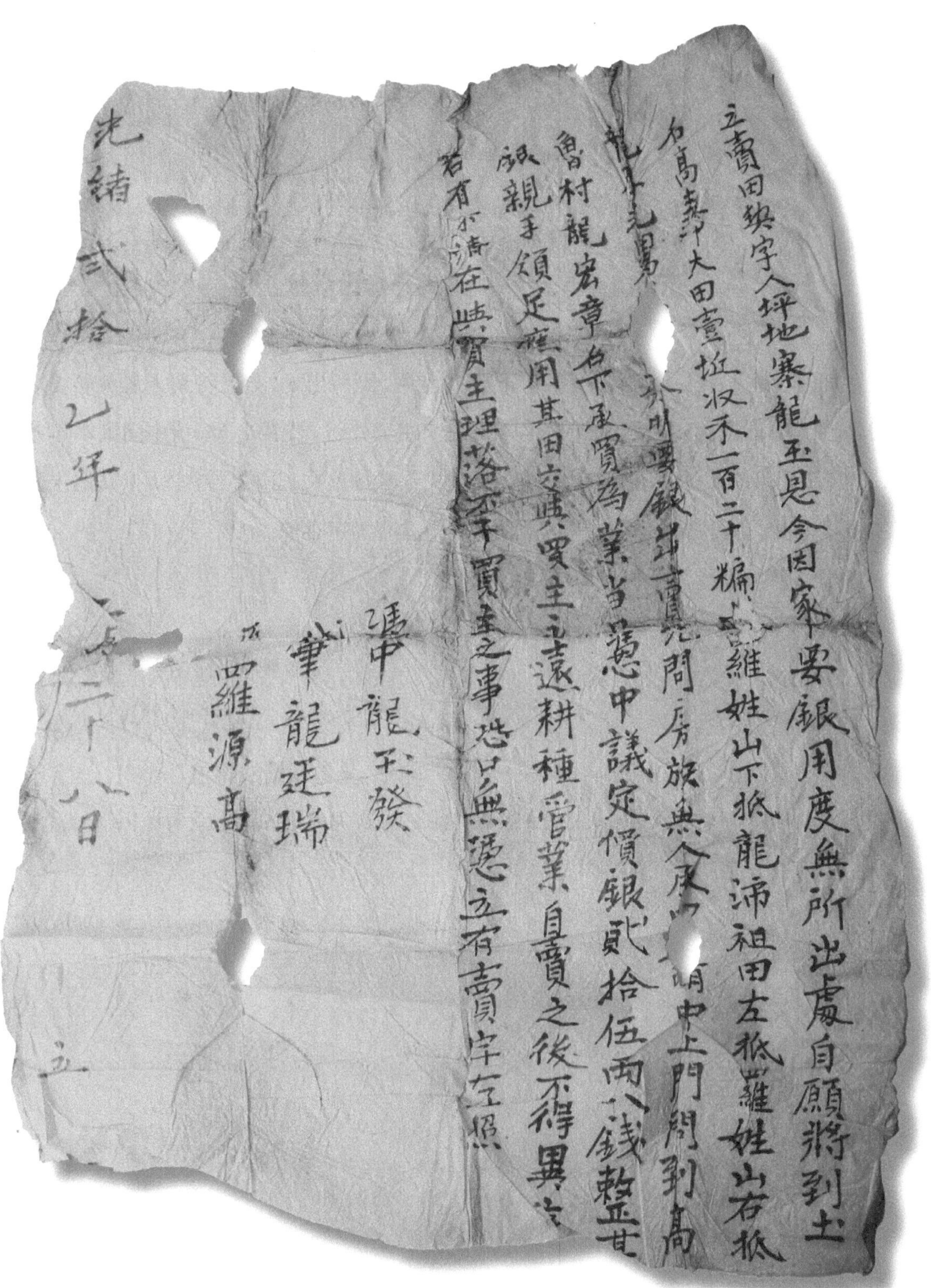
立賣田契字人坪地寨龍玉恩，今因家下要銀用度無所出處，自願將到土
名高壽沖大田壹坵，収禾一百二十稨，上抵羅姓山，下抵龍沛祖田，左抵羅姓山，右抵
龍姓山為界，四至分明，要銀出賣，先問房族，無人承[illegible]，自請中上門問到高
魯村龍宏章名下承買為業，當憑中議定價銀貳拾伍兩八錢整，其
銀親手領足應用，其田交與買主永遠耕種管業，自賣之後不得異言，
若有不清，在與賣主理落，不干買主之事。恐口無憑，立有賣字存照。

憑中　龍玉發
筆　龍廷瑞
羅源高

光緒貳拾乙年[illegible]月二十八日　立

GT—GYD—014　GT—022—117

光绪二十二年一月龙跃登卖山场地土字

立卖山场地土字人龙跃登，今因家下要钱使用，无所出处，自愿将到土名盘老坡地土壹团，上抵沟，下抵路，左抵墙，右抵□姓地土，四至分明，要钱出卖。请中问到本房龙宏昌、龙宏佩兄弟二人承买。当日凭中言定价钱式千零捌拾文。其钱当中领足，其地土卖与买主耕管为业。自卖之后，不得异言。恐口无凭，立有卖字存照。

内添一字。

又内图（涂）乙（一）字。

凭中人　龙跃云

代笔人　龙大清

光绪弍拾弍年正月吉日　立字

〖文书原持有者：龙启汉；来源地：高酿镇优洞村下高冲组〗

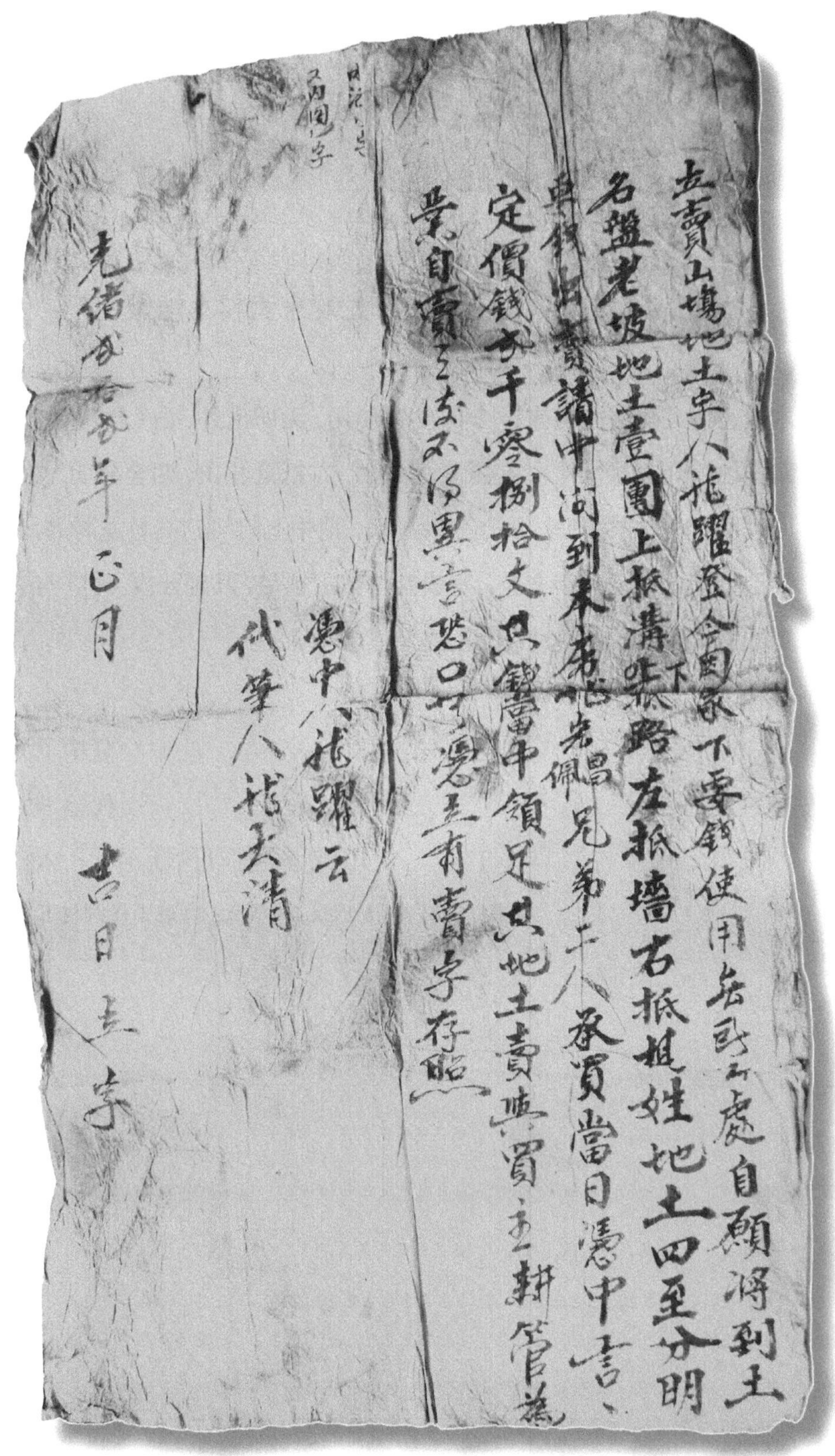

立賣山塲地土字人龍躍登，今因家下要錢使用，無出處，自願將到土名盤老坡地土壹團，上抵清，下抵路，左抵墻，右抵姐姓地土，四至分明，要錢出賣，請中問到本房△先昌、先佩兄弟二人承買，當日憑中言定價錢乙千零捌拾文，其錢當中領足，其地土賣與買主耕管為業，自賣之後，不得異言，恐口無憑，立有賣字存照。

憑中 龍躍云

代筆人 龍天清

光緒戊子年 正月 吉日 立字

· GT—GYD—015 GT—022—101 ·

· GT—GYD—016 GT—022—108 ·

光绪二十九年九月二十六日龙现来卖杉木地土字

立卖杉木地土字人硝洞龙现来，今因要钱使用，无所出处，白（自）愿将到土名冲油山一团，上抵见化山，下抵和（河），左抵卖主共山，右抵廷相山，四至分明，要钱出卖。同见化、廷相共六股，今分金将现来出卖乙（一）股。请中上门问到高鲁龙神得承买[①]。当日凭中言定价钱乙（一）千六百八十文整。其钱交与卖主领足，其地土父（付）与买主耕管为业。白（自）卖之后，不得异言。恐后无凭，立有卖字存照。

添三字。

凭中　龙恩齐

代笔　龙廷谋

光绪二十九年九月二十六日　立

〖文书原持有者：龙启汉；来源地：高酿镇优洞村下高冲组〗

【注释】

① 龙神得：疑与“龙神德”为同一人。

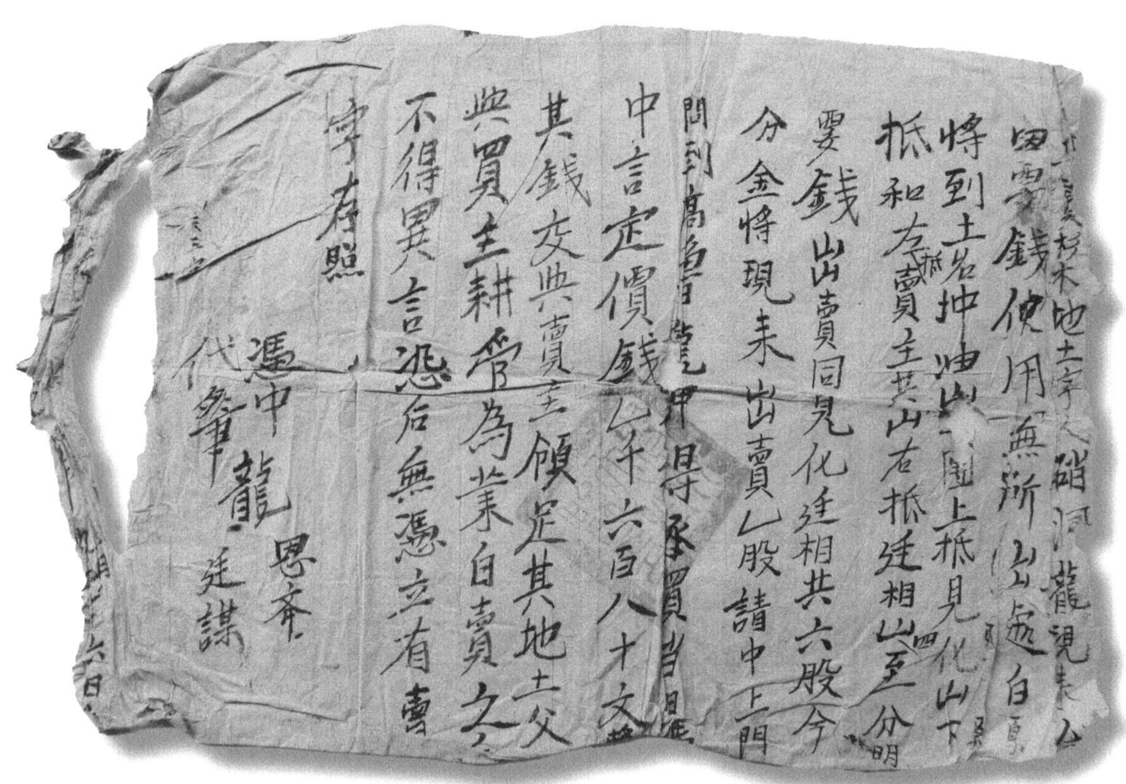

· GT—GYD—016 GT—022—108 ·

民国三年贵州省天柱县政府出具龙宏昌验契注册证

证册注契验

贵州国税厅筹备处，为给与验契证事。今据天柱县人龙〔宏〕昌呈由本县验契所，以不动产请求注册给证，核计产价在叁拾元以下，业经照章缴纳。注册费壹角，除将该产注入该县验契注册簿第　册第　号外，所有应行记载事项开列于后，合行给证，以为该业主管业之证据。此证。

计开

业主姓名龙宏昌　籍贯　天柱　住所

产业所在地名		冷水冲
别产		土地
别细数产		团式拾
四至	东	
	南	
	西	
	北	
价产		钱□
额税纳年		
置买年月得当		光绪十六年□月
名姓主业上		□□龙
名姓证中		□□龙
要摘		置□

原契曾否税过　未

县知事兼验契所所长

县验契所所员

右给业主龙宏昌　收执

中华民国三年　月　日

天　字第五百九式号

〔文书原持有者：龙启汉；来源地：高酿镇优洞村下高冲组〕

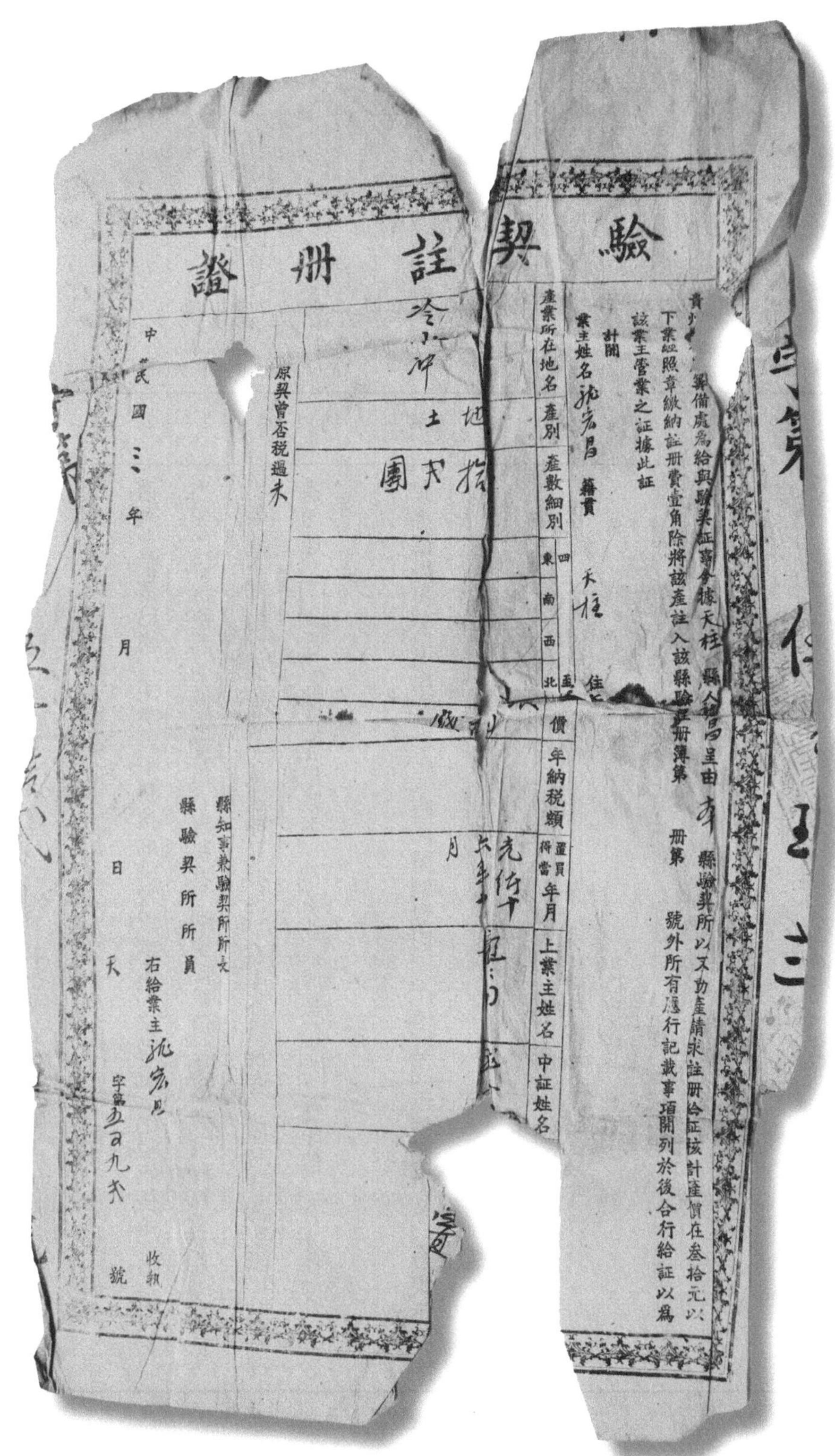

• GT—GYD—017 GT—022—097 •

· GT—GYD—018　GT—022—107 ·

民国三年吴玉恒、吴万元断卖屋地契

断　卖　契

贵州国税厅筹备处，为颁发印契以资信守事。照得民国成立，各府、州、县印信已经更换，民间所有业契，与民国印不符，难资信守。前经财政司奉□令，□制三联契纸发行，各属一体，遵办在案。本处成立，业将此项契税办法报明，财政部划为国税，归本处征收，自应照式刻发三联契□契已税、未税，俱应一律请领。前清已税，买契产价每拾两纳税银贰角；未税者，纳税银伍角。前清已税，当契产价每拾两纳税银壹角；未税者，纳税银贰角。从奉到民政长展限令之日起，仍限五个月内，仰各业户从速挂号投税。逾限不投税者，原契作为废纸。其各凛遵勿违，□处，摘录业户原契，至该业户原契仍□缝印信，合并饬遵。

龙神德得买吴玉恒、吴万元高冲屋地壹□，产□钱式千零捌拾文，合银壹两伍钱，应纳税银柒仙伍厘。

中华民国三年　月　号给

〖文书原持有者：龙启汉；来源地：高酿镇优洞村下高冲组〗

· GT—GYD—018 GT—022—107 ·

· GT—GYD—019 GT—022—110 ·

民国三年贵州省天柱县政府出具龙神德验契注册证

验契注册证

贵州国税厅筹备处，为给与验契证事。今据天柱县人龙神德呈由本县验契所，以不动产请求注册给证，核计产□叁拾元以下，业经照章缴纳注册费壹角，除将该产注□该县验契注册簿第　册第　号外，所有应行记载事项开列于后，合行给证，以为该业主管业之证据。此证。

计开

业主姓名龙神德　籍贯　天柱　住所

产业所在地名	冲油
产别	山
产数细别	团山
四至　东	
四至　南	
四至　西	
四至　北	
产价	银壹两□钱
年纳税额	
置买得当年月	光绪二十九年九月□□
上业主姓名	龙现来
中证姓名	龙恩学
摘要	□

原契曾否税过　未

县知事兼验契所所长

县验契所所员

右给业主龙神德　收执

中华民国三年　月　日

天　字第五百九四号

〖文书原持有者：龙启汉；来源地：高酿镇优洞村下高冲组〗

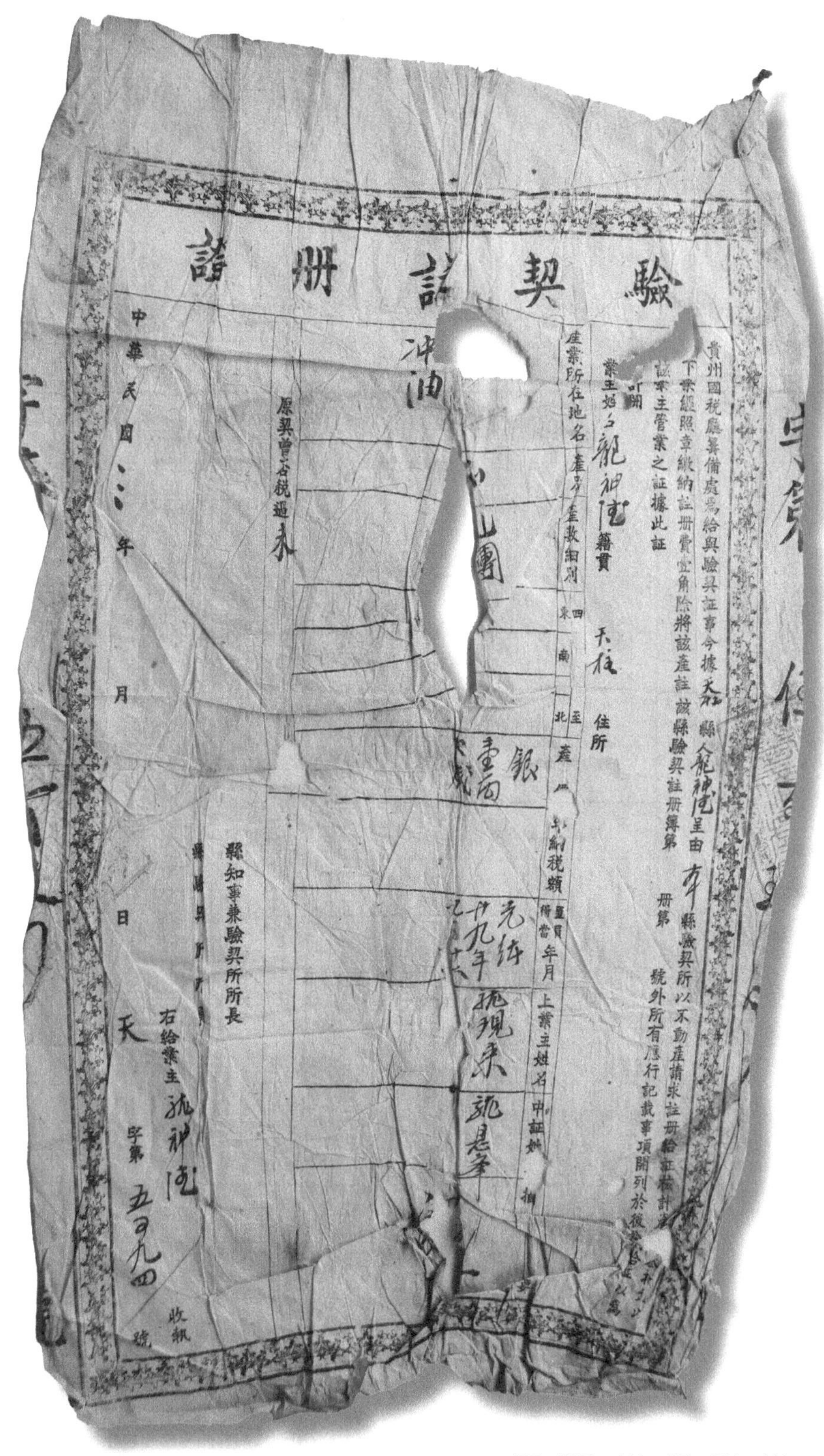

验契註册證

·GT—GYD—019 GT—022—110·

· GT—GYD—020　GT—022—120 ·

民国三年贵州省天柱县政府出具龙神德验契注册证

验契注册证

贵州国税厅筹备处，为给与验契证事。今据天柱县人龙神德呈由本县验契所，以不动产请求注册给证，核计产价在叁拾元以下，业经照章缴纳注册费壹角，除将该产注入该县验契注册簿第　册第　号外，所有应行记载事项开列于后，合行给证，以为该业主管业之证据。此证。

计开

业主姓名龙神德　籍贯　天柱　住所

产业所在地名		高冲
产别		屋地
产数细别		壹坪
四至	东	
	南	
	西	
	北	
产价		银壹两五钱
年纳税额		
置买当得年月		光绪十三年五月十四
上业主姓名		吴玉恒
中证姓名		吴□堂
摘要		自置

原契曾否税过　未

县知事兼验契所所长

县验契所所员

右给业主龙神德　收执

中华民国三年　月　日

天　字第五百十三号

〔文书原持有者：龙启汉；来源地：高酿镇优洞村下高冲组〕

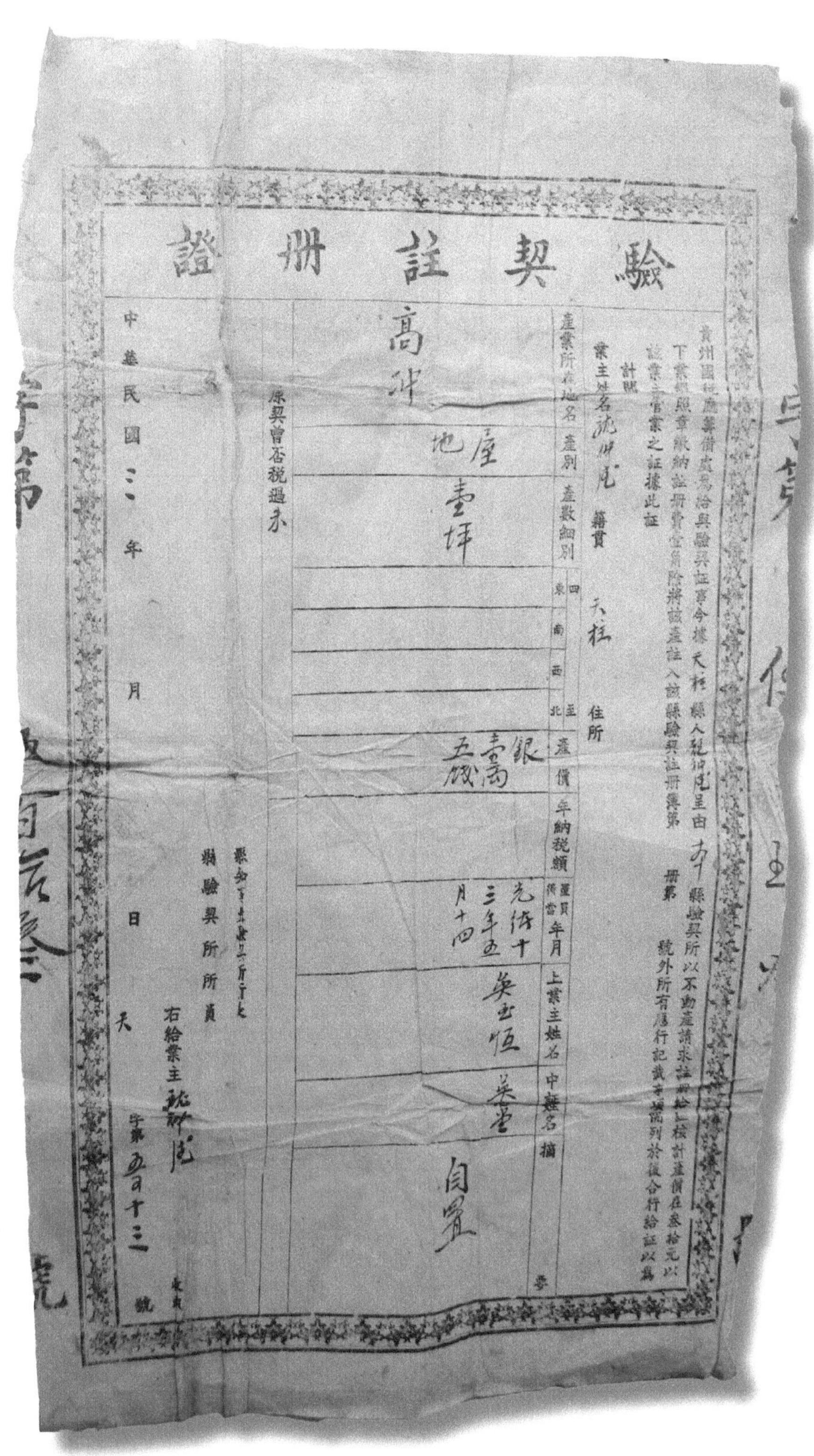

驗契註册證

貴州國稅廳籌備處爲給與驗契証事今據天柱縣人龍仰尾呈由本縣驗契所以不動產請求註册給証核計產價在叁拾元以下業經照章繳納註册費壹元除將該產註入該縣驗契註册簿第　册第　號外所有應行記載事項開列於後合行給証以爲該業主管業之証據此証

計開

業主姓名龍仰尾　籍貫天柱　住所

產業所在地名	產別	產數細別	四至（東南西北）	產價	年納稅額	置買典當年月	上業主姓名	中證名	摘要
高沖	屋地	壹坪		銀壹高五兩		光緒十三年五月十四	吳玉恒	吳[illegible]	自置

原契曾否稅過　未

縣知事

縣驗契所所員

右給業主龍仰尾

中華民國二年　月　日　天字第五百十三號

• GT—GYD—020　GT—022—120 •

民国三年伍华寿断卖田契

断　卖　契

贵州国税厅筹备处，为颁发印契以资信守事。照得民国成立，各府、州、县印信已经更换，民间所有业契，与民国印不符，难资信守。前经财政司奉都督命令，特制三联契纸发行，各属一体，遵办在案。本处成立，业将此项契税办法报明，财政部划为国税，归本处征收，自应照式刻发三联契纸，无论业户原契已税、未税，俱应一律请领。前清已税，买契产价每拾两纳税银贰角；未税者，纳税银伍角。前清已税，当契产价，每拾两纳税银壹角；未税者，纳税银贰角。从奉到民政长展限令之日起，仍限五个月内，仰各业户从速挂号投税。逾限不投税者，原契作为废纸。其各凛遵勿违，切切，后余空白处，摘录业户原契，至该业户原契仍粘附于后，加盖骑缝印信。合并饬遵。

龙神德得买伍华寿高鲁屋却（脚）田半坵，产价钱壹千弍百文，合银玖钱，应纳税银肆仙伍厘。

中华民国三年　　号给

〔文书原持有者：龙启汉；来源地：高酿镇优洞村下高冲组〕

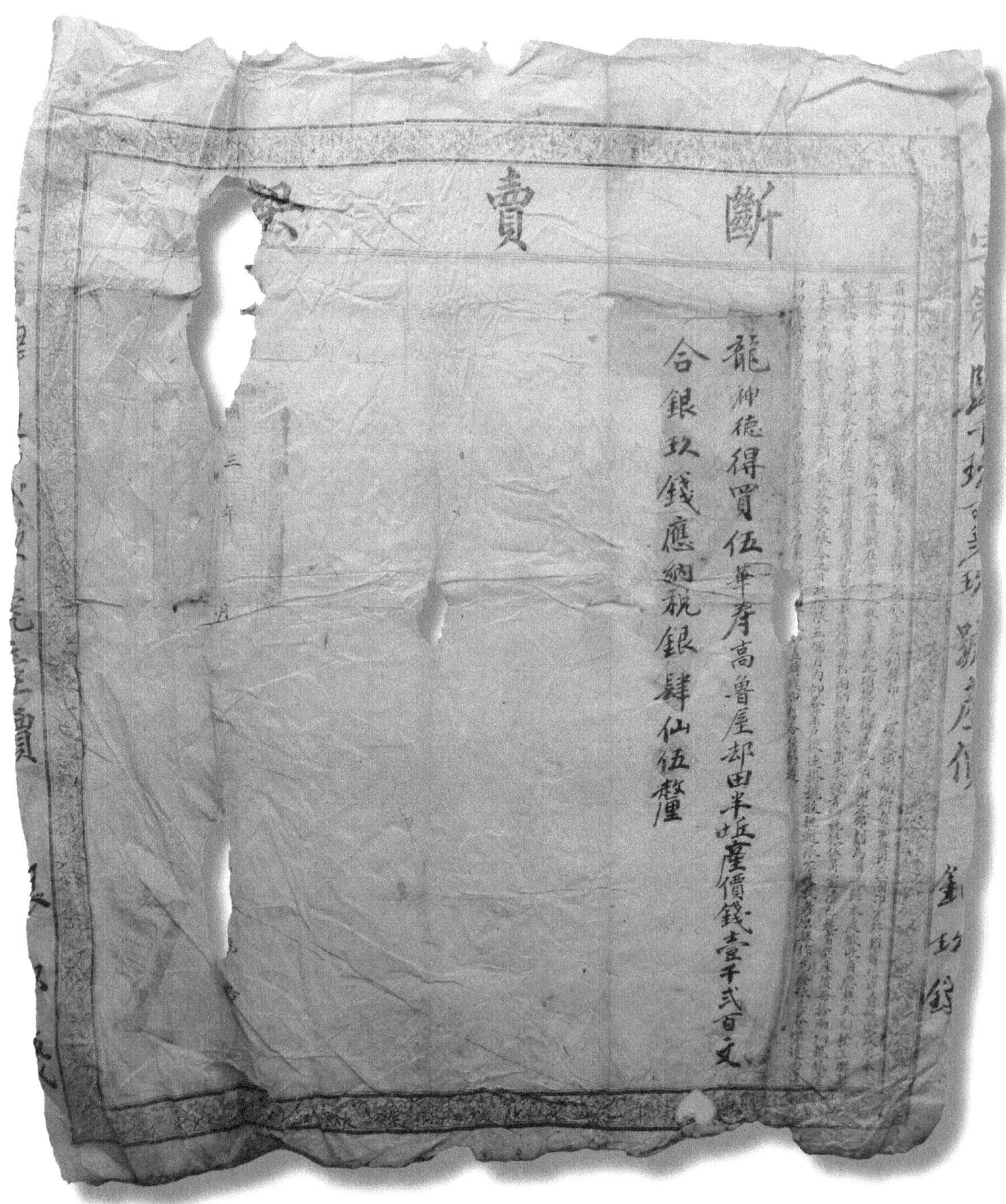

斷賣契

龍神德得買伍華孝高魯屋却田米𡊨產價錢壹千弍百文

合銀玖錢應納稅銀肆仙伍釐

• GT—GYD—021 GT—022—124 •

民国三年龙现来断卖油山契

断卖契

贵州国税厅筹备处，为颁发印契以资信守事。照得民国成立，各府、州、县印信已经更换，民间所有业契，与民国印不符，难资信守。前经财政司奉都督命令，特制三联契纸发行，各属一体，遵办在案。本处成立，业将此项契税办法报明，财政部划为国税，归本处征收，自应照式刻发三联契纸。无论业户原契已税、未税，俱应一律请领。前清已税，买契产价每拾两纳税银贰角；未税者，纳税银伍角。前清已税，当契产价每拾两纳税银壹角；未税者，纳税银贰角。从奉到民政长展限令之日起，仍限五个月内，仰各业户从速挂号投税。逾限不投税者，原契作为废纸。其各凛遵勿违，切切。后余空白处，摘录业户原契，至该业户原契仍粘附于后，加盖骑缝印信。合并饬遵。

龙神得（德）得买龙现来冲油山壹团，产价钱壹千陆百捌拾文，合银壹两式钱，应纳税银陆仙。

中华民国三年　　号给

〖文书原持有者：龙启汉；来源地：高酿镇优洞村下高冲组〗

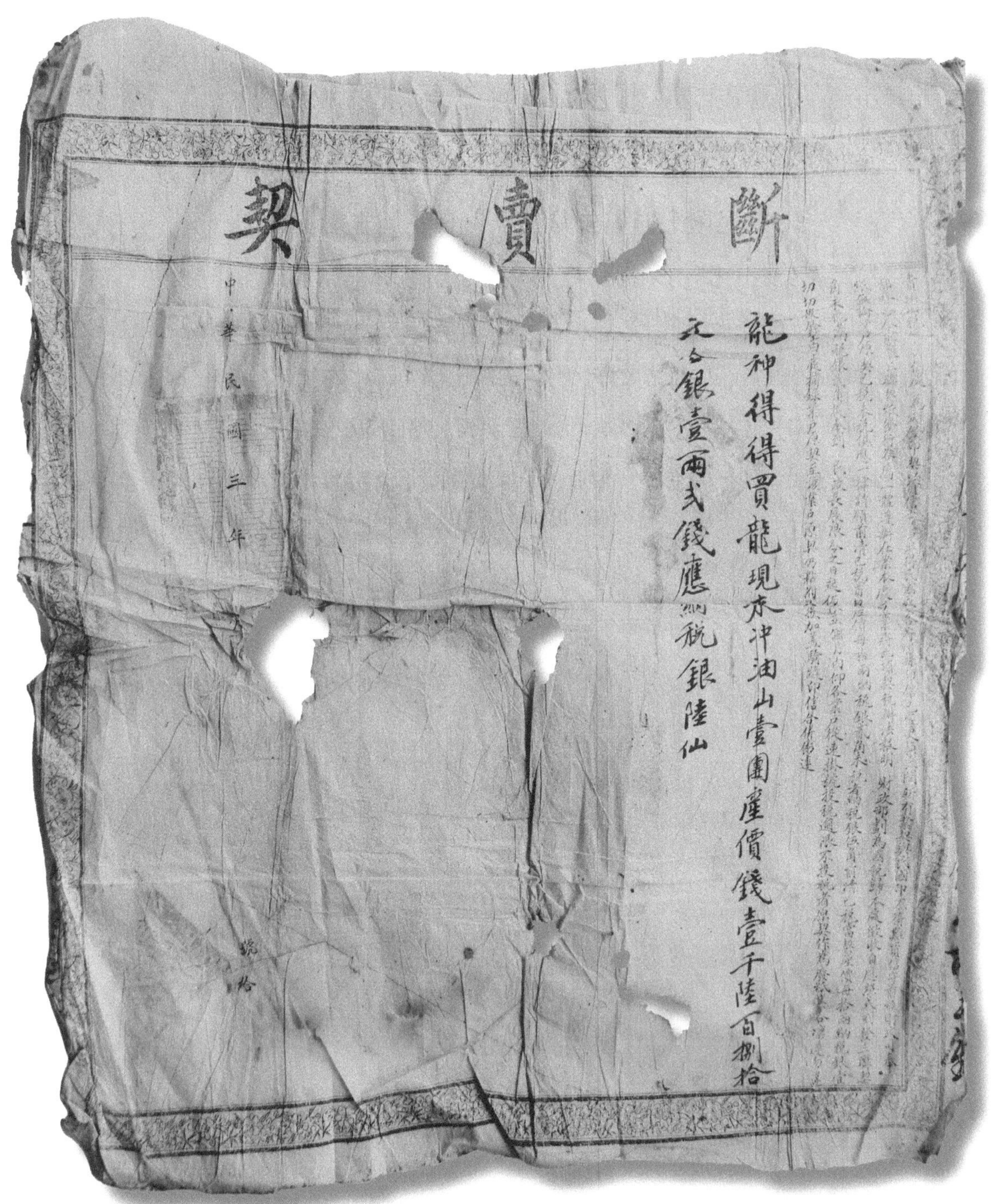

· GT—GYD—022 GT—022—137 ·

· GT—GYD—023　GT—022—100 ·

民国十四年二月二十一日龙炳圭卖田地字

立卖田地高鲁村龙炳圭，令（今）因家下要钱使用，无所出处，自愿将到土名堂见角下德伯□田乙（一）坵，上抵龙大海，下抵□主田，左抵山，右抵溪，四至分明，要钱出卖。请中上门问到高冲龙大河、龙大学、龙大福承买。当日凭中言定价钱三十六千零八百文正（整）。其钱领足，卖与买主耕管为业。自卖之后，不得异言。恐口无凭，立有卖字存照。

凭中　龙大海

代笔　龙大清

天运乙丑年二月二十乙（一）日　立契

〖文书原持有者：龙启汉；来源地：高酿镇优洞村下高冲组〗

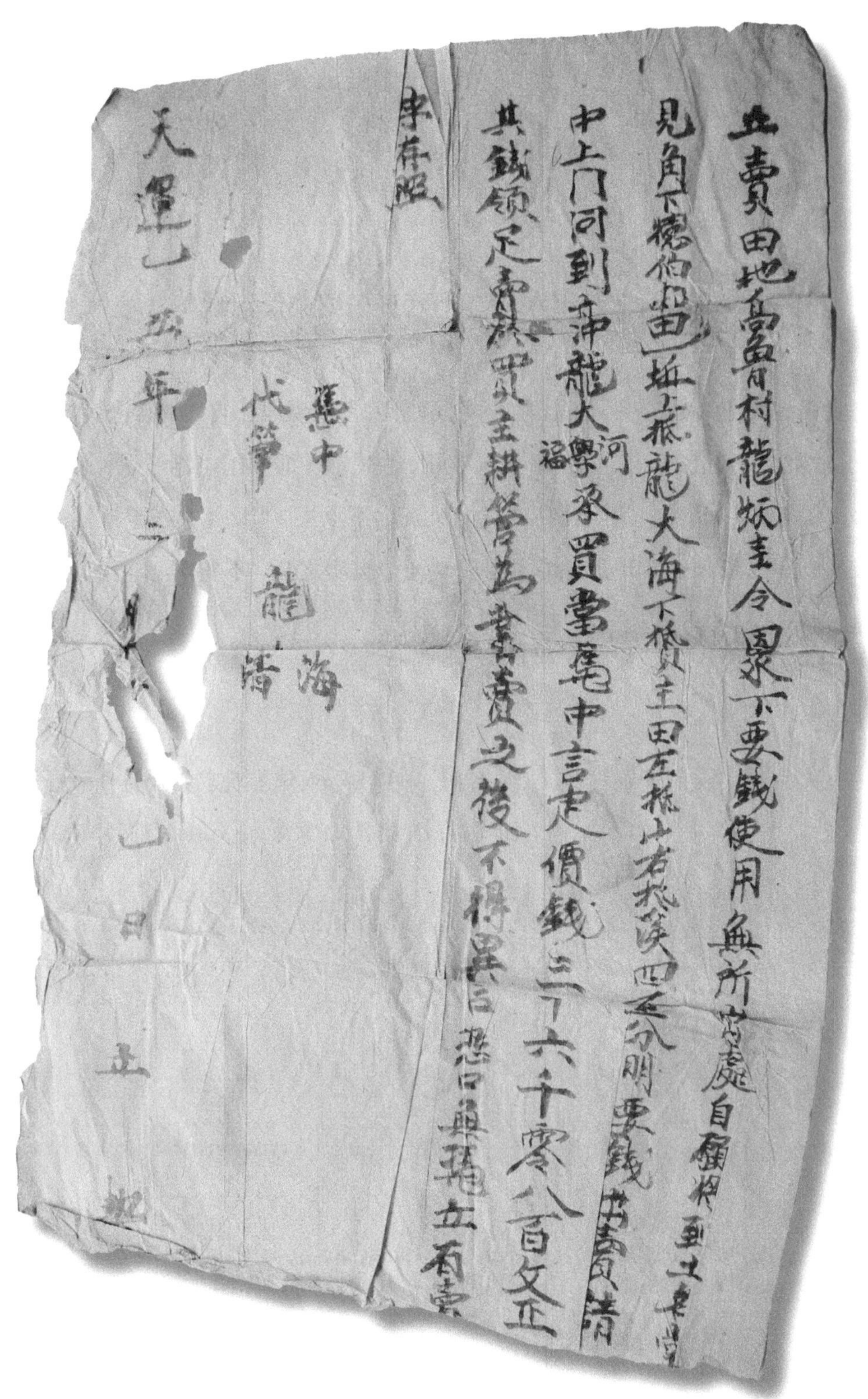

立賣田地高青村龍炳圭今因家下要錢使用無所出處自願將到土名
見角下穩伯田一坵上抵龍大海下抵賣主田左抵山右抵溪四至分明要錢出賣請
中上門問到本寨龍大河學福承買當面中言定價錢二十六千零八百文正
其錢領足賣買主耕管為業賣之後不得異言恐口無憑立有賣
字存照

憑中 龍海
代筆 龍潘

天運乙巳年 三月 日 立

· GT—GYD—023 GT—022—100 ·

民国十六年六月二十六日杨绍荣卖田地契

立卖田地契字人杨绍荣，今因家下要钱使用，无所出处，自愿将到土名八腊中凸亚田四坵，收花六稨，上抵（抵）路，下抵买主田，左右抵（抵）山，四至分明，要钱出卖。先问亲房，无钱承买。请中上门问到高冲村龙大河名下承买。当日凭中言定价钱弍拾捌封零八百文整。其钱亲领，其田卖与买主耕管为业。自卖之后，不得异言。恐口无凭，立有字存照。

凭中　杨胜均

亲笔

民国十六年岁次丁卯六月廿六日　立

〖文书原持有者：龙启汉；来源地：高酿镇优洞村下高冲组〗

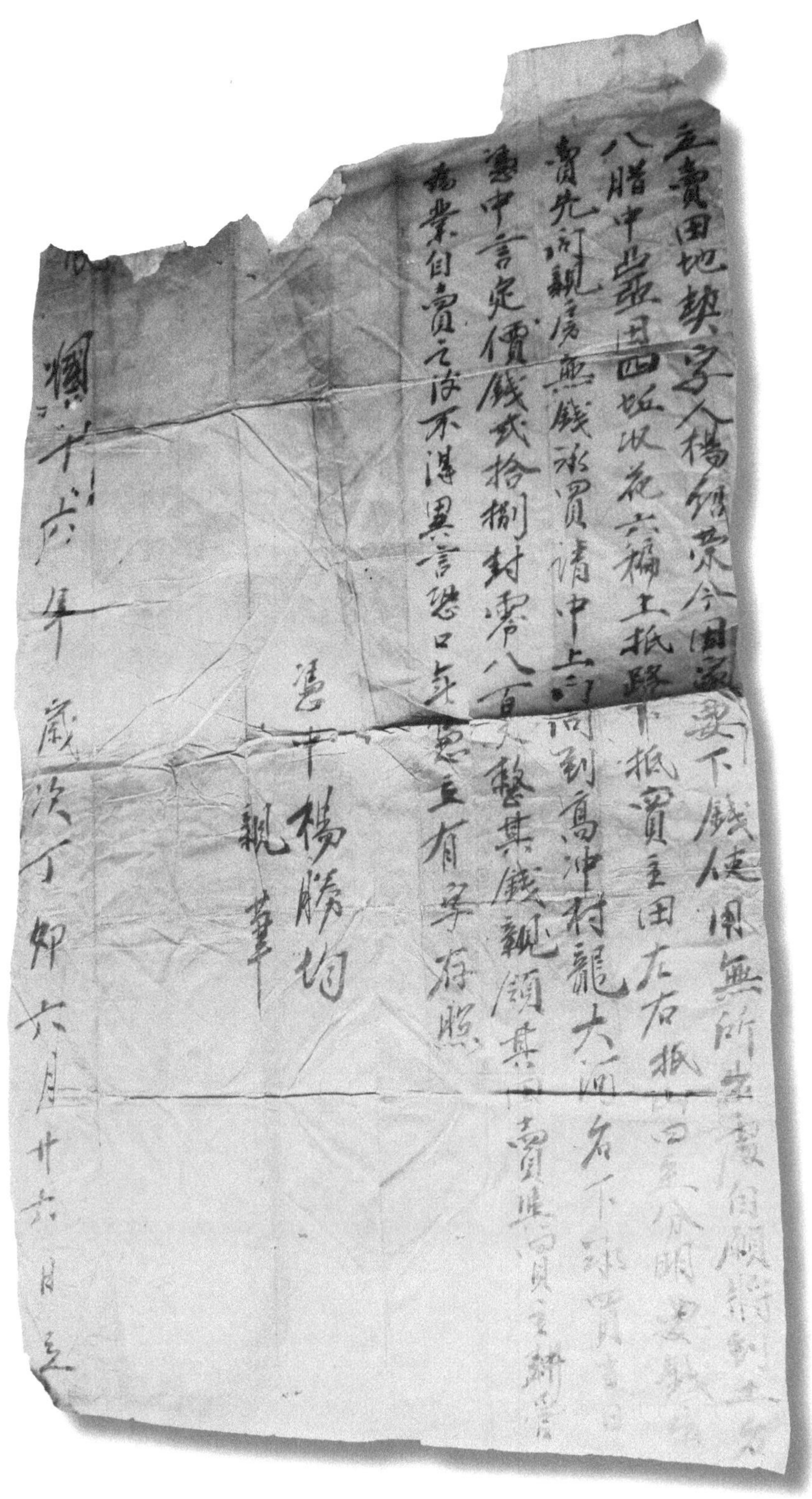

立賣田地契字人楊紹榮今因家下缺少錢使用無所出處自願將到土名八腊中㘭𡎴四坵收花六稱上抵路下抵買主田左右抵山田界分明要出賣先問親房無錢承買請中上門問到高沖村龍大洞名下承買為業當日憑中言定價錢弍拾捌封零八百文整其錢親領其田賣與買主耕管為業自賣之後不得異言恐口無憑立有字存照

憑中 楊勝均

親筆

民國十六年 歲次丁卯 六月廿六日 立

・GT—GYD—024 GT—022—122・

· GT—GYD—025 GT—022—119 ·

民国十九年十一月二日杨胜海卖田地字

立卖田地字〔人〕杨胜海，今因家下要钱使用，无所出处，自愿将到土名保辣中田四坵，上抵（抵）杨昌名田，下抵（抵）杨昌名田，左右抵（抵）山，四至分明。自己上门问到亲房，无钱承买。问到高中（冲）龙大河承买。二妣（比）言定价钱乙（一）十四千八百文正（整）。其钱领足，其田付与买主耕管为业。白（自）卖之后，不得异言。恐口无凭，立有卖字为据。

内添四字。

亲笔

民国十九年十乙（一）月初二日　立

〖文书原持有者：龙启汉；来源地：高酿镇优洞村下高冲组〗

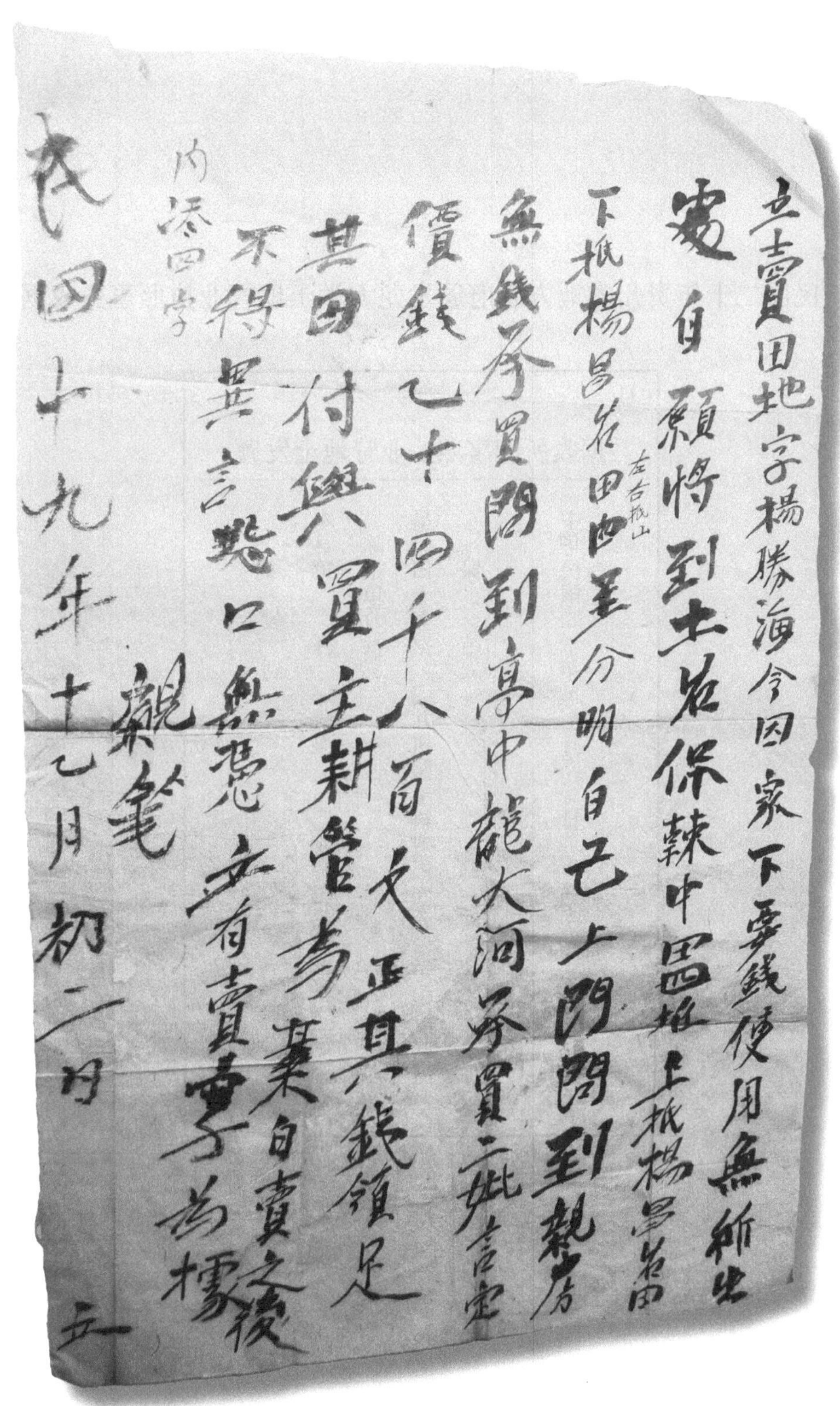

立賣田地字楊勝海今因家下要錢使用無所出
處自願將到土名保𦵔中冚坵上抵楊昌若田
下抵楊昌若田四至分明（左右抵山）自己上門問到親房
無錢承買問到高中龍大河承買二比言定
價錢乙十四千八百文正其錢領足
其田付與買主耕管為業自賣之後
不得異言懸口無憑立有賣田字為據
内添四字
親筆
民国十九年十乙月初二日　立

GT—GYD—025　GT—022—119

民国二十年贵州省地方政府颁发龙大学土地管业执照事务收据

县

据收所□事照执业管地土发颁

今收到

本县第　区　联保□□□业户　龙大学八□

陈报单收据

呈缴田土契据　□并执照工料费银四元〇角〇分此据

保结

中华民国二十年　月　日　经手人

〖文书原持有者：龙启汉；来源地：高酿镇优洞村下高冲组〗

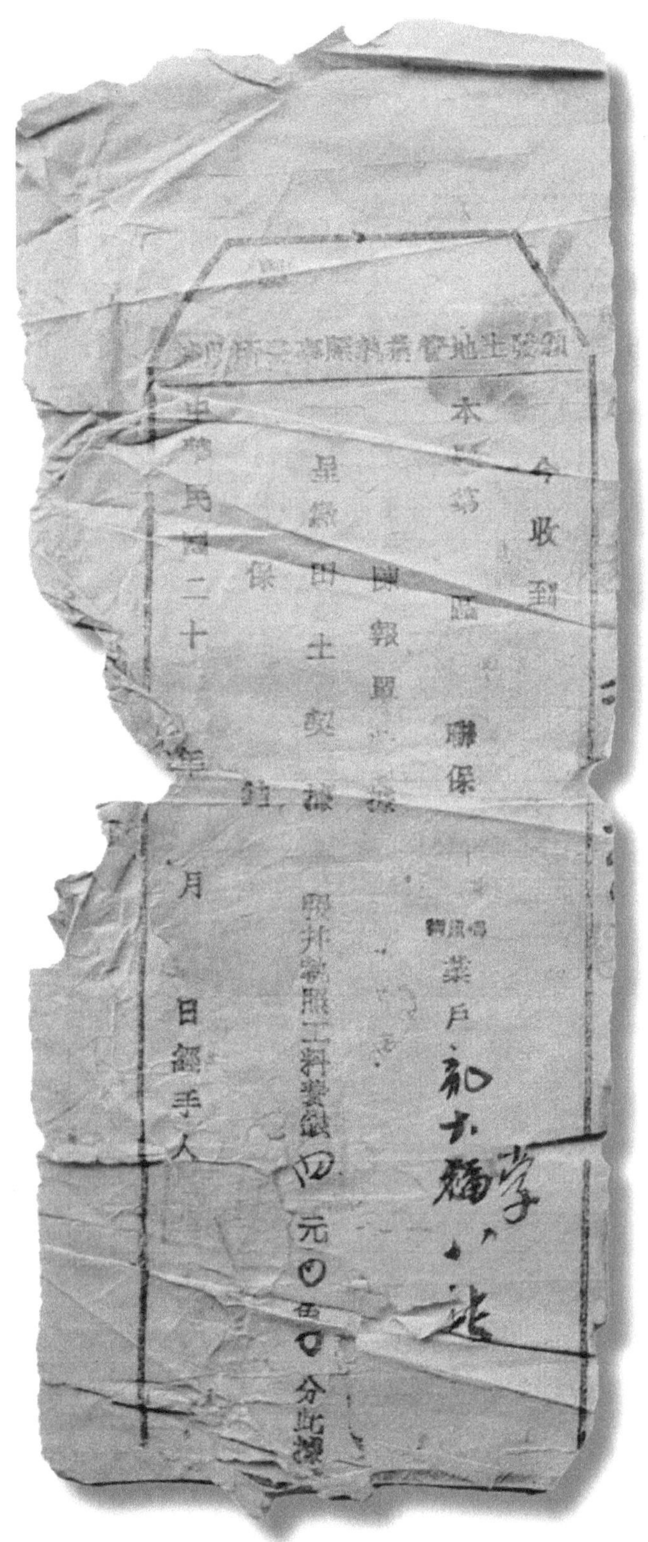
今收到
本縣第[illegible]區[illegible]聯保[illegible]業户新大镛 李小达
[illegible]報[illegible]據
呈繳田土契據
照并執照工料費銀四元四角[illegible]分此據
保[illegible]鎮
中華民國二十[illegible]年[illegible]月[illegible]日經手人

·GT—GYD—026　GT—022—091·

民国二十二年五月贵州省地方政府颁发龙大跃土地管业执照事务收据

县

据收所务事照执业管地土发颁

今收到

本县第　区　联保　乡镇街　业户　龙大跃

陈报单收据壹

呈缴田土契据△张并执照工料费银△元伍角△分此据

保结△

中华民国二十二年五月　日　经手人

〖文书原持有者：龙启汉；来源地：高酿镇优洞村下高冲组〗

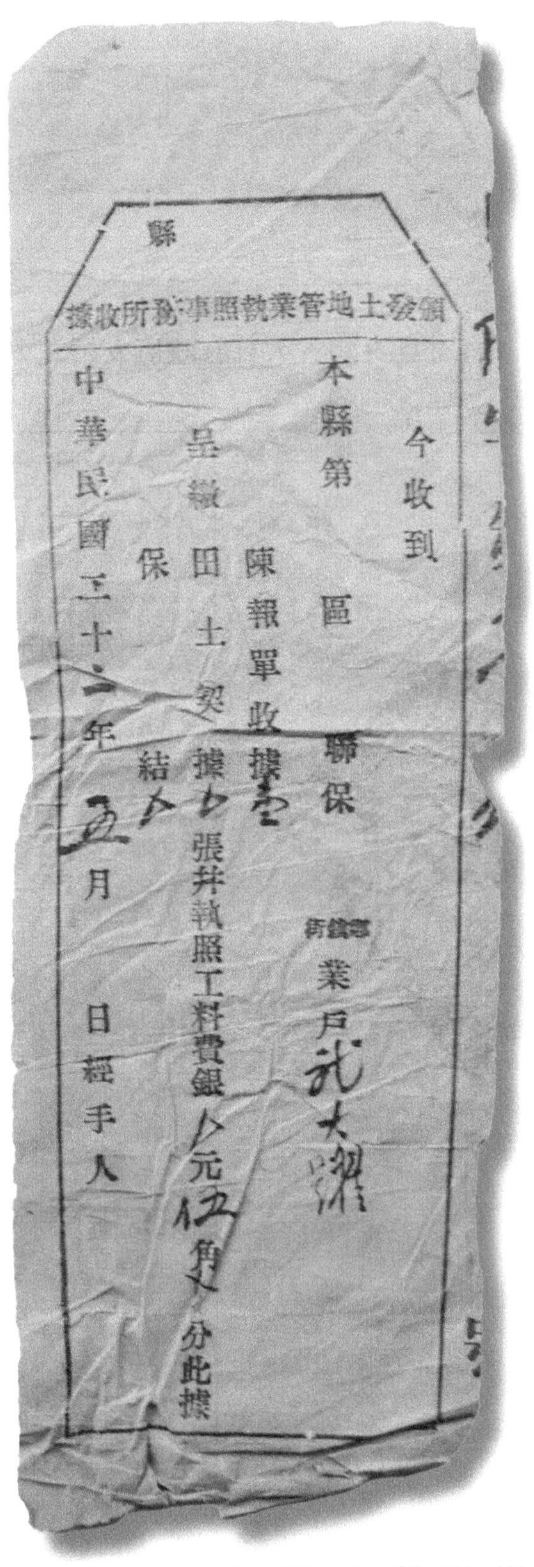

縣

頒發土地管業執照事務所收據

今收到

本縣第　區　聯保　　鄉鎮街業戶武大[illegible]

陳報單收據壹[illegible]張并執照工料費銀[illegible]元伍角[illegible]分此據

呈繳田土契據[illegible]

保結[illegible]

中華民國三十二年五月　日經手人

· GT—GYD—027　GT—022—088 ·

·GT—GYD—028 GT—022—109·

民国二十六年十一月七日贵州省天柱县政府发给龙大跃自卫火药枪执照

执照

贵州天柱县政府

发给执照事。兹有龙大跃自卫火药枪壹枝（支），号码〇配子弹〇发，业经遵照剿匪区内各县自卫枪炮登记烙印给照办法，具保登记烙印是实，合行发给执照，以资保护。此据。

计开

右给 龙大跃收执

保人 龙灿成 填发人

县长 熊弼

中华民国二十六年十一月柒日

附办法摘要八条

一、此照准收照费洋弍角。

二、此照限用一年，不得涂改或转借，期满呈请换给新照，有遗失时，即呈请通令作废（新照不另取费）。

三、此照应与枪同置一处，以便检查对照。

四、枪枝（支）有遗失或转卖时，即声明情由，将此照缴销。

五、由甲县迁移乙县时，即将执照呈缴乙县政府，发还甲县政府核销，由乙县政府补发执照。

六、人民有枪者，不得着军服，不得向地方索款，不得借枪私斗。

七、遇有军政机关检查时，应将枪枝（支）与执照交出检查，不得隐匿。

八、查有不法情事或枪枝（支）种类，号码，及子弹数不与执照相符者，应分别惩处。

〖文书原持有者：龙启汉；来源地：高酿镇优洞村下高冲组〗

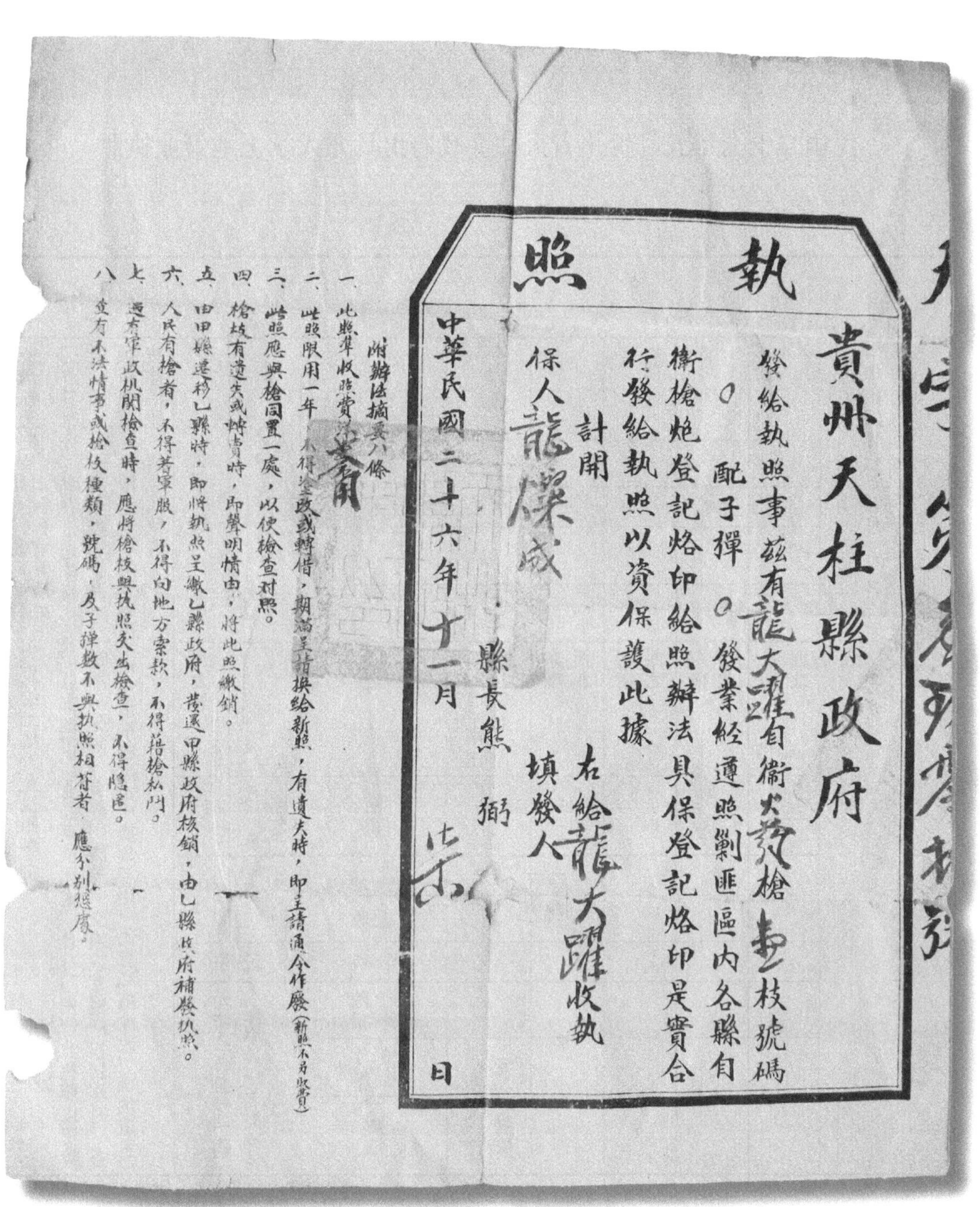

執照

貴州天柱縣政府

發給執照事茲有龍大躍自衛火藥槍壹枝號碼

○配子彈○發業經遵照剿匪區內各縣自

衛槍炮登記烙印給照辦法具保登記烙印是實合

行發給執照以資保護此據

計開

保人龍傑成

右給龍大躍收執

填發人

縣長熊獅

中華民國二十六年十一月　日

附辦法摘要八條

一、此照準收照費洋　角

二、此照限用一年，不得塗改或轉借，期滿呈請換給新照，有遺失時，即呈請通令作廢（新照不另收費）

三、此照應與槍同置一處，以便檢查對照。

四、槍枝有遺失或時賣時，即聲明情由，將此照繳銷。

五、由甲縣遷移乙縣時，即將執照呈繳乙縣政府，發還甲縣政府核銷，由乙縣政府補發執照。

六、人民有槍者，不得著軍服，不得向地方索款，不得藉槍私鬥。

七、遇有軍政机關檢查時，應將槍枝與執照交出檢查，不得隱匿。

八、查有不法情事或槍枝種類，號碼，及子彈數不與執照相符者，應分別懲處。

· GT—GYD—028　GT—022—109 ·

· GT—GYD—029 GT—022—095 ·

民国二十七年五月贵州省天柱县政府出具龙大学土地管业执照

字第

县　　　　省

照　执　业　管　地　土

贵州省天柱县县政府（田赋粮食管理处）为发给土地管业执照事

□本县奉令，举办土地陈报。右记业主地亩，业经审核无讹，合行□发管业执照以资管业。嗣（事）后如买卖、典当、继承、分割、合并、赠与、交换或其他产权转移时，务须持照遵章，向本县田赋机关声（申）请推收过户，换领新照。倘有私擅涂改，或伪造者，按律治罪。须至执照者。

业主姓名：龙大学

户号：227

机关或法团名称：

代表人姓名：

住址：天柱县高酿乡（镇）保甲 地名高冲

土地坐落：乡（镇）别 高酿；别保；名地小 冲高

地号：字段 裳；坵号 1302

四至：东1301 南山 西山 北山

面积：□亩

地目：

收益：石

科则：一□

陈报产价：元

年纳粮额：□九 元

附注：本发计壹块

（另有四栏空白，各栏四至：东 南 西 北）

右给 龙大学 收执

中华民国廿七年五月　日

县长（兼处长）

（副）处长

〖文书原持有者：龙启汉；来源地：高酿镇优洞村下高冲组〗

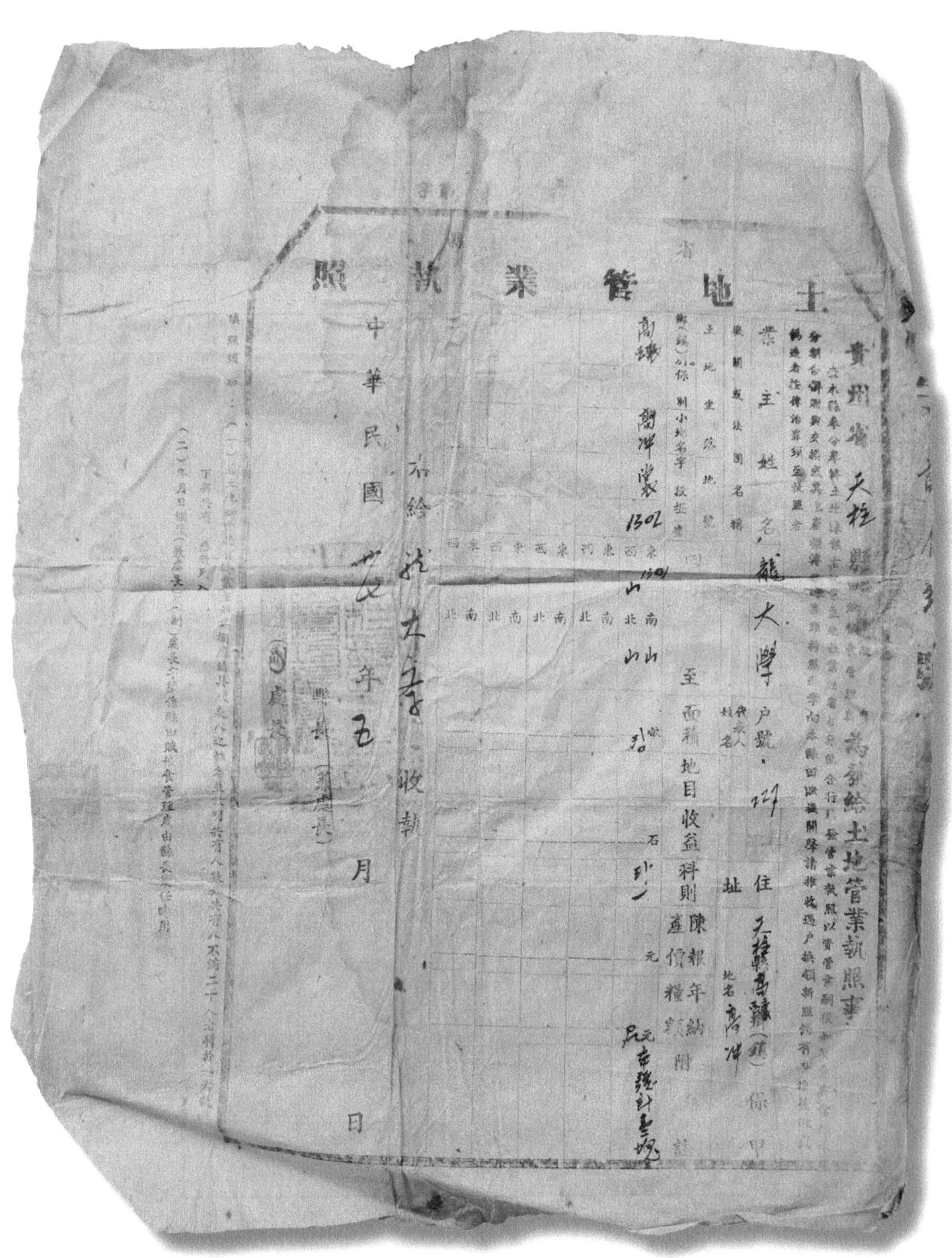

土地管業執照

貴州省天柱縣[illegible]為發給土地管業執照事

業主姓名 龍大學 戶號 [illegible] 住址 天柱縣高釀(鎮) 保 甲

代表人姓名 地名 高洋

機關或法團名稱

土地坐落地號

鄉(鎮) 高釀 保 小地名字 高洋 段坵 1302 1301

東 西 南 北 山 山

至 面積 地目 收益 科則 陳報年納產價糧額 附註

石 元

右給 龍大學 收執

縣長 (兼處長)

中華民國卅七年五月 日

· GT—GYD—029 GT—022—095 ·

· GT—GYD—030 GT—022—089 ·

民国二十八年三月二十九日贵州省天柱县政府征收龙宏昌田赋收据

县柱天省州贵 据收赋田收征				
份年寅戊名念国民				
粮户姓名	田赋正额	逾期应加滞纳金	本年实共完纳数	中华民国廿八年三月廿九日
龙宏昌	○元○角叁分	○元○角壹分	○元○角柒分	县长
粮户住址	注备			征收主任
六甲勒洞				收款员
田地坐落				

〔文书原持有者：龙启汉；来源地：高酿镇优洞村下高冲组〕

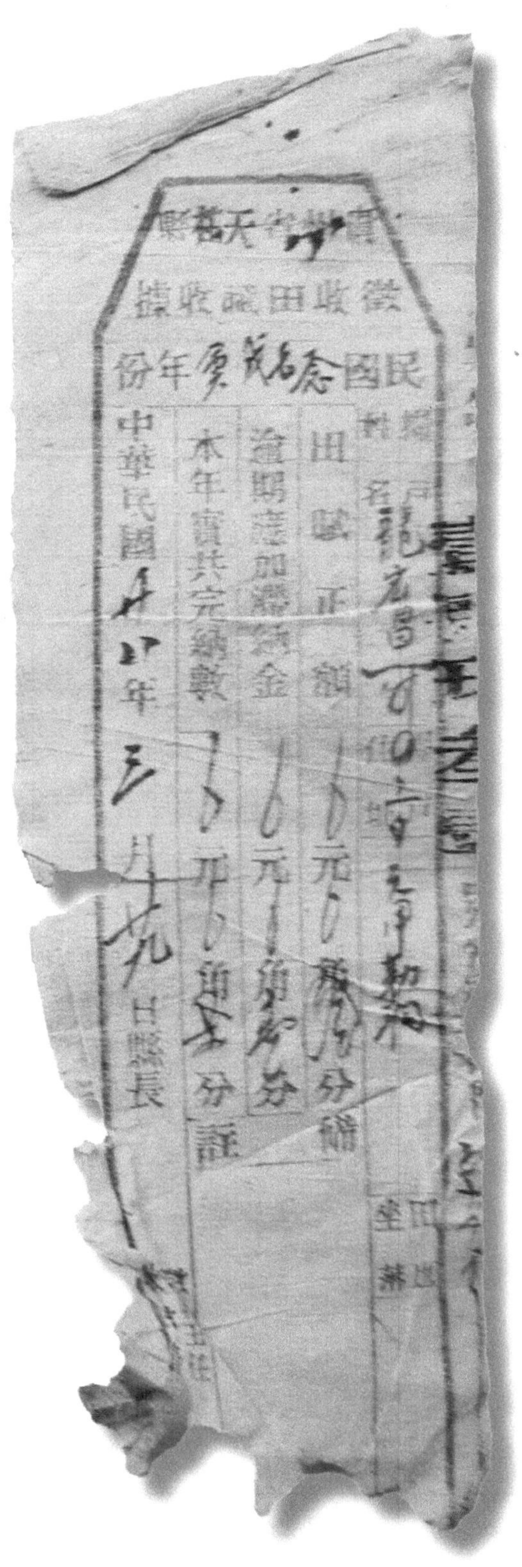
貴州省天柱縣
徵收田賦收據
民國　　年份
編號
戶名
田賦正額　元　角　分
逾期應加滯納金　元　角　分
本年實共完納數　元　角　分
中華民國　年　月　日縣長

· GT—GYD—030　GT—022—089 ·

· GT—GYD—031 GT—022—086 ·

民国三十年七月二十二日贵州省天柱县政府征收龙大学田赋收据

县 省州贵 据收赋田收征					
份年九廿国民					
中华民国卅年七月廿二日 县长 征收主任 收款员	本年实共完纳数	逾期应加滞纳□□	应完粮赋	田地亩分	粮户姓名
					龙大学
	壹元柒角九分	○元○角○分	壹元柒角九分	□亩七分○厘	粮户住址
					硝洞
	注备				田地坐落
					裳字段

执收户业给裁联此

〖文书原持有者：龙启汉；来源地：高酿镇优洞村下高冲组〗

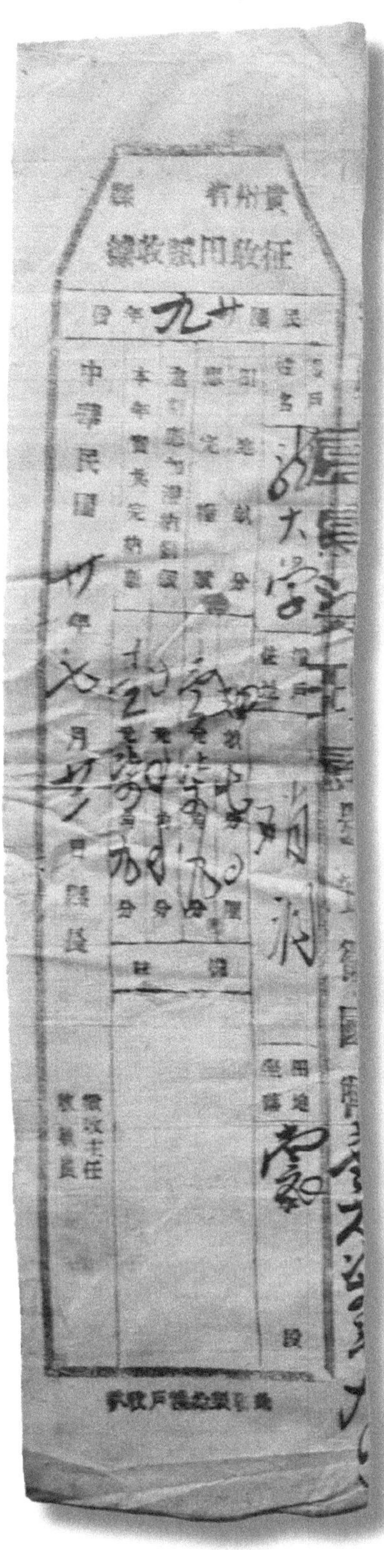
貴州省　縣
征收田賦收據
中華民國　年　月　日　縣長

· GT—GYD—031　GT—022—086 ·

·GT—GYD—032 GT—022—084·

民国三十年十月贵州省天柱县政府征收龙大耀田赋通知单

贵州省 县

征收田赋通知单

民国卅年份

粮户姓名	龙大耀
粮户住址	高冲
田地坐落	□字□段

应完粮户

等则	每亩税率	田地亩分	□国币□
一等一则	角 分	亩 分 厘	元 角 分
一等二则	角 分	亩 分 厘	元 角 分
一等三则	角 分	亩 分 厘	元 角 分
二等一则	角 分	亩 分 厘	元 角 分
二等二则	角 分	亩 分 厘	元 角 分
二等三则	角 分	亩 分 厘	元 角 分
三等一则	角 分	亩 分 厘	元 角 分
三等二则	角 分	亩 分 厘	元 角 分
三等三则	角 分	亩 分 厘	元 角 分
逾期应加纳罚□		亩 分 厘	元 角 分
合计		壹亩六分〇厘	〇元六角一分

备注：壹斗二升二合

完粮须知

一本年份田赋自十月一日开征，一律限十二月三十一日以前完纳。以□年一月为□预期间，若在二月一日至三月末日完纳者，照应纳正税加收滞纳罚□百分之五；在四月一日至五月末日完纳者，照应纳正税加收滞纳罚□百分之十；逾五月末日犹未完清者，即□□封产备抵。

二此单概不收费，□粮户应于收到后持单□款自行赴柜缴纳换取田赋收据，倘有不法之徒拒不给据或私自兜收情事，准即控究。

中华民国卅年十月 日县长

征收主任

核算员

〖文书原持有者：龙启汉；来源地：高酿镇优洞村下高冲组〗

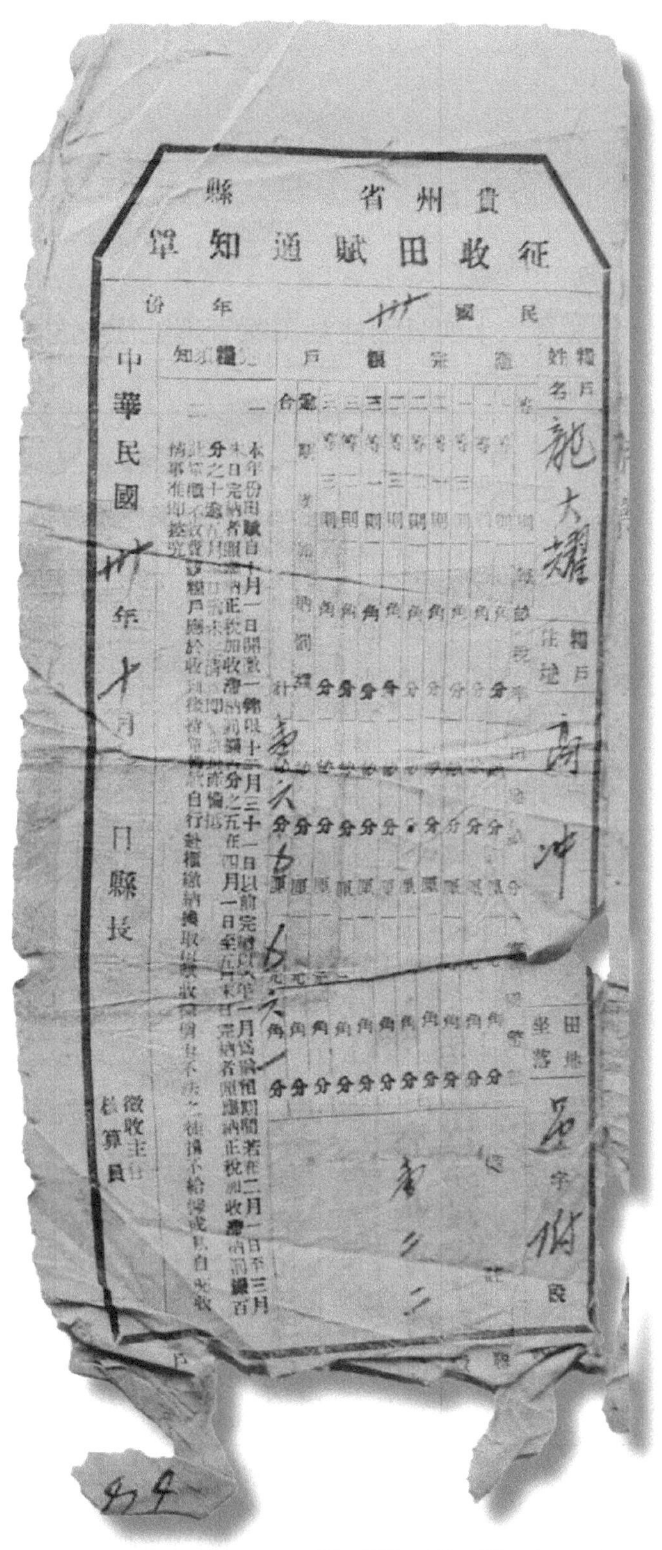

贵州省　县

征收田赋通知单

民国卅年份

粮户姓名　龙大耀

粮户住址　高冲

田地坐落　（地名）

中华民国卅年十月　日县长

征收主任

核算员

• GT—GYD—032　GT—022—084 •

民国三十一年某月二十四日天柱县田赋管理处征收龙大学田赋收据

处理管赋田县柱天

份年一十三国民

据收赋田收征

业户姓名	亩分	本年应纳税额	每元折征实物率	滞纳加罚百分率	本年应共征收实物合计 百 十 石柒斗壹升六合正（整）	□石 壹斗七升九合 征收主任	中华民国三十一年□月廿四日发给
龙大学	肆□六七	壹元柒九	□斗				
住址	土地坐落	征收实物种类	滞纳加罚实物数	征收实物数量			
硝洞	裳		百 十 石伍斗叁升七合	十 石 斗 升 合			

执收户业给裁联此

〖文书原持有者：龙启汉；来源地：高酿镇优洞村下高冲组〗

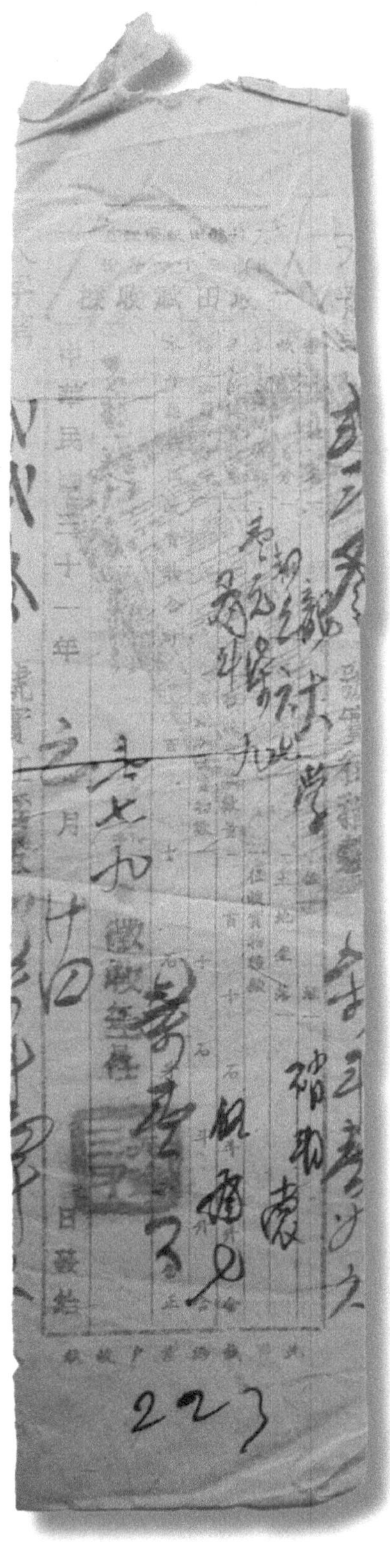

· GT—GYD—033　GT—022—082 ·

民国三十一年一月八日刘根泉、龙大学共栽杉木分股合同

立合同字〔人〕刘根泉，承因圭鲁溪口山壹贰冲壹岭，蒙龙大学开垦栽杉，承贰枯（股）平分，栽主壹半，地主一半。二彼修嵩（蒿）木大林砍伐下河出山，关山地归元（原）主，不得异言。恐口无凭，立此合同为据。

立合同为据是实（半字）。

凭中　刘耀球
　　　刘根深

父笔　刘永定

民国叁拾壹年岁次壬午正月初八日　立

〖文书原持有者：龙启汉；来源地：高酿镇优洞村下高冲组〗

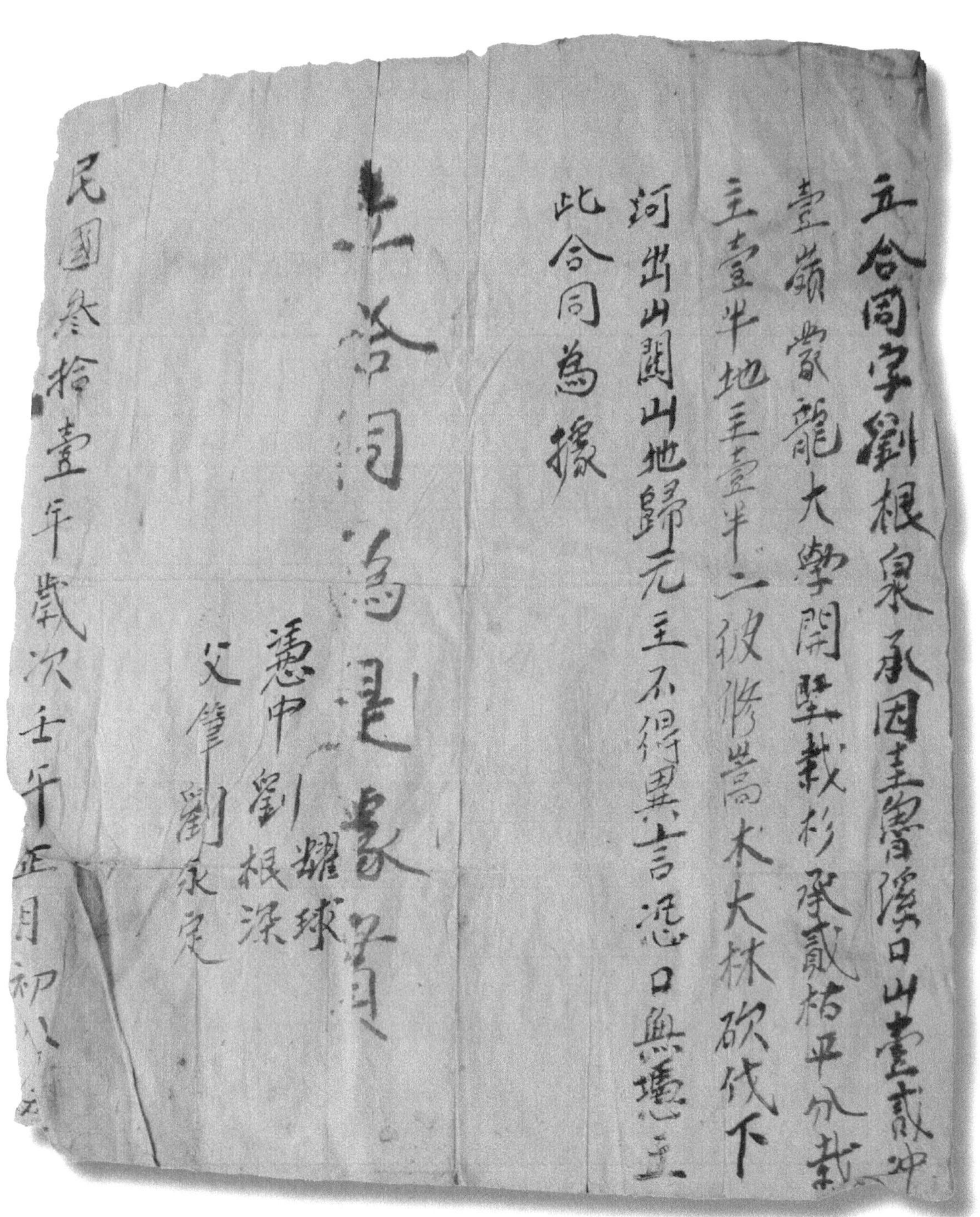

立合同字劉根泉承因圭富溪口山壹截冲
壹嶺掌龍大學開墾栽杉承貳柏平分栽
主壹半地主壹半二彼修篙木大林砍伐下
河出山開山地歸元主不得異言恐口無憑立
此合同為據

合同為是據

憑中 劉耀球
劉根深
父筆 劉永定

民國叁拾壹年歲次壬午正月初八日

· GT—GYD—034 GT—022—102 ·

· GT—GYD—035　GT—022—090 ·

民国三十三年十一月十七日
贵州省地方政府田赋管理处征收龙大跃田赋及借粮收据

处理管食粮赋田（市）县
份年三十三国

据收粮借及赋田　　字第 17364 号

业户姓名	亩分	赋额	征实征借及带征县市公粮之种类标准
龙大跃	一六分	六一分	□石　斗六升一合
归户册号次			

注意事项：
一、该本户本年所缴借粮，一律自民国三十八年起，分五年平均在应纳当年田赋项下抵还，不再发给粮食库券。
二、如该户田产在三十八年田赋开征前已有一部或全部售出，准仍由原主持同本收据及证明文件向本处查明，照原借数目分年偿还实物。
三、前项申请偿还实物应在三十八年开征以前径向本处办理，逾期不负责任。

住址	征实	征借	省县市公粮	合计	应减：灾免留款抵减	应减：征购粮食抵纳数量	应减：征购粮食抵纳粮券号数	实应缴数	逾限月数及加罚率	罚额
镇乡　六△保冲　甲　户	石二斗一升四合	石　斗　升　合	石　斗六升一合	△石叁斗叁升六合	石　斗　升　合	石　斗　升　合		石　斗　升　合	逾限　月应加百分之	石　斗　升　合

右粮业已照数验收入仓给此为凭

中华民国卅三年十一月十七日　征收处主任　签名盖章

执收户业给裁后粮收于联此
粮借还发联此凭售出产田遇如

〔文书原持有者：龙启汉；来源地：高酿镇优洞村下高冲组〕

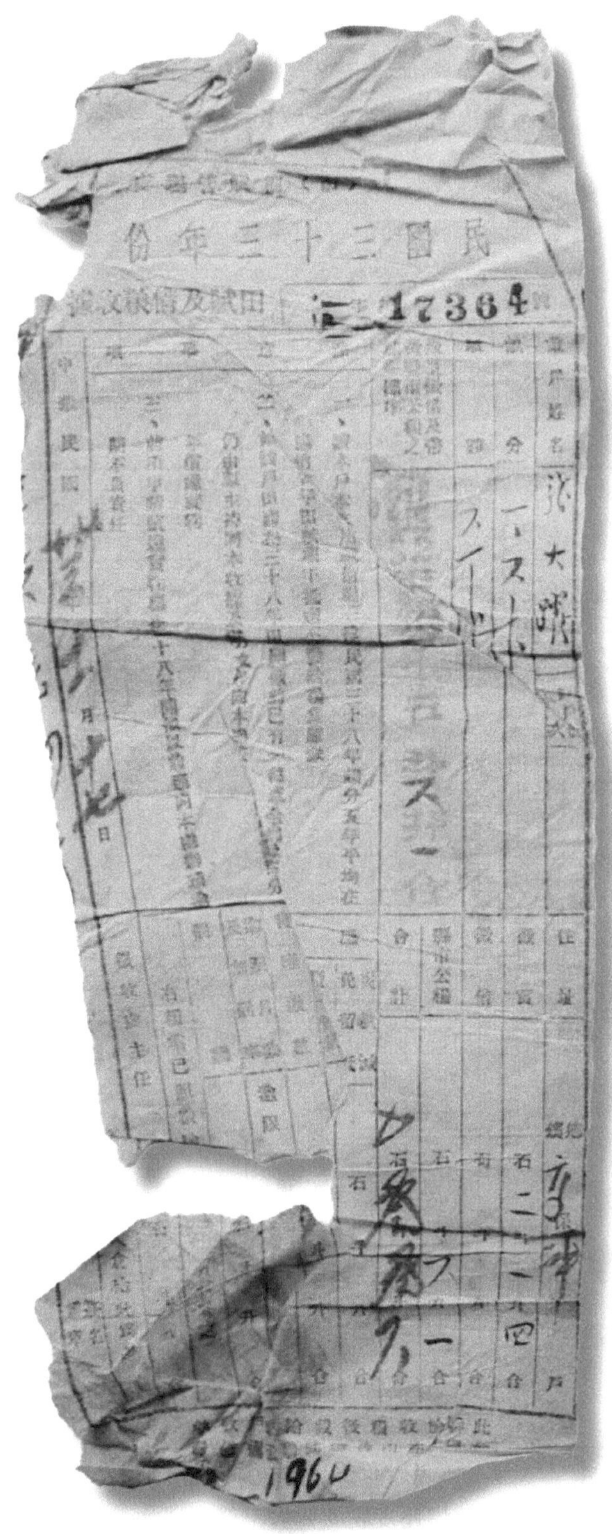

· GT—GYD—035　GT—022—090 ·

· GT—GYD—036　GT—022—083 ·

民国三十四年十月二十三日
贵州省地方政府田赋粮食管理处征收龙大学田赋及借粮收据

处理管食粮赋田（市）县
份年三十三国民

据收粮借及赋田	字第 7695 号

业户姓名	亩分	赋额	征实征借及带征县市公粮之种类标准
龙大学	四、四七分	一、六七分	
归户册次号			

注意事项：

一、该本户本年所缴借粮，一律自民国三十八年起，分五年平均在应纳当年田赋项下抵还，不再发给粮食库券。

二、如该户田产在三十八年田赋开征前已有一部或全部售出，准仍由原主持同本收据及证明文件向本处查明，照原借数目分年偿还实物。

三、前项申请偿还实物应在三十八年开征以前径向本处办理，逾期不□

住址	征实	征借	省县市公粮	合计
镇乡 硝保洞 甲 户	石五斗八升五合	石 斗 升 合	石一斗六升七合	石七斗五升二合

应减：灾免款留抵减	应减：征购粮食抵纳数量	应减：征购粮食抵纳粮券号数	实应缴数	逾限月数及加罚率	罚额
石 斗 升 合	石 斗 升 合		石 斗 升 合	逾限 月应加百分之	石 斗 升 合

右粮业已照数验收入仓给此为凭

中华民国卅四年十月廿三日　征收处主任　盖签章名

执收户业给裁后粮收于联此
粮借还发联此凭售出产田遇如

〖文书原持有者：龙启汉；来源地：高酿镇优洞村下高冲组〗

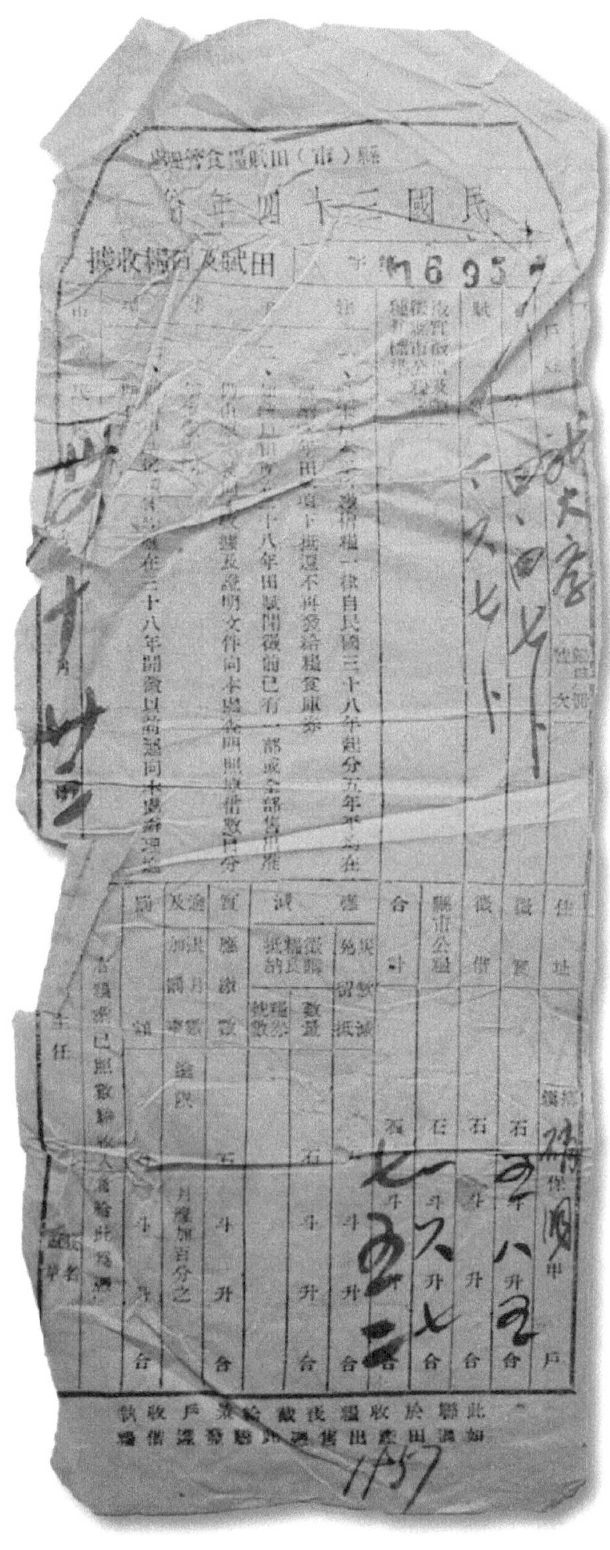

· GT—GYD—036　GT—022—083 ·

· GT—GYD—037 GT—022—113 ·

民国三十五年五月二十六日龙启俊卖田契

□□契字人高鲁村龙启俊，今因家下要洋使用，无[所]得处，自愿将土名毫闷田壹坵，上抵山，下抵龙见□田，左右抵山，四至分明，要洋出卖。请中上门问到□族[龙]大跃名下承买。当日凭中言定价洋玖万四仟八□[元]正（整）。其洋亲主领足，其田付与买主耕管为业。自[卖]之后，不得异言。凭（恐）后无凭，立有卖字为据是实。

凭中人　刘仕□

代笔　　龙大珠

民国三十五年五月二十六日　立

〖文书原持有者：龙启汉；来源地：高酿镇优洞村下高冲组〗

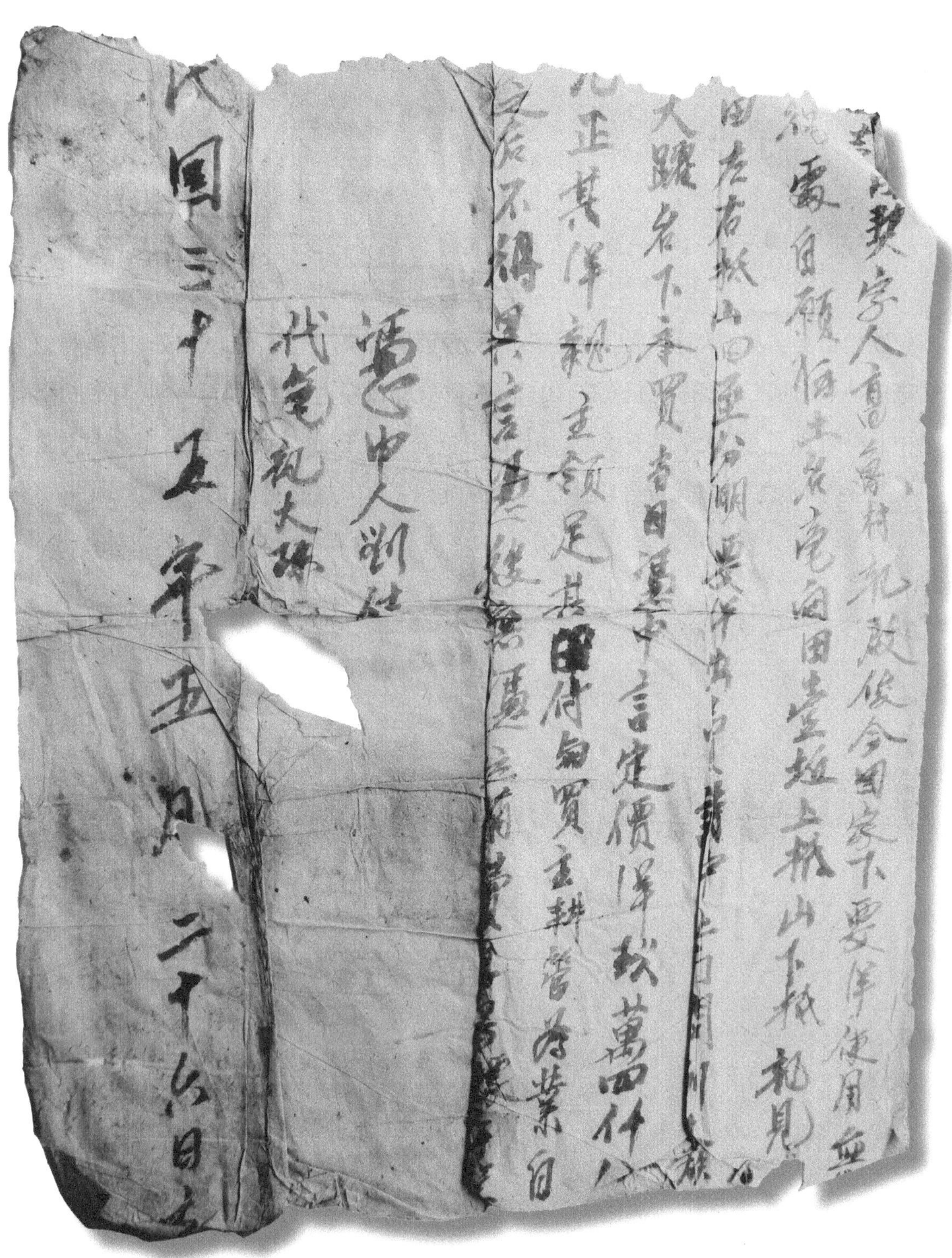

· GT—GYD—037 GT—022—113 ·

· GT—GYD—038　GT—022—105 ·

民国三十六年一月二十日龙大标、龙启俊父子二人卖田契

立卖田契字人龙大标、龙启俊父子二人，今因家下要□用，无从出处，自愿将到土名毫闷冲（高冲）田壹坵，上抵（抵）山，下□见松田，左右抵山，四至分明，要钱出卖。请中上门问到□龙大学名下承买。当日议定价壹万弍千元。其钱□清，其田付与买主耕管为业。自卖之后，并无异言。恐□立有卖字为据。

凭中　刘宗仕

代笔　龙大珠

民国卅六年元月二十□□

〖文书原持有者：龙启汉；来源地：高酿镇优洞村下高冲组〗

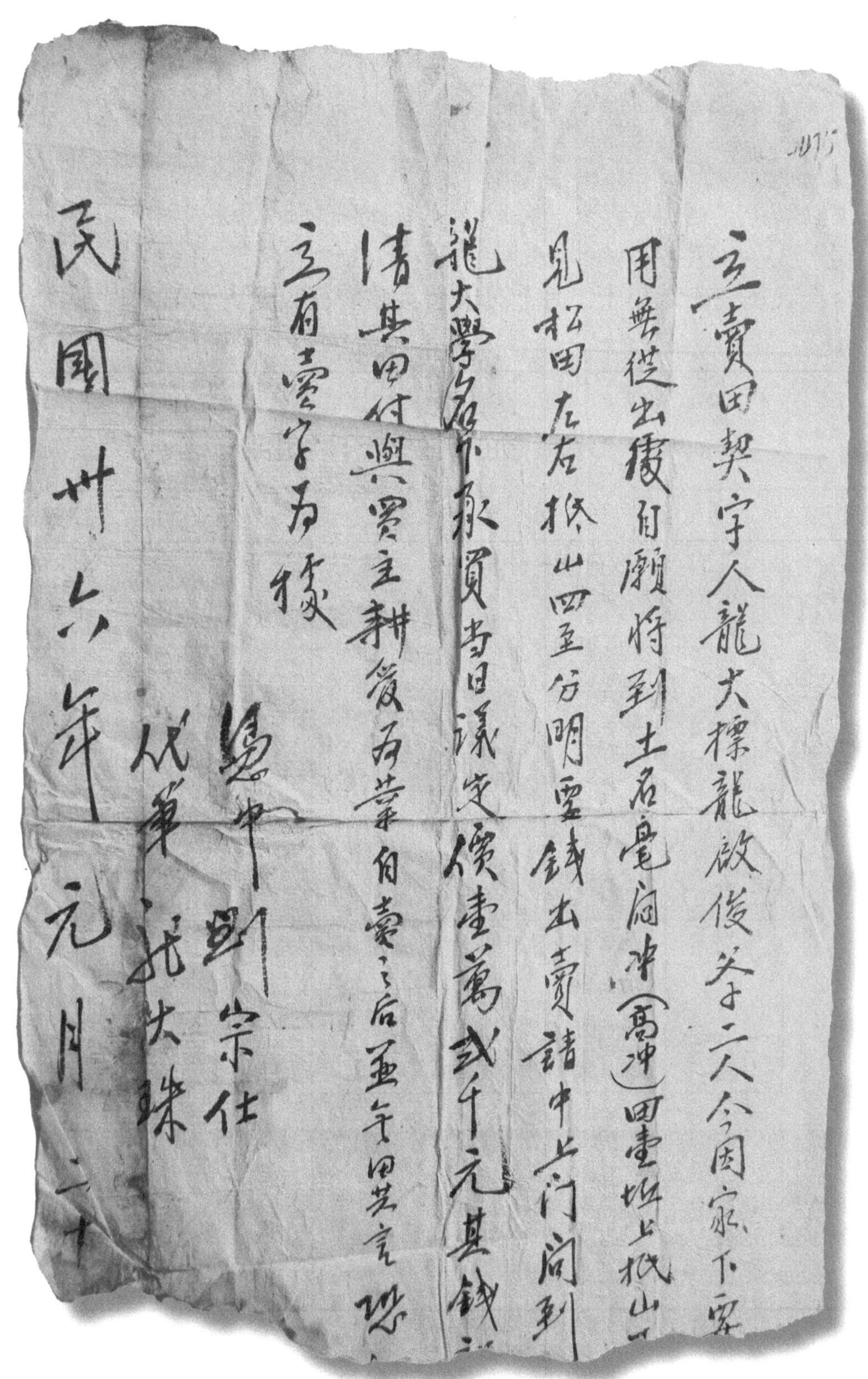
立賣田契字人龍大標龍啟俊父子二人今因家下要
用無從出處自願將到土名竜岡冲(高冲)田壹坵上抵山
見松田左右抵山四至分明要錢出賣請中上门問到
龍大學名下承買當日議定價壹萬弍千元其錢
清其田付與買主耕管為業自賣之后並無田其言恐
立有賣字為據

憑中 劉宗仕
代筆 龍大珠

民國卅六年元月二十

· GT—GYD—038 GT—022—105 ·

· GT—GYD—039 GT—022—085 ·

民国三十六年十二月七日天柱县政府征收龙大学田赋收据

（市） 县

据收赋田收征年六十三国民

□□第 号 | 字第 号

中华民国三十六年十二月七日 镇乡 征收处主任	□□公粮	收征征实	粮数	赋额	亩分	住址	姓名 业户
	征元 石 斗 升 合	征元 石 斗 升 合		壹元六角七分	□亩四分七厘	高镇乡硝洞保甲户	龙大学
							归户册 号次
	罚额	逾限月数 及加罚率	实应征数	灾款减免或□ 抵收	合计	公粮	征实
	石 斗 升 合	逾限月加罚百分之	石 斗 升 合	石 斗 升 合	石 斗 升 合	石 斗三升 合	石 斗三升 合

（骑缝加盖省市主管田粮机关关防）

〖文书原持有者：龙启汉；来源地：高酿镇优洞村下高冲组〗

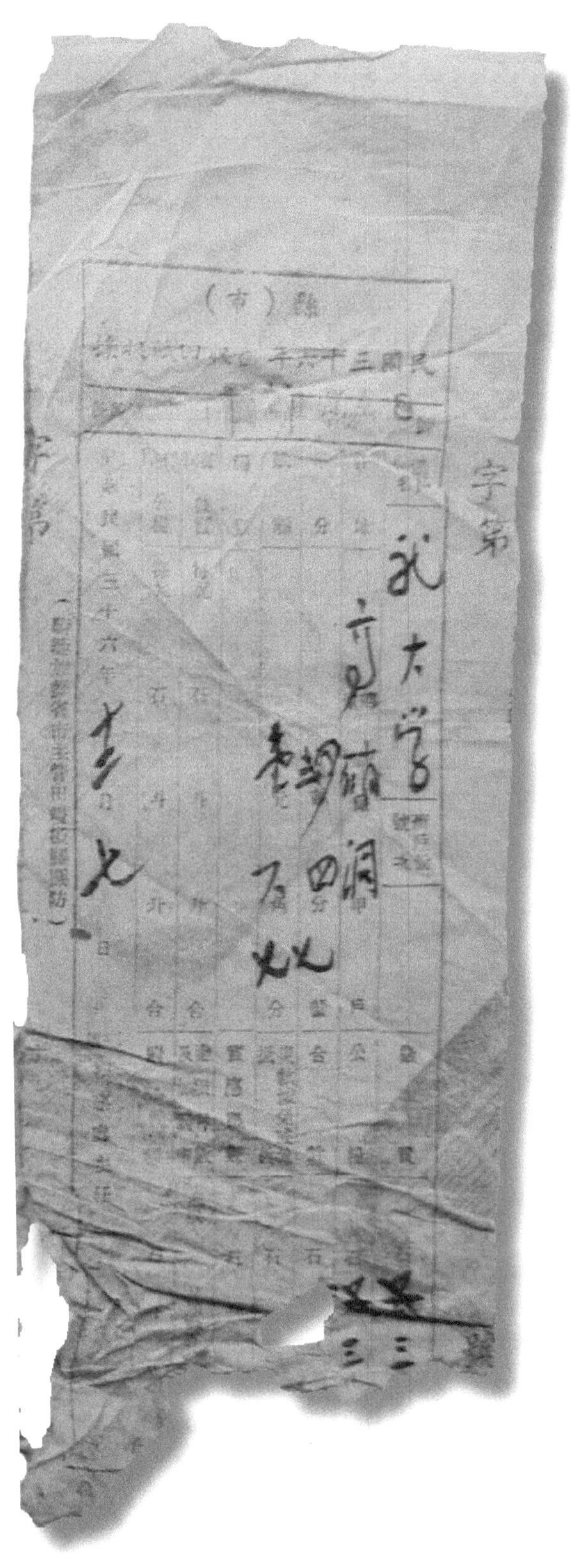

· GT—GYD—039　GT—022—085 ·

民国三十六年天柱县邦瓮县道出具龙大学特工经费乐捐收据

据收捐乐费经工特道县瓮邦县柱天

收到

高酿乡（镇）龙大学先生乐捐稻谷△

△市△石△斗七升七合△勺，以作修筑邦瓮县道特工经费。

此据。

天柱县县长兼主任委员张宗□

天柱县党部书记长兼副主任委员杨再□

天柱县参议会议长兼劝募主任杨昭焯

经收人　　签名盖章

中华民国三十六年　月　日

〖文书原持有者：龙启汉；来源地：高酿镇优洞村下高冲组〗

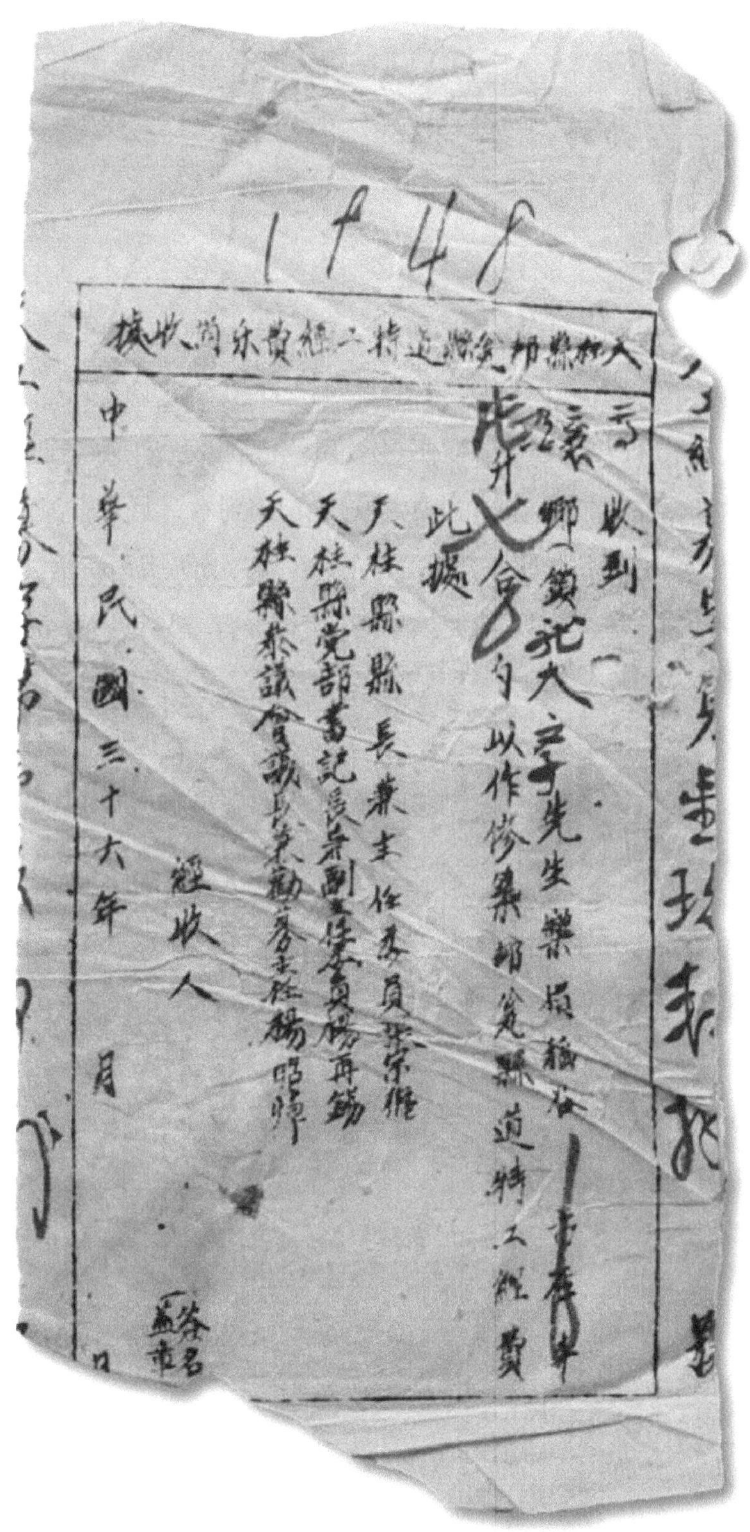

1848

天柱縣邦寨縣道特工經費[illegible]收據

茲收到 [illegible]鄉（鎮）[illegible]先生樂捐稻谷 一千斤 以作修築邦寨縣道特工經費

此據

天柱縣縣長兼主任委員 莫宗[illegible]

天柱縣黨部書記長兼副主任委員 楊再錫

天柱縣參議會議長兼勸募主任 楊昭[illegible]

經收人 簽名蓋章

中華民國三十六年 月 日

· GT—GYD—040 GT—022—092 ·

· GT—GYD—041 GT—022—106 ·

民国三十七年三月十一日刘宗林典田地契

立典契字人刘宗林，今因家下要洋便（使）用，无所出处，自愿将到土名榑田一坵，上抵本主，下抵耀炳田，左右抵山，要洋出典。自己上门问到本寨龙大学名下承典。当面言定价洋壹佰万正（整）。其洋每年认一合捌拾斤正（整）谷，期八月内付清。其洋限至明年三月内将洋赎契，不得有误。若有误者，照契认谷，不得异言。恐后无凭，立有典为据。

亲笔

民国三十七年三月十一日　立典

〖文书原持有者：龙启汉；来源地：高酿镇优洞村下高冲组〗

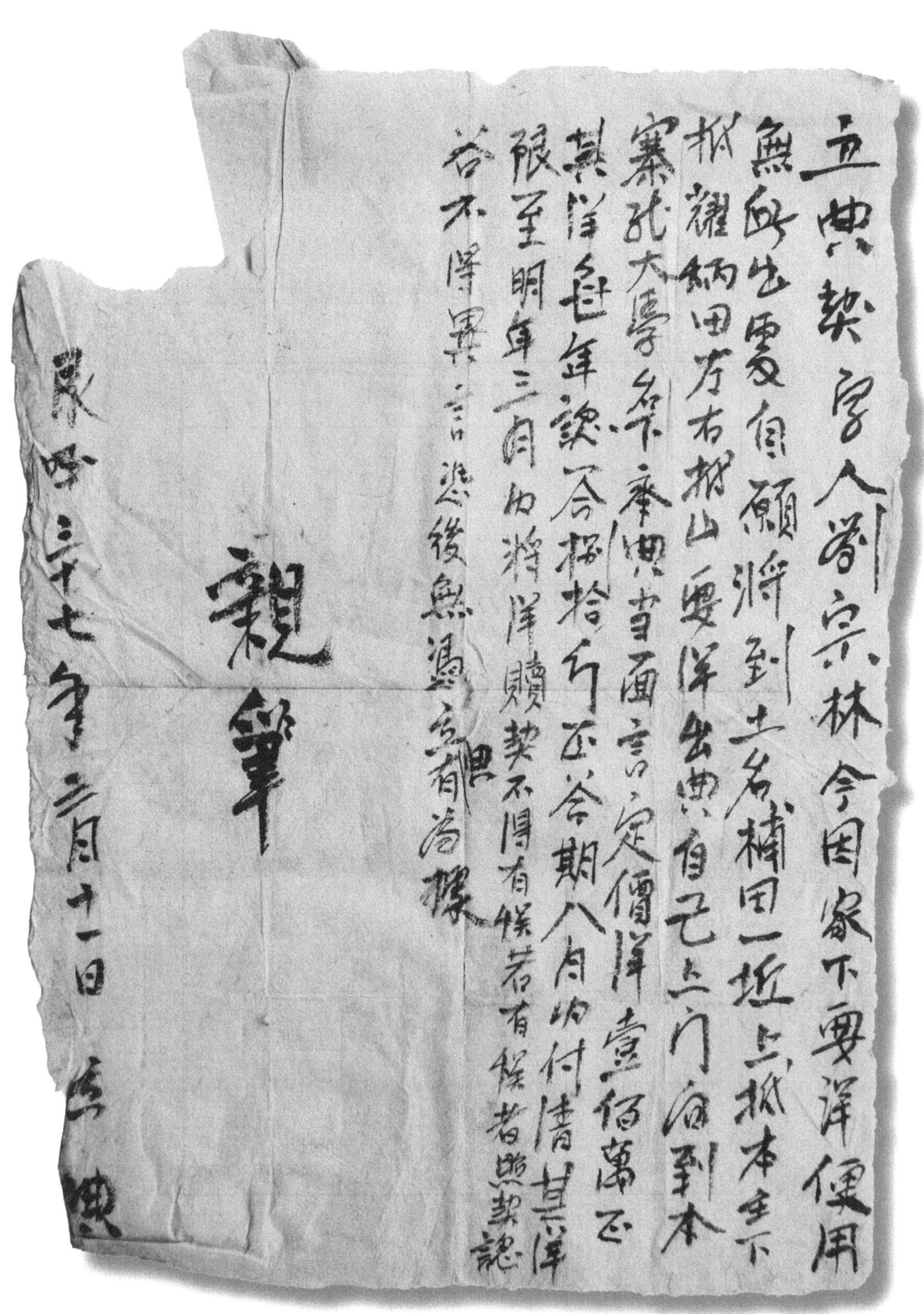
立典契字人劉宗林今因家下要洋使用
無所出處自願將到土名補田一坵上抵本主下
抵雜納田左右抵山要洋出典自己上门寄到本
寨孔大學名下承典當面言定價洋壹佰萬元
其洋每年認谷捌拾斤正谷期八月內付清其洋
限至明年三月內將洋贖契不得有誤若有誤者照契認
谷不得異言恐後無憑立有典為據

親筆

民國三十七年三月十一日 立典

· GT—GYD—041 GT—022—106 ·

· GT—GYD—042　GT—022—087 ·

民国三十七年五月十八日贵州省地方政府出具龙大学逾期罚锾收据

据收锾罚期逾收推

兹据业户龙大学申请推收过户逾期四月以上
□月未满，按《推收章程》第七条第五项之规定，应照
□壹万弍千〇百〇拾〇元，处以千分之十
罚锾壹佰弍拾〇元〇角〇分。合行掣给收据。

□□处长　代　收款员　签名盖章

中华民国卅七年五月十八日

〖文书原持有者：龙启汉；来源地：高酿镇优洞村下高冲组〗

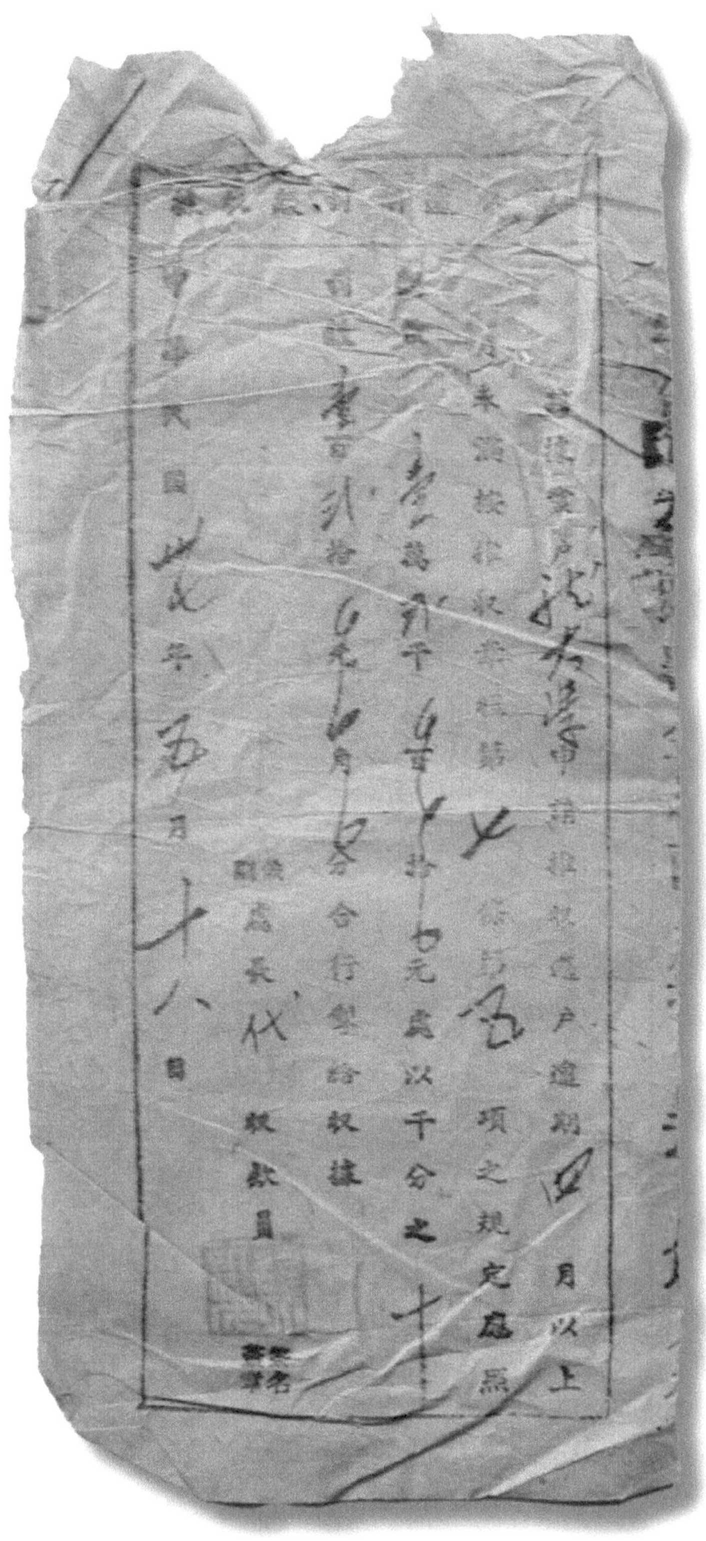

[illegible]

兹据业户沈右宗申请补税过户逾期四月以上

[illegible]本年按补税条例第七条第五项之规定应照

[illegible]壹万贰千壹百七拾七元应以千分之十

[illegible]壹百贰拾六元四角五分合行制给收据

[illegible]处长代　收款员　签名盖章

中华民国卅七年五月十八日

GT—GYD—042　GT—022—087

· GT—GYD—043 GT—022—093 ·

民国三十七年五月
天柱县田赋粮食管理处征收龙大学换发执照工料费收据

县

处理管食粮赋田

据收费料工照执发换收征

兹换发本县第 区 联保高酿镇乡/街业户龙大学

土地管业执照壹张，缴纳执照工料费法币弍仟元

除照填发外，特给此据。

注意

土地管业执照每张缴工料费壹拾伍元，如在五亩以上者，应加倍收取。倘经手人借词浮收，准即指控究办。

中华民国卅七年五月 日 兼处长 副处长 推收员

（户业款纳给裁联此）

〖文书原持有者：龙启汉；来源地：高酿镇优洞村下高冲组〗

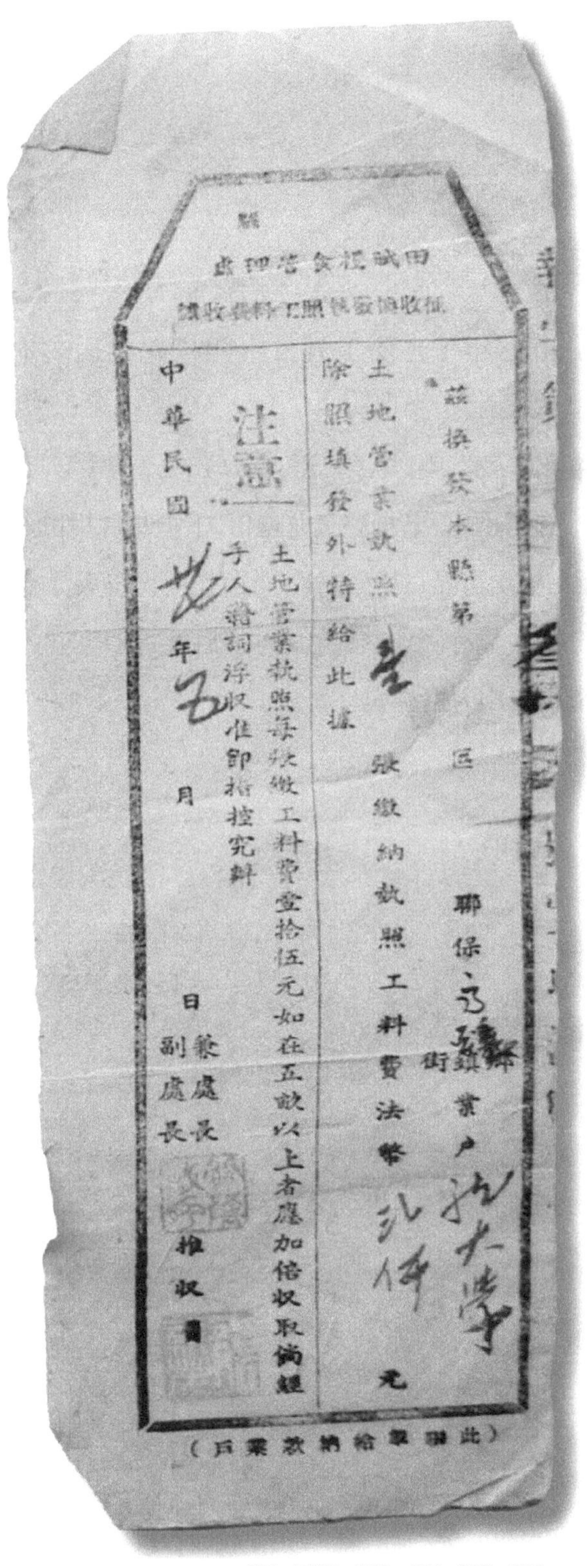

縣
田賦糧食管理處
征收換發營業執照工料費收據

茲換發本縣第　區　聯保　鎮(街)　業戶孔大學
土地營業執照壹張繳納執照工料費法幣拾伍元
除照填發外特給此據

注意
土地營業執照每張繳工料費壹拾伍元如在五畝以上者應加倍收取倘經手人藉詞浮收准即指控究辦

中華民國卅年五月　日
處長
副處長
推收員

(此聯發給納款業戶)

GT—GYD—043　GT—022—093

· GT—GYD—044　GT—022—111 ·

公元一九五〇年（古历）五月十四日龙大运卖地土山场字

立卖地土山场堂弟龙大运，因要洋使用，无所出处，请中上门问到龙大学承买高翻生地土壹团。此山两凸，有两小冲，上抵路又龙德田，下抵杨胜甲田，右抵刘宗林、刘宗仕土砍（坎），左抵杨胜甲山土坎为界，四至抵清。当面凭中议定大洋贰元整。其洋亲手领清。自卖之后，不得异言。此山原有阴地，任凭龙大运后人进葬壹穴，而大学兄弟后人不得拦阻等情。恐后无凭，立有卖字为据是实。

亲笔

凭中　杨胜甲

民国庚寅年五月十四日　立

〖文书原持有者：龙启汉；来源地：高酿镇优洞村下高冲组〗

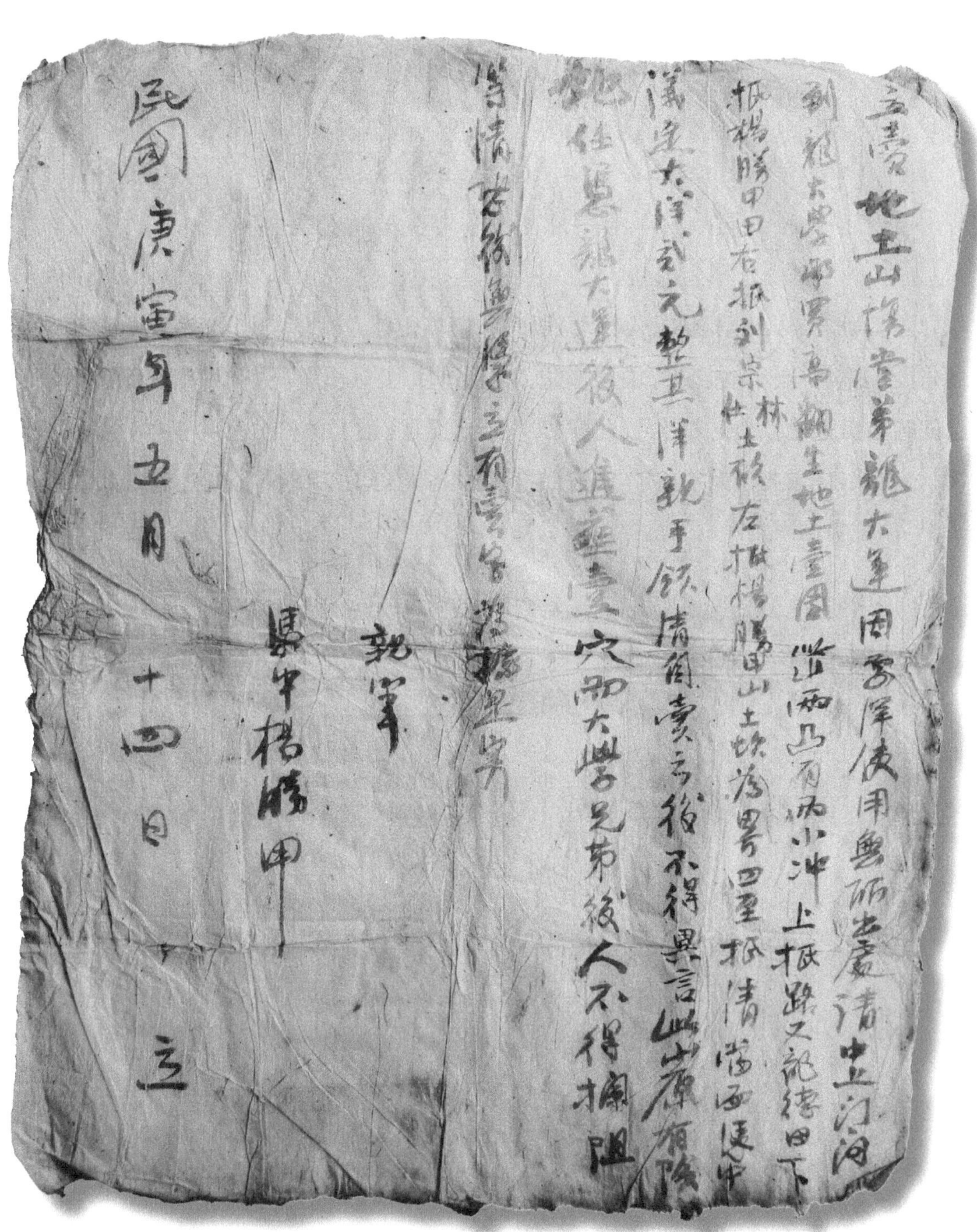

立賣地土山場字人龍大運因爲要洋使用無所出處請中上門問
到龍大興名下買爲祖業地土壹團坐西乃有小沖上抵路又抵德田下
抵楊勝甲田右抵到宗林杜土左抵楊勝甲山土坎爲界四至抵清當面憑中
議定大洋貳元整其洋親手領清用賣主後不得異言此山原有陰
地任憑龍大興後人進葬壹穴而大興兄弟後人不得攔阻
恐情空口無憑立有賣字存照是實

親筆

憑中 楊勝甲

民國庚寅年五月十四日 立

• GT—GYD—044 GT—022—111 •

· GT—GYD—045　GT—022—149 ·

同治二年十一月九日马金玉卖地土柴山字

立卖地土柴山人马金玉，今因要钱使用，无所出处，自愿将到土名寨边地土乙（一）团，上至路，下至溪，左至路，右至屋边，四至分明，要钱出卖。先问房族，无人承买。自己问到本寨龙成才承买，作价钱九百文。又有盘墓波（坡）地土乙（一）团，上抵路，下抵溪，左抵买主，右抵田为界，又作钱三百，其钱领清。自卖之后，不得异言。恐口无凭，立有〔卖〕字是实。

代笔　杨日照

凭中　杨全仁

同治二年十一月初九日　立

〖文书原持有者：龙登焯；来源地：高酿镇优洞村〗

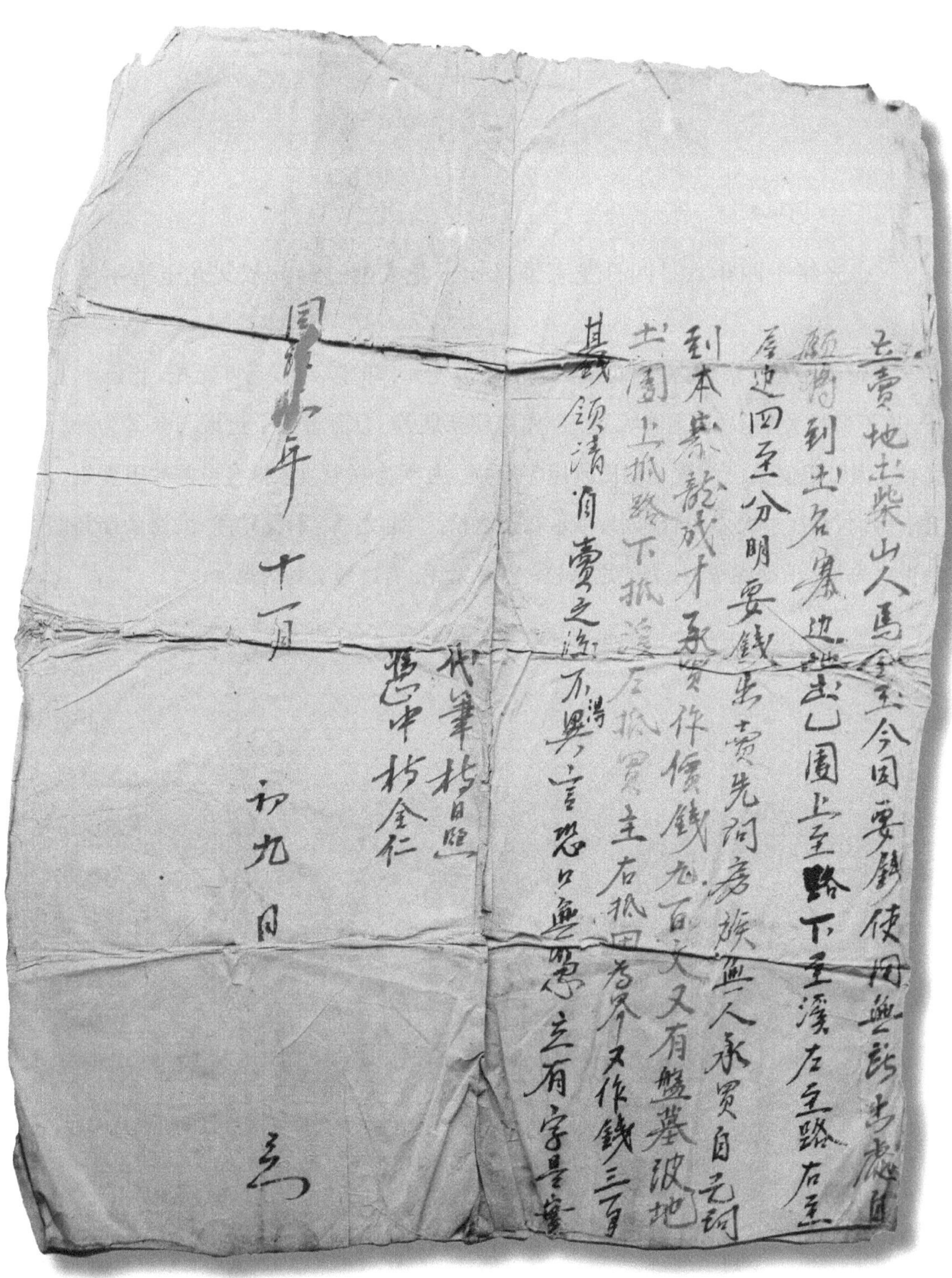

立賣地土柴山人馬金玉今因要錢使用無從出處自
願將到土名寨边地土乙團上至路下至溪左至路右至
屋边四至分明要錢出賣先問房族無人承買自己問
到本寨龍成才承買作價錢九百文又有盤基坡地
土團上抵路下抵溪左抵買主右抵田為界又作錢三百
其錢領清自賣之後不得異言恐口無憑立有字是實

代筆 楊日照
憑中 楊金仁

民國卅年 十一月 初九日 立

GT—GYD—045 GT—022—149

光绪十四年六月四日龙宗耀将长子龙大猷过继与叔父龙玉清字

立过继字人龙宗耀，兹因我叔父玉清年迈无儿，单生一女，宗祧无托。侄已幸生育二子，长子名唤大猷，次子名唤大恩，今凭房族亲朋等，自愿将长子过继与叔父为孙，承祀宗祧。因以祖遗及已续置一切田园屋宇等项，大猷应授管业，叔将圭闷冲田壹坵，收花五十稨，付与次子大恩耕管，以为事奉双亲之情。自继之后，不得异言。惟愿螽斯蛰蛰，承百世之先祖；瓜瓞绵绵，接万代之宗枝。恐后无凭，有过继字约为据。

凭房族　龙承寿
龙海堂
龙贞荣
龙贞贵
龙承富
龙振华
凭亲戚　杨日耀
罗全普
代笔　杨松龄
光绪十四年六月初四日　立

〖文书原持有者：龙登焯；来源地：高酿镇优洞村〗

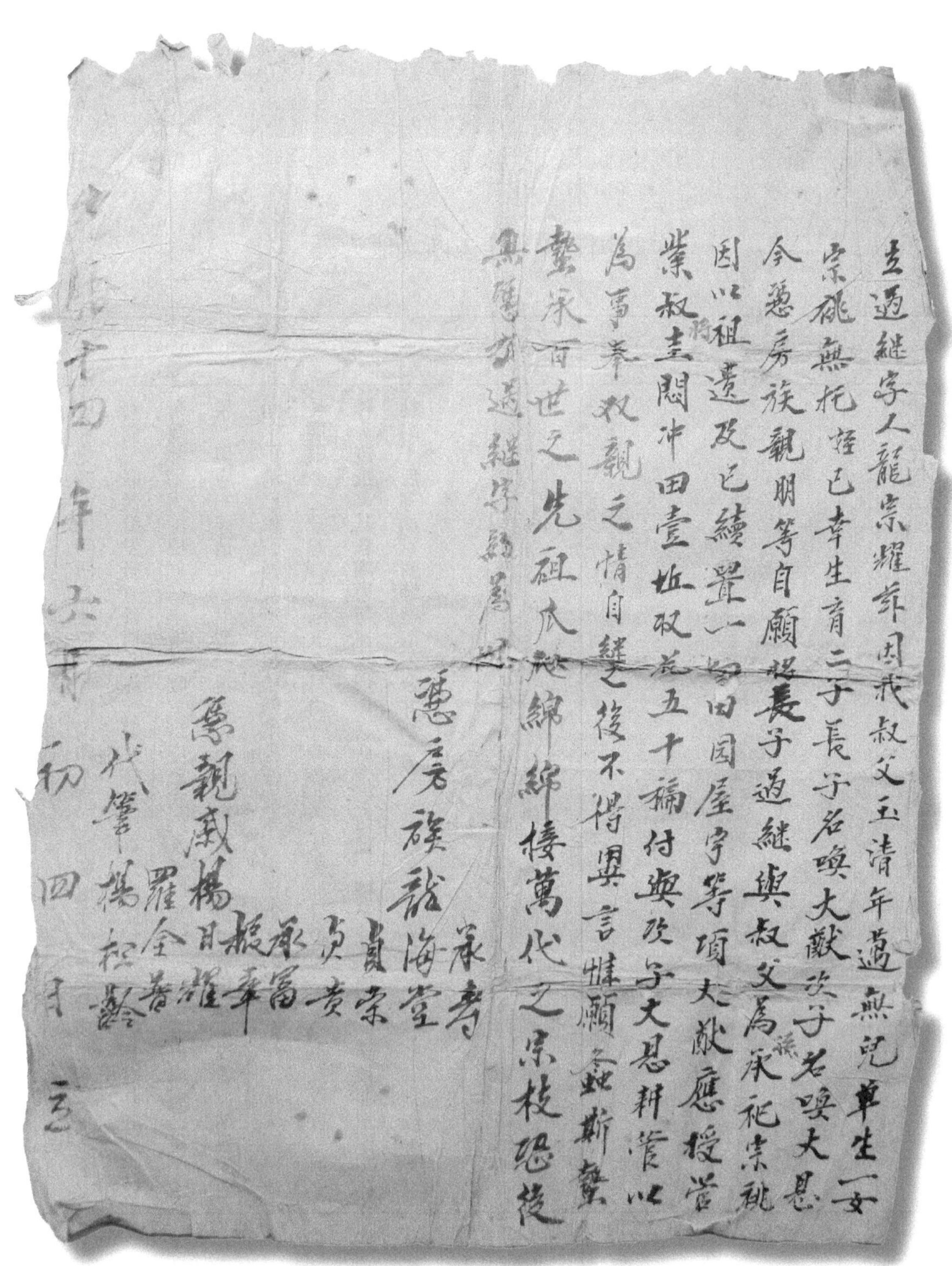

立過繼字人龍宗耀，今因我叔父玉清年邁無兒，單生一女，
宗祧無托，侄已幸生育二子，長子名喚大猷，次子名喚大恩，
今憑房族親朋等自願將長子過繼與叔父為孫承祀宗祧，
因以祖遺及已續置一切田園屋宇等項大猷應授管
業，叔將土名閟冲田壹坵，收花五十稱，付與次子大恩耕管，以
為事奉叔親之情，自繼之後不得異言悔願。欲斯螽
螽承百世之先祖，瓜瓞綿綿，傳萬代之宗枝，恐後
無憑，立過繼字為據。

憑房族　龍海堂　承孝　貞宗　貞貴　承富　振華

憑親戚　楊日耀　羅全普

代筆　楊松齡

[illegible]廿四年六月初四日　立

GT—GYD—046　GT—022—135

· GT—GYD—047 GT—022—139 ·

民国三年马金玉断卖地土契

断卖契

贵州国税厅筹备处，为颁发印契以资信守事。照得民国成立，各府、州、县印信已经更换，民间所有业契，与民国印不符，难资信守。前经财政司奉都督命令，特制三联契纸发行，各属一体，遵办在案。本处成立，业将此项契税办法报明，财政部划为国税，归本处征收，自应照式刻发三联契纸。无论业户原契已税、未税，俱应一律请领。前清已税，买契产价每拾两纳税银贰角；未税者，纳税银伍角。前清已税，当契产价每拾两纳税银壹角；未税者，纳税银贰角。从奉到民政长展限令之日起，仍限五个月内，仰各业户从速挂号投税。逾限不投税者，原契作为废纸。其各凛遵勿违，切切。后余空白处，摘录业户原契，至该业户原契仍粘附于后，加盖骑缝印信。合并饬遵。

龙成才得买马金玉对门地土一团，产价钱壹千肆百文，合银壹两，应税银伍仙。

中华民国三年　月　号给

〖文书原持有者：龙登焯；来源地：高酿镇优洞村〗

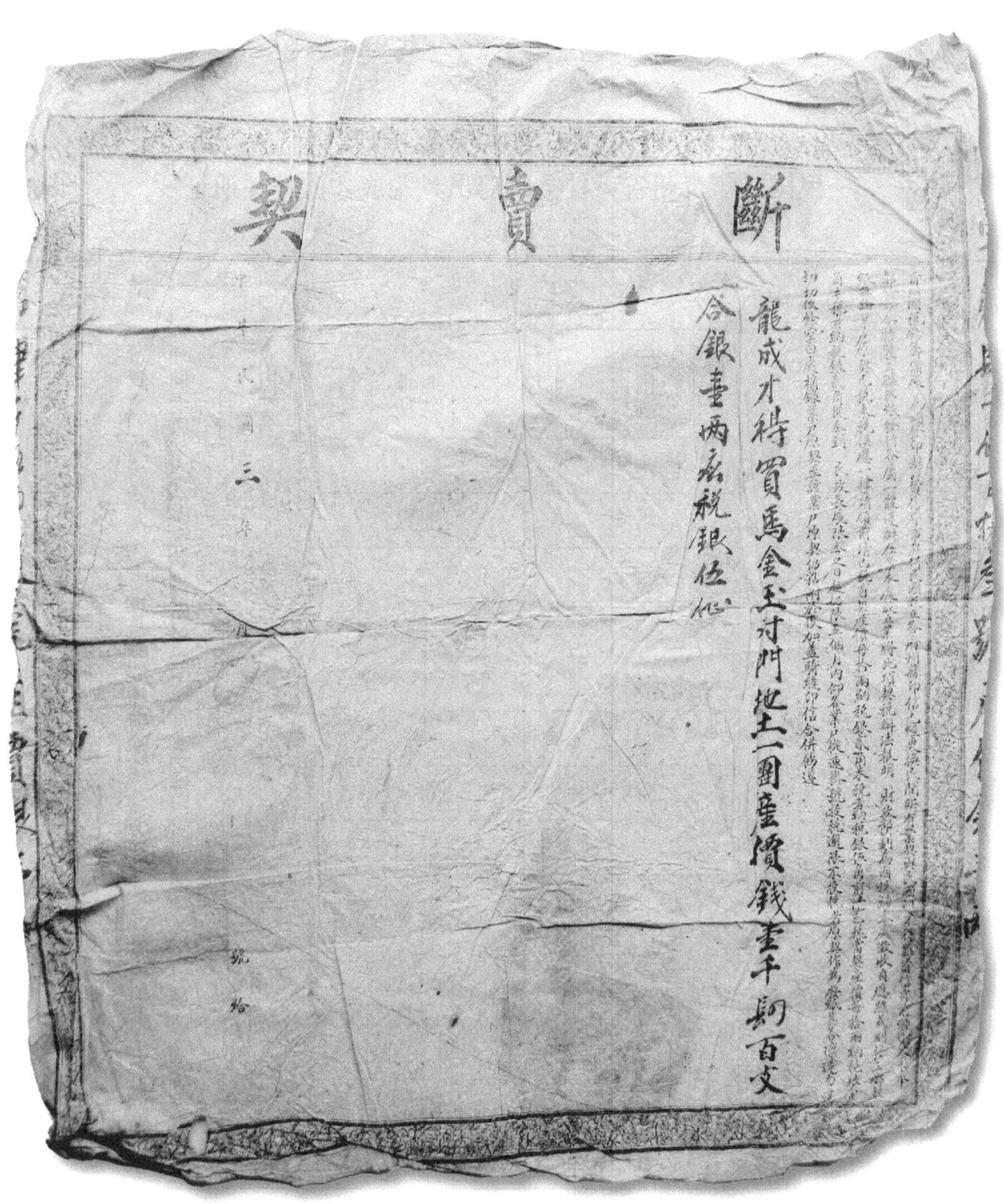

断賣契

龍成才得買馬金玉寸門地土一團壹價錢壹千捌百文

合銀壹兩㕘税銀伍仙

民國三年

• GT—GYD—047　GT—022—139 •

· GT—GYD—048　GT—022—150 ·

民国三年贵州省天柱县政府出具龙成才验契注册证

验契注册证

贵州国税厅筹备处，为给与验契证事。今据天柱县人龙成才呈由本县验契所，以不动产请求注册给证，核计产价在叁拾元以下，业经照章缴纳注册费壹角，除将该产注入该县验契注册簿第八册第七四号外，所有应行记载事项开列于后，合行给证，以为该业主管业之证据。此证。

计开

业主姓名　龙成才　籍贯　天柱　住所　高获村

产业所在地名	七区凹田洞
产别	田产
产数细别	壹坵
四至　东	抵坎
四至　南	龙姓业
四至　西	杨姓田
四至　北	龙姓业
产价	银□两陆□
年纳税额	
置买得当年月	咸丰十年三月十三日
上业主姓名	张什米　王乾
中证姓名	
摘要	自置

原契曾否税过　未税

县知事兼验契所所长

县验契所所员

右给业主龙成才　收执

天字第壹百叁壹号

中华民国三年　月　日

〔文书原持有者：龙登焯；来源地：高酿镇优洞村〕

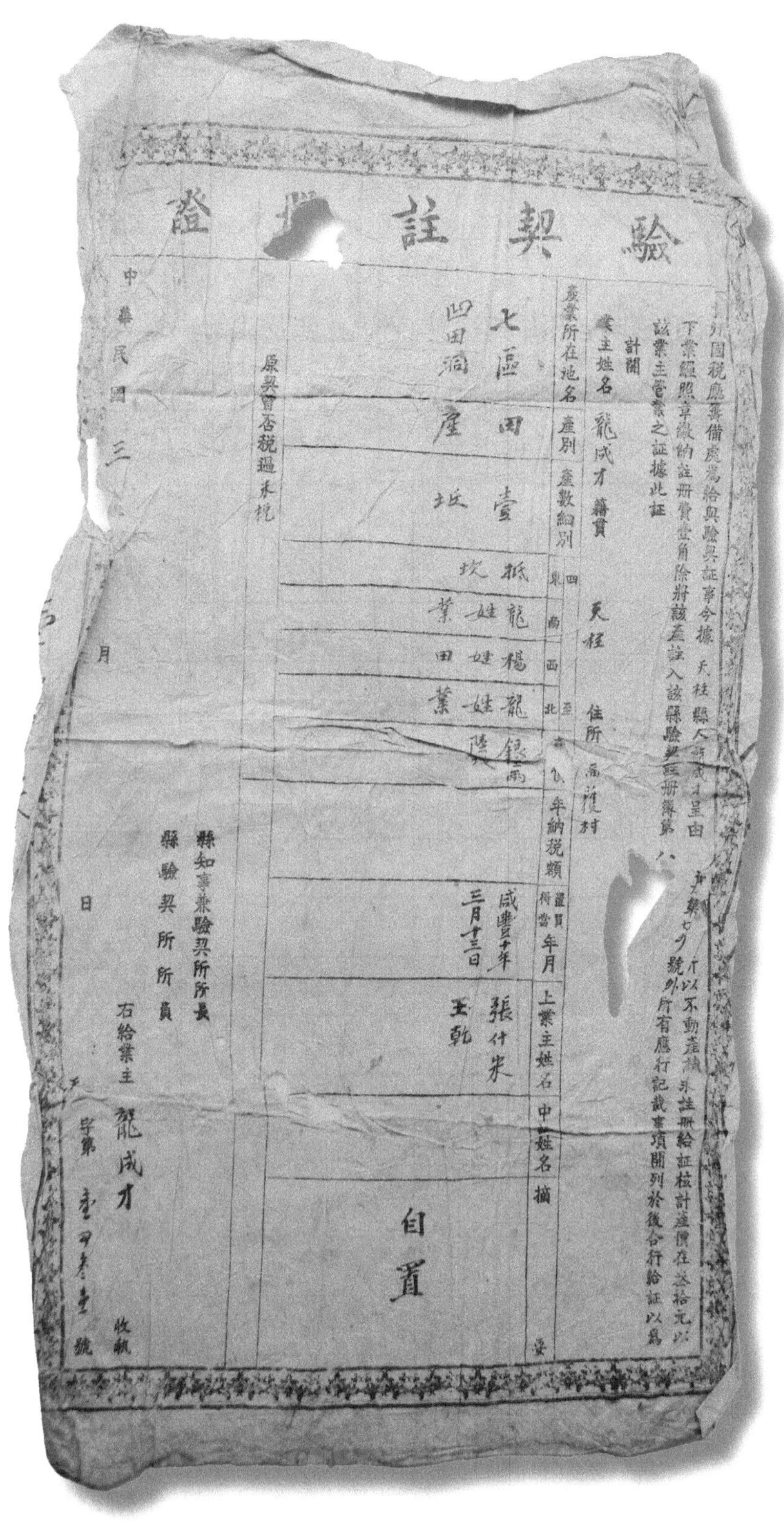

驗契註冊證

□州國稅廳籌備處爲給與驗契証事今據 天柱縣人龍成才呈由 □以不動產執業註册給証核計産價在叁拾元以下業經照章繳納註册費壹角除將該産註入該縣驗契註册簿第 八 冊第七○號外所有應行記載事項開列於後合行給証以爲該業主管業之証據此証

計開

業主姓名	龍成才	籍貫	天柱	住所	高釀村

産業所在地名	産別	産數細別	四至 東	四至 南	四至 西	四至 北	年納稅額	買當年月	上業主姓名	中人姓名	摘要
七區 四田洞	田 屋	壹 坵	抵坎	龍姓業	楊姓田	龍姓業	銀陸兩	咸豐十年 三月十三日	張什米 王乾		自置

原契曾否稅過 未稅

縣知事兼驗契所所長

縣驗契所所員

右給業主 龍成才 收執

字第 壹四叁壹 號

中華民國 三 年 月 日

· GT—GYD—048 GT—022—150 ·

· GT—GYD—049　GT—022—151 ·

民国三年贵州省天柱县政府出具龙成才验契注册证

验契注册证

贵州国税厅筹备处，为给与验契证事。今据天柱县人龙成才呈由本县验契所，以不动产请求注册给证，核计产价在叁拾元以下，业经照章缴纳注册费壹角，除将该产注入该县验契注册簿第八册第七五号外，所有应行记载事项开列于后，合行给证，以为该业主管业之证据。此证。

计开

业主姓名　龙成才　籍贯　天柱　住所　高获村

产业所在地名		七区
产别		土产
产数细别		壹团
四至	东	路
	南	业主买
	西	溪
	北	路
产价		银壹两
年纳税额		
置买年月得当		同治二年九月二十二日
上业主姓名		马金玉
中证姓名		龙□魁
摘要		自置

原契曾否税过　未税

县知事兼验契所所长

县验契所所员

右给业主龙成才　收执

中华民国三年　月　日

天　字第壹百叁式号

〖文书原持有者：龙登焯；来源地：高酿镇优洞村〗

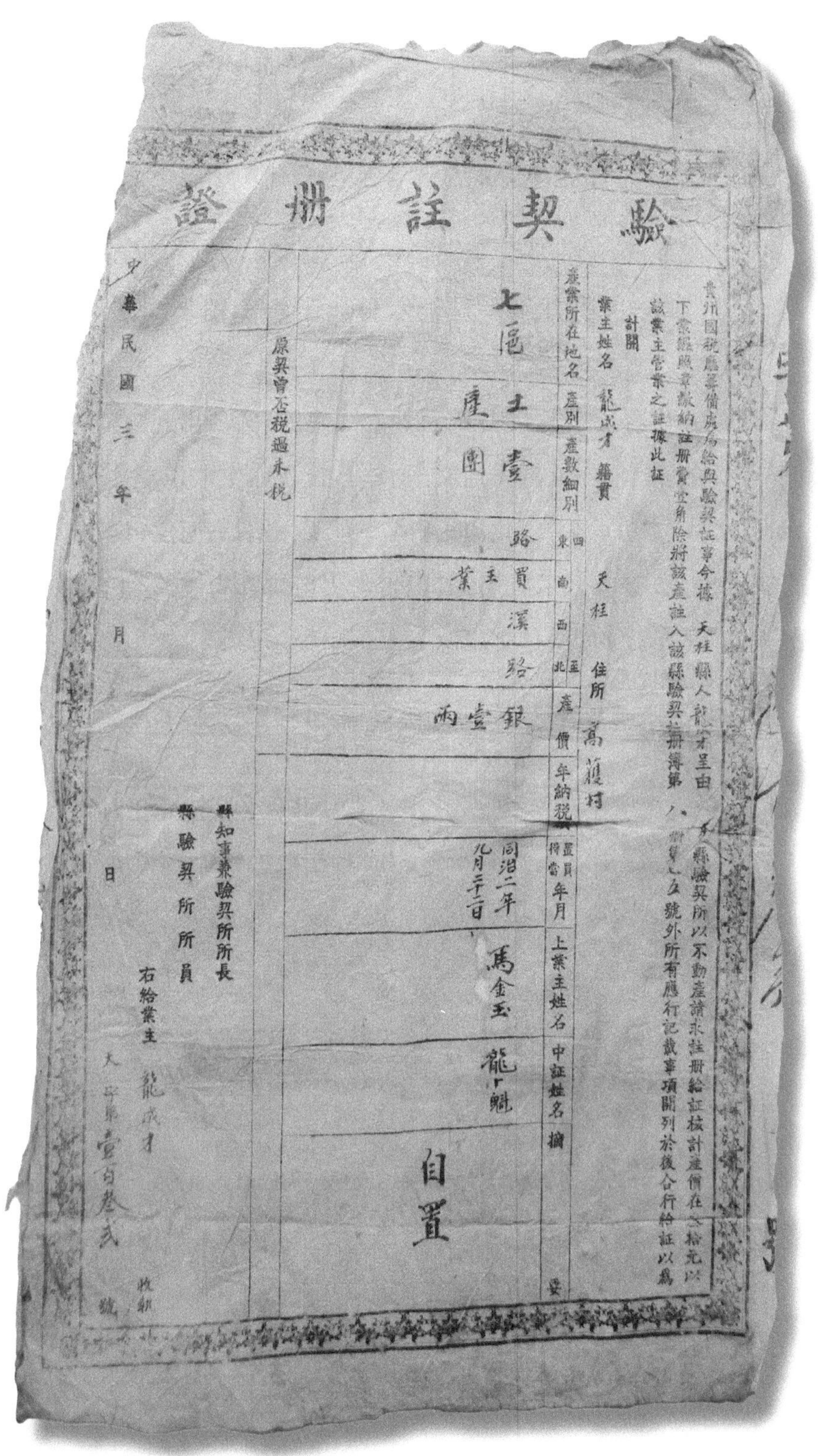

· GT—GYD—049 GT—022—151 ·

民国九年一月十六日唐子魁卖田契

立卖田契字人亚化唐子魁名下，今因家下要钱使用，无所出处，自原（愿）将到土名良廷中田乙（一）坵，收禾十边，上抵王通文子木，下抵万何波共田，左抵万何波山，右抵龙承富子木，四至分明。亲房承买。亚化唐正田名下承买，当日三面仪（议）定价二千五百八十文正（整）。其钱交足，亲领入手应用，其田卖与买主耕管为业。字（自）卖之后，不得异言。恐后无〔凭〕，立有卖字为据是实。

凭中
请笔　杨正炳

中华民国庚申年正月十六日　立字

〖文书原持有者：龙登焯；来源地：高酿镇优洞村〗

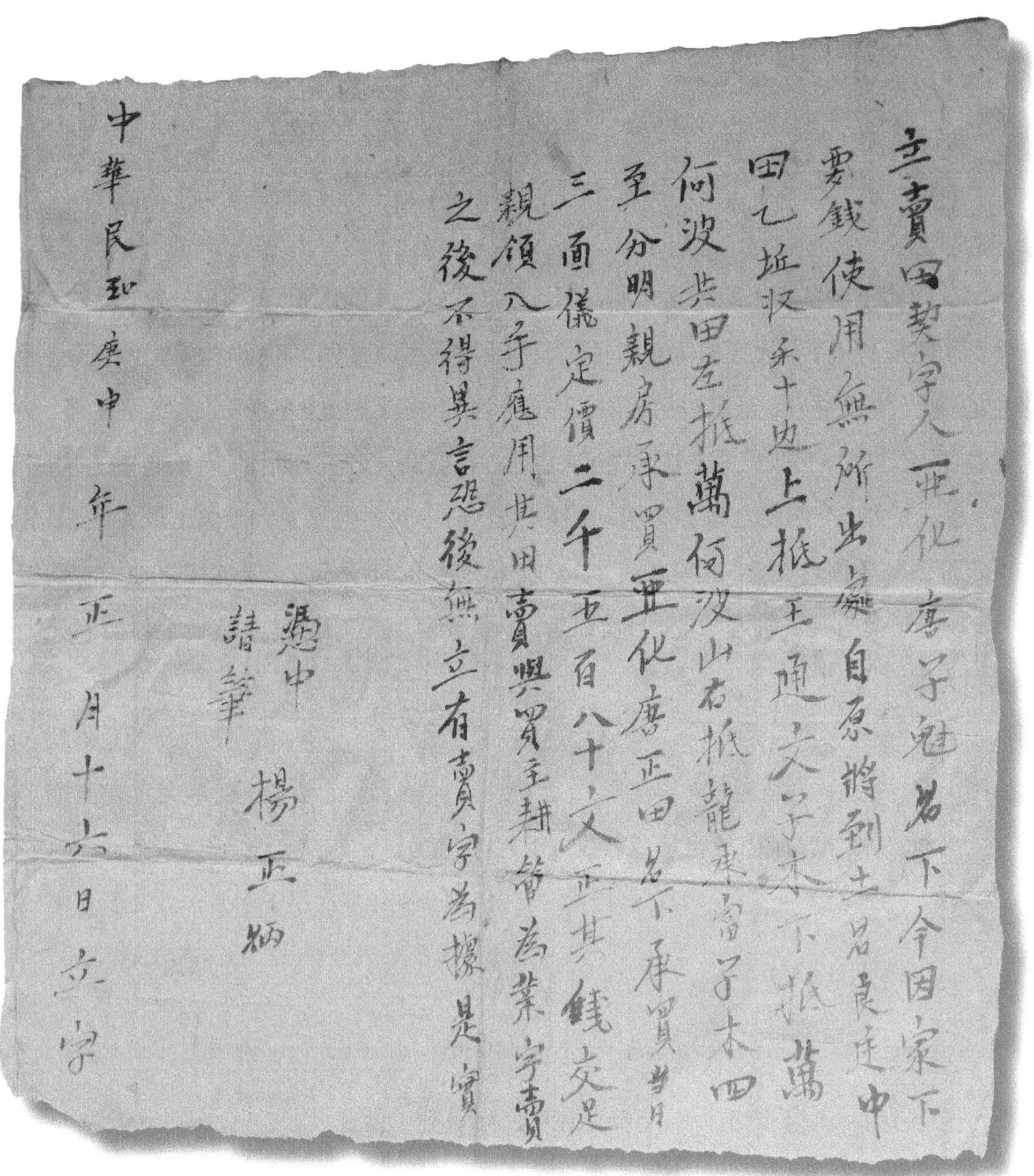

立賣田契字人亜化唐子魁名下今因家下要錢使用無所出處自原將到土名良庭中田乙坵収禾十边上抵王通文子木下抵萬何波共田左抵萬何波山右抵龍來富子木四至分明親房承買亜化唐正田名下承買當日三面儀定價二千五百八十文正其錢交足親領入手應用其田賣與買主耕管為業字賣之後不得異言恐後無立有賣字為據是實

憑中　楊正炳

請筆

中華民國庚申年正月十六日立字

• GT—GYD—050　GT—022—143 •

· GT—GYD—051 GT—022—136 ·

民国十三年七月十六日龙大恩卖园土屋基字

立卖园土屋基字人胞弟龙大恩，情因父亲亡故，家贫窄速，无所出处银钱，一心自愿将到土名屋边上下园土屋基大小四坪，上边屋背第乙（一）团，上抵则均田，下抵买主土，左抵路，右抵买主土；至屋边第式团，上抵土坎，下抵买主土，左抵田，右抵买主屋；又至第叁团，上抵田，下抵买主土坎，左抵买主土，右抵路；又至第四团，上抵买主土坎，下抵路，左右抵路；今四团之地界分明，要钱出卖。请中问到胞兄龙大猷名下承买。当日凭中议定价钱陆千捌百文整。此项之钱，当时收入手应用，不欠分文。及四团之地内有杂树绿竹，一概倾卖与买主管理为业。自卖以后，不得异言。恐口无凭，立有卖字付与胞兄大猷执照为据。

凭中人　龙则均

代笔人　龙则夔

外批：奈大猷过继，故格外帮之钱伍千文正（整）。

民国十三年岁次甲子七月十六日　立契

〖文书原持有者：龙登焯；来源地：高酿镇优洞村〗

立賣菌土屋基字人胞弟龍大恩，情因父親亡故，家貧窘迫無

訖出處銀錢，一心自願將到土名屋边上下菌土屋基大小四坪，上

边屋背第一園上抵則均田，下抵買主土，右抵路，右抵買主土，弍屋边第

弍園上抵土坎，下抵買主土，左抵田，右抵買主屋，又第叁園上抵田，下抵

買主土坎，右抵買主土，右抵路，又第四園上抵買主土坎，下抵路，左右抵路，

共四園之地界分明，要錢出賣，請中问到胞兄龍大獻名下承買，

當日憑中議定價錢陸千捌百文整，此項之錢當時收入手應用，不欠分

文。及四園之地内有雜樹、缘竹，一概價賣與買主管理為業。自賣以後

不得異言，恐口無憑，立有賣字付與胞兄大獻執照為據。

憑中人 龍則均

代筆人 龍則燮

外批：今大獻過继姪份幫元錄錢千文正

民國十三年歲次甲子七月十六日 立契

GT—GYD—051 GT—022—136

· GT—GYD—052　GT—022—125 ·

民国十二年二月贵州省公署出具龙玉清纳税凭单

单凭税纳

贵州省公署为掣付纳税凭单事今据天柱县

七区	七甲
花户姓名	龙玉清
壬戌年应纳　原数	两 石 五升五合四勺
连耗及加收规费共纳银两数	两　钱九分三厘
实完纳银两数	库平银　两一钱八分

税单费银　钱　分　厘　滞纳银　两　钱二分七厘六

右列各款业已照数收讫合行掣付凭单为据

收入官

中华民国十二年二月　日

〖文书原持有者：龙登焯；来源地：高酿镇优洞村〗

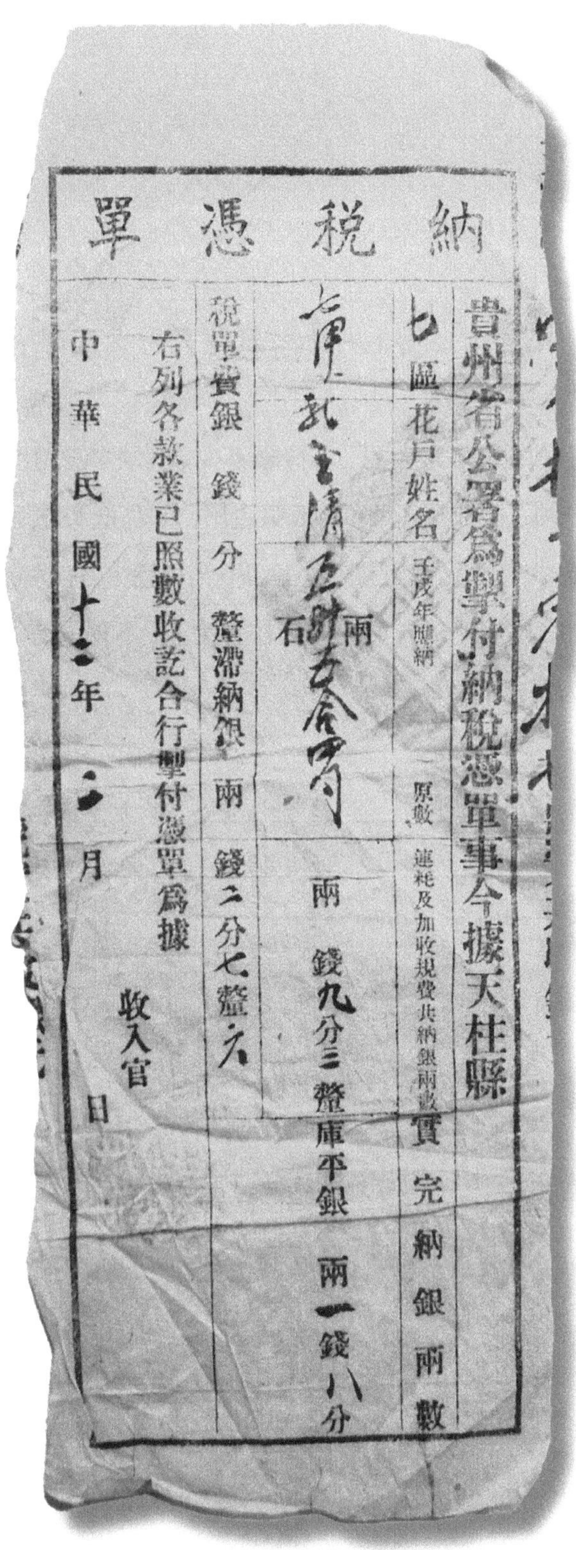
納稅憑單
貴州省公署爲製付納稅憑單事今據天柱縣
七區花戶姓名 壬戌年照納 原數 連耗及加收規費共納銀兩數 實 完 納 銀 兩 數
龍記清 兩 石 兩 錢九分三釐庫平銀 兩一錢八分
稅單費銀 錢 分 釐滯納銀 兩 錢二分七釐六
右列各款業已照數收訖合行製付憑單爲據
收入官
中華民國十二年 二 月 日

· GT—GYD—052　GT—022—125 ·

民国十二年七月十六日龙大恩卖荒坪字

立卖荒坪字人高获村堂弟龙大恩，今情家下少鈌（缺）钱用度，无所出处，自愿将到土名屋脚荒坪乙（一）块，上抵买主坪，下抵买主田，左右抵买主为界，四至分清，要钱出卖。自愿请中上门问到本村堂兄龙大猷名下承买。当日凭中言定坪价钱陆佰肆十文整。其钱如（入）手亲领应用，其荒坪付与买主永远耕管为业，不得异言。自卖之后，不得有误。恐口无凭，立有卖字为据存照。

凭中　代笔　龙登甲

天运癸亥年七月十六日　立字

〖文书原持有者：龙登焯；来源地：高酿镇优洞村〗

立賣荒坪字人高獲村堂弟龍大思
今情家下少缺錢用度無所出處自
願將到土名屋脚荒坪乙塊上抵賣主
坪下抵賣主田左右抵賣主為界四至
分清要錢出賣自願請中上門問到
本村堂兄龍大猶名下承買當日憑
中言定坪價錢陸佰柒文整其錢如
手親領應用其荒坪付與買主永遠
耕管為業不得異言自賣之後不得
有誤恐口無憑立有賣字為據
存照

憑中代筆 龍登甲

天運 癸亥 年七月十六日立字

· GT—GYD—053 GT—022—146 ·

民国十三年一月十三日贵州财政司出具龙玉清纳税凭单

单凭税纳

贵州财政司为掣付纳税凭单事今据天柱县

七区	七甲
花户姓名	龙玉清
癸亥年应纳粮原数	两 石 伍升伍合四勺
连耗及加收规费共纳银两数	○两○钱九分三厘
实完纳银两数	库平银○两一钱二分

税单费银 钱式分五厘 滞纳银 两 钱 分 厘

右列各款业已照数收讫合行掣付凭单为据

收入官

中华民国十三年一月十三日

〖文书原持有者：龙登焯；来源地：高酿镇优洞村〗

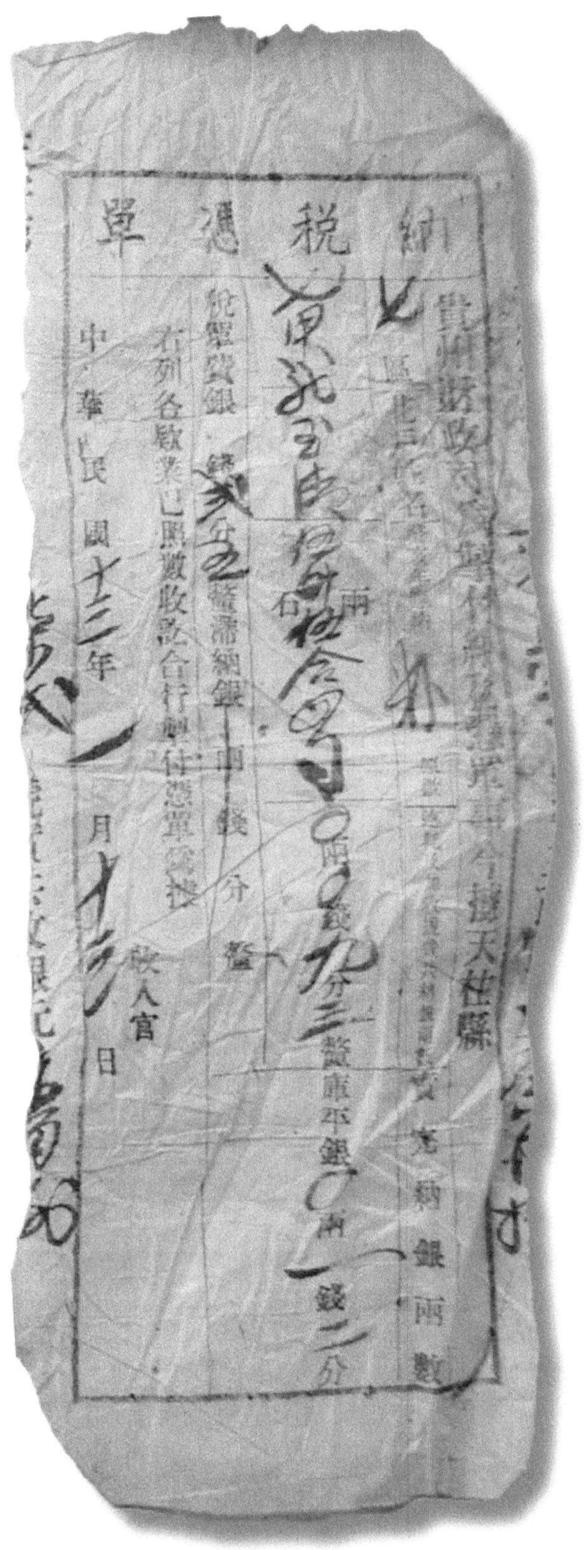

納稅憑單

貴州財政司……天柱縣

……區……

……兩

……錢……分……釐

……庫平銀……兩……錢……分

稅單費銀……釐

右列各款業已照數收訖合行制付憑單須掛

中華民國十二年　月　日

收入官

• GT—GYD—054　GT—022—132 •

· GT—GYD—055　GT—022—138 ·

民国十四年十二月二十八日龙大恩卖地土字

立卖地土字人高获本村胞弟龙大恩，今因家下鈌（缺）少钱用，无所出处，自愿将到土名庙门外岭地土壹块，上抵老祖，下抵沟，左抵少（小）路，右抵小路，及地内有肆股共山，龙大猷、龙则科、龙则均、龙大恩之股出卖与胞兄龙大猷父子名下承买。当日凭中议定价钱伍仟零捌拾文整。其钱亲手领足应用，不欠分文。其地内有残杉壹概出卖，永远耕管为业。自卖之后，不得异言。恐口无凭，立有卖字为据存照。

内添乙（一）字。

凭中　代笔　龙登甲

天运乙丑年十二月廿八日　立卖字

〖文书原持有者：龙登焯；来源地：高酿镇优洞村〗

立賣地土字人高獲本村胞弟龍大晃今因家下缺少錢用無
所出處自願將到土名廟門外嶺地土壹塊上抵巷祖下抵清
左抵小路右抵小路夕地內有肆股共山龍大猷則科則均大晃之
股出賣與胞兄龍大猷父子名下承買當日憑中議定價錢
伍仟零捌拾文整其錢親手領足應用不少分文其地內有殘
杉壹概出賣永遠耕管為業自賣之後不得異言恐口無
憑立有賣字為據存照

憑中代筆龍登甲

天運乙丑年十二月廿八日立賣字

GT—GYD—055 GT—022—138

· GT—GYD—056　GT—022—128 ·

民国十五年十二月十七日贵州财政厅出具龙玉清纳税凭单

单凭税纳

贵州财政厅为掣付纳税凭单事今据　　县

七区	七甲
花户姓名	龙玉清
丙寅年应纳　原数	石 四升九合四勺 两
连耗及加收规费共纳银两数	两　钱　分　厘
实完纳银两数	库平银　两　钱　分 申合大洋　元　角　仙

税单费

滞纳银　两　钱　分　厘

右列各款业已照数收讫合行掣付凭单为据

收入官

中华民国十五年十二月十七日

〖文书原持有者：龙登焯；来源地：高酿镇优洞村〗

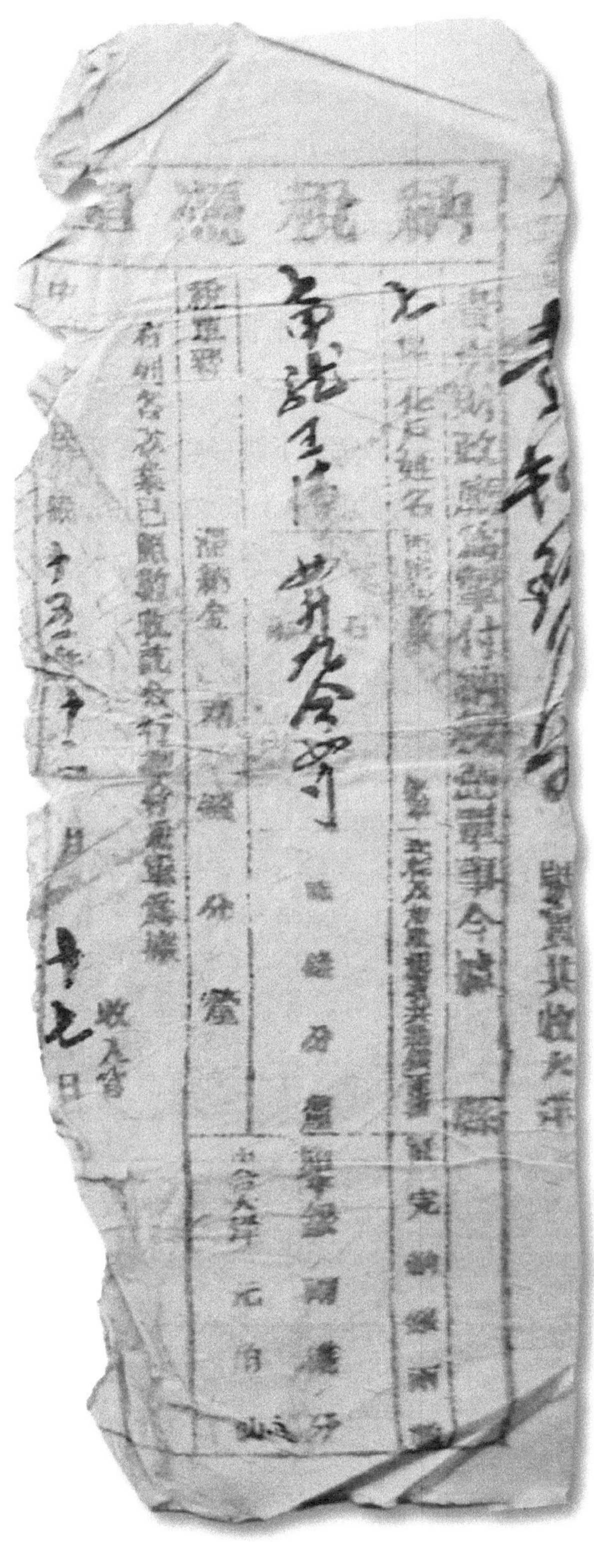

·GT—GYD—056　GT—022—128·

· GT—GYD—057 GT—022—148 ·

民国十六年十一月十日龙则灵卖田契

立卖田契人高获寨族内龙则灵，今因家下鈌(缺)少钱用，无所得处，自愿将到土名高获屋脚溪边田大小式坵，收花三拾稨出卖。上抵龙登纪田，下抵刘耀先田，左抵溪至路坎，右抵杨再江田为界，四至分清，要钱出卖。请中上门问到本寨族父龙大猷承买。当日凭中议定田价钱柒拾式仟八百正(整)。其钱亲领入手应用，其田买主永远耕管为业。自卖之后，不得异言。恐口无凭，立有卖字为据。

亲笔

凭中　龙大恩

民国丁卯年十一月初十日　立契

〖文书原持有者：龙登焯；来源地：高酿镇优洞村〗

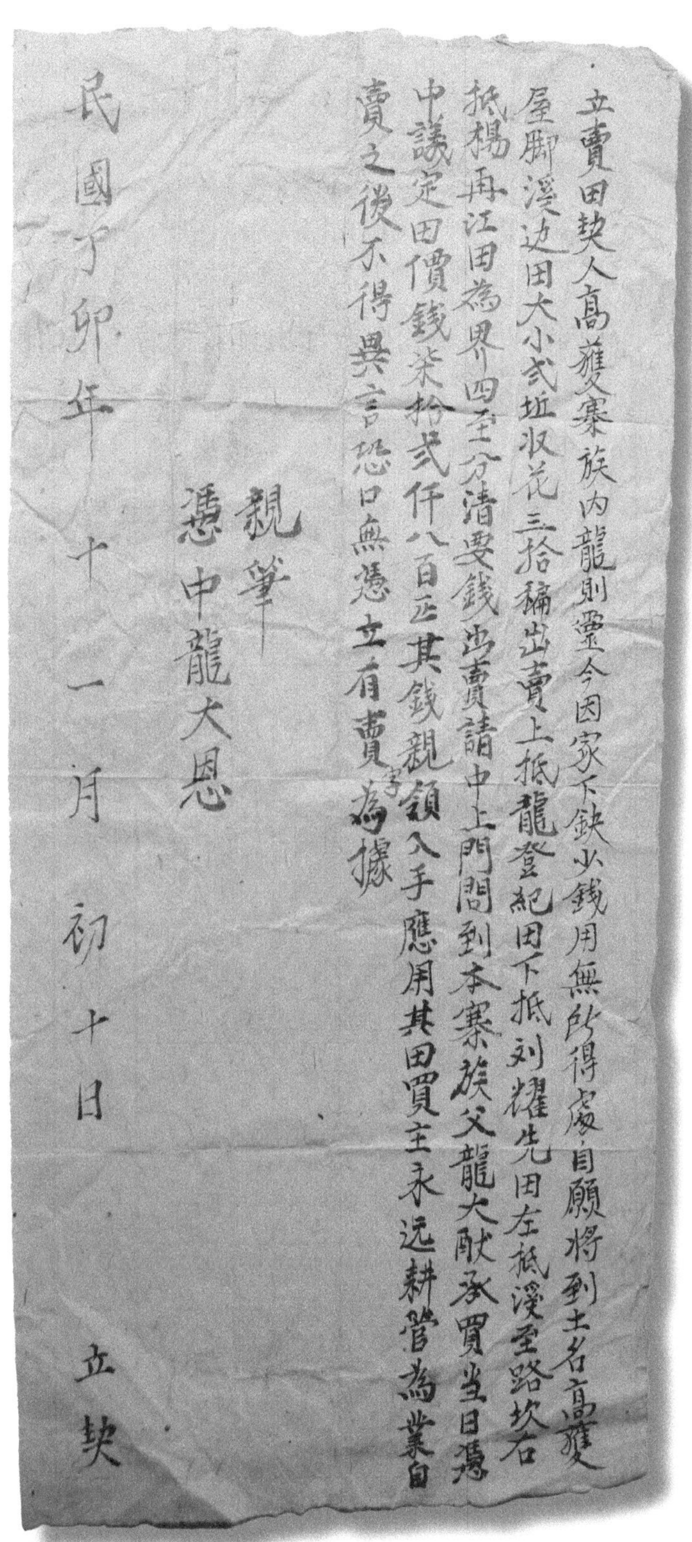

立賣田契人高雍爻寨族内龍則靈今因家下缺少錢用無所得處自願將到土名高雍爻屋脚溪边田大小弍坵收花三拾稱出賣上抵龍登紀田下抵刘耀先田左抵溪至路坎右抵楊再江田為界四至分清要錢出賣請中上門問到本寨族父龍大猷承買當日憑中議定田價錢柒拾弍仟八百正其錢親領入手應用其田買主永远耕管為業自賣之後不得異言恐口無憑立有賣字為據

親筆

憑中龍大恩

民國丁卯年十一月初十日　立契

· GT—GYD—057　GT—022—148 ·

· GT—GYD—058 GT—022—130 ·

民国十七年四月一日贵州财政厅出具龙玉清丁粮纳税凭单

贵州财政厅为掣付丁粮纳税凭单事今据天柱县

区名	花户姓名	年纳定额	连耗及加收规费共纳银两数	税单费	滞纳金
七甲	龙玉清	石 壹升式壹 两	△两△钱式分△厘	△钱式分伍厘	△两△钱△分四厘

丁卯年通共应纳银△两△钱肆分玖厘申合大洋△元△角肆仙已收讫

中华民国十七年四月一日征收官

人税纳付裁联此

〖文书原持有者：龙登焯；来源地：高酿镇优洞村〗

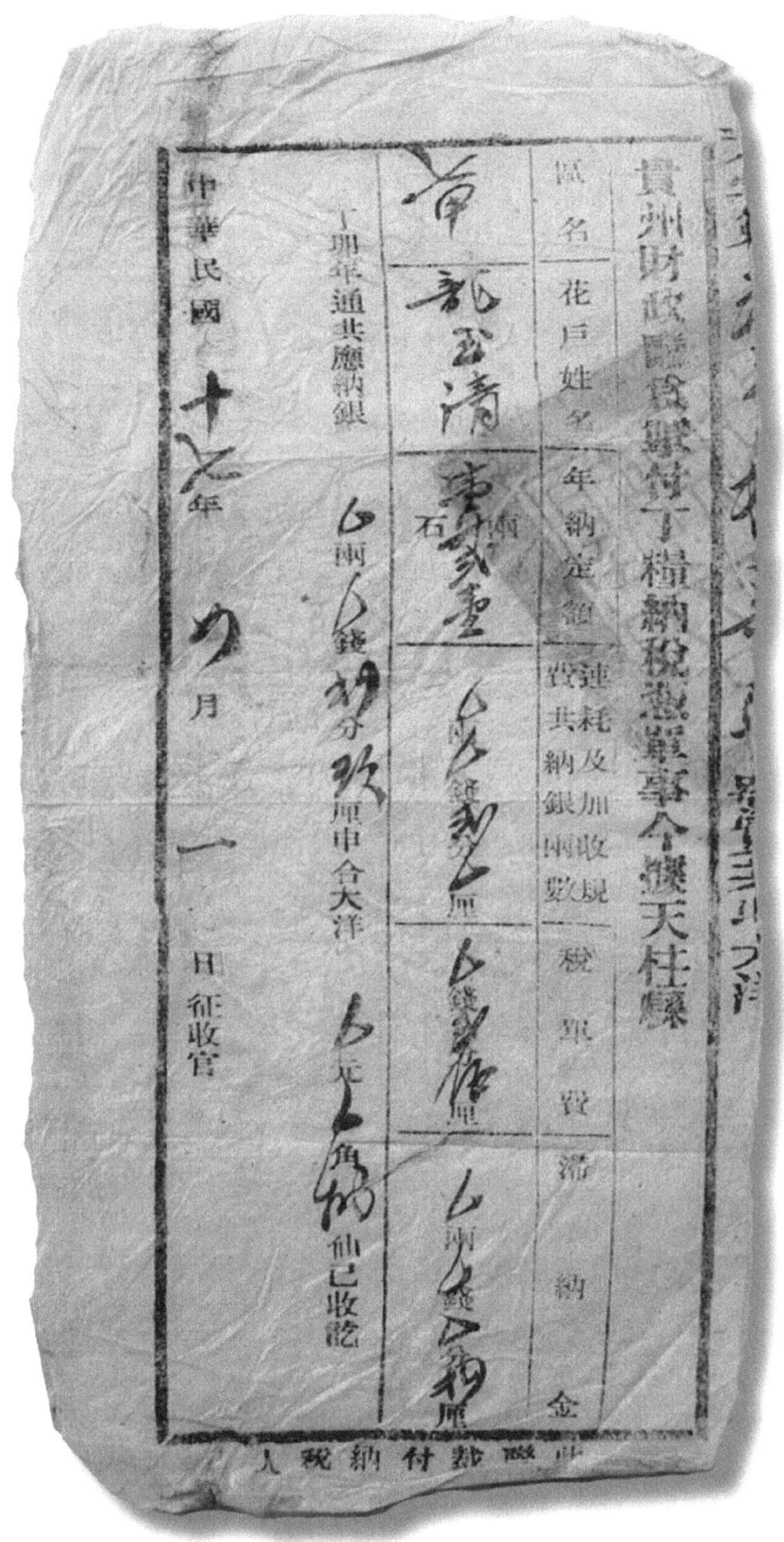

貴州財政廳頒發丁糧納稅執照第　號　天柱縣

區名

花戶姓名　龍玉清

年納定額　石　兩

連耗及加收規費共納銀兩數　兩　錢　分　厘

稅單費　滯納金　兩　錢　厘

丁卯年通共應納銀　兩　錢　分　厘申合大洋　元　角　仙已收訖

中華民國十七年四月一日征收官

此聯裁付納稅人

· GT—GYD—058　GT—022—130 ·

· GT—GYD—059 GT—022—147 ·

民国十八年二月十七日刘宗桂卖田契

立卖田契字人绵花地刘宗桂，今因家下要钱使用，无所出处，自愿将到土名各朋小冲田形大小叁坵，上抵龙炳森田，下抵路，左右抵山为界，四至分明，要钱出卖。先问房族，无钱承买。请中上门问到夏甲龙大猷名下承买。当日凭中言定价钱式拾捌仟捌佰文整。其钱亲领入手应用，其田卖与买主耕管永远为业。自卖之后，不得异言。恐口无凭，立有卖字存照为据。

凭冲（中） 刘耀先

亲笔

民国己巳年二月十七日 立

〖文书原持有者：龙登焯；来源地：高酿镇优洞村〗

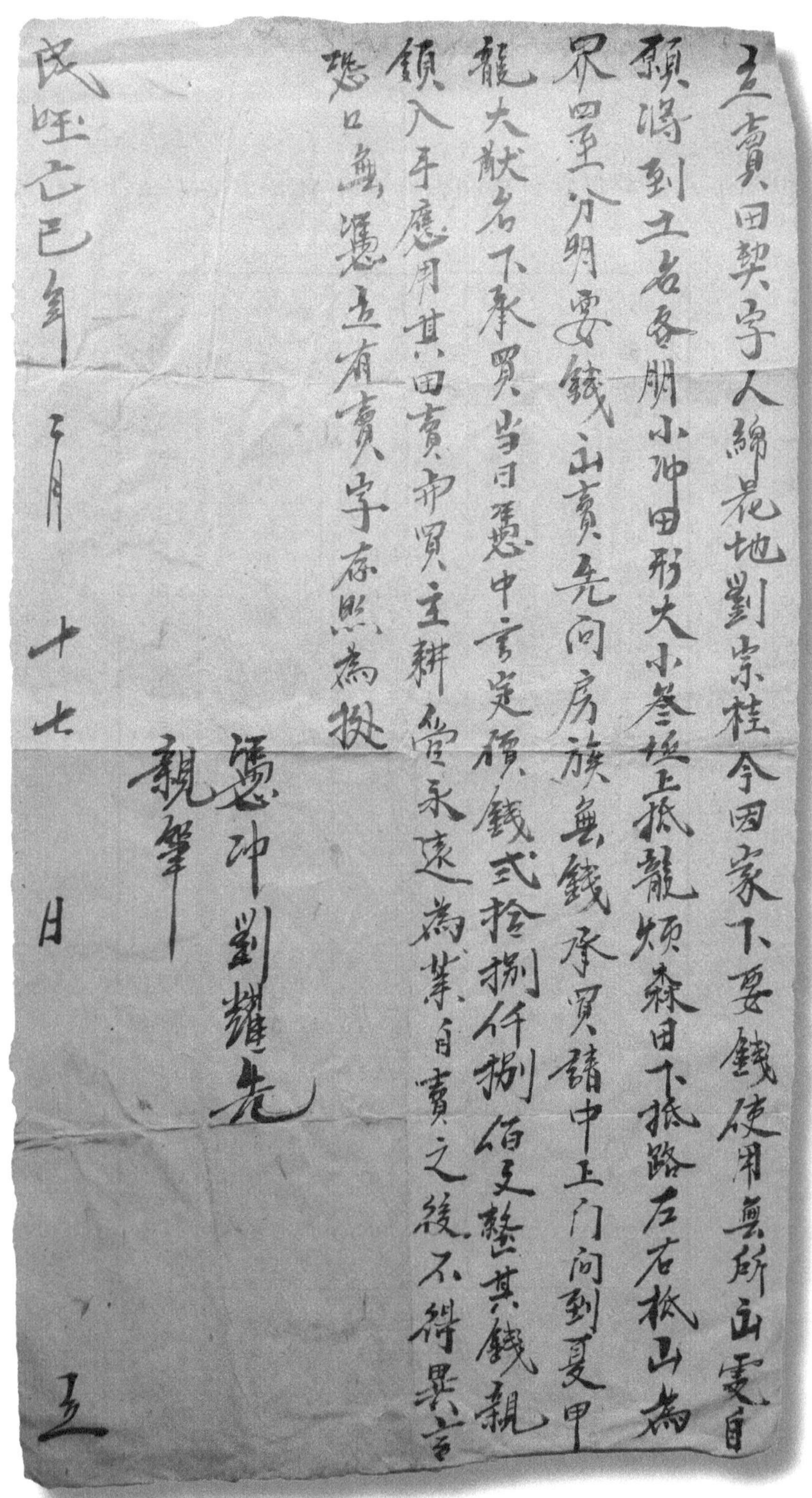
立賣田契字人綿花地劉宗桂今因家下要錢使用無所出處自
願將到土名冬朋小沖田形大小叁坵上抵龍炳森田下抵路左右抵山為
界四至分明要錢出賣先向房族無錢承買請中上门问到夏甲
龍大猷名下承買當日憑中言定價錢弍拾捌仟捌佰文整其錢親
領入手應用其田賣亦買主耕管永遠為業自賣之後不得異言
恐口無憑立有賣字存照為據

憑中 劉耀先

親筆

民國己巳年 十月 十七 日 立

·GT—GYD—059 GT—022—147·

· GT—GYD—060 GT—022—126 ·

民国十八年五月某日贵州财政厅出具龙玉清丁粮纳税凭单

贵州财政厅为掣付丁粮纳税凭单事今据天柱县

区名	七甲
花户姓名	龙玉清
年纳定额	两 一升叁勺 石
连耗及加收规费共纳银两数	△两△钱二分△厘
税单费	△钱二分五厘
滞纳金	△两△钱△分△厘

丁卯（戊辰）年通共应纳银△两△钱五分壹厘申合大洋△元△角八仙已收讫

中华民国十八年五月□日

征收官

人税纳付裁联此

〖文书原持有者：龙登焯；来源地：高酿镇优洞村〗

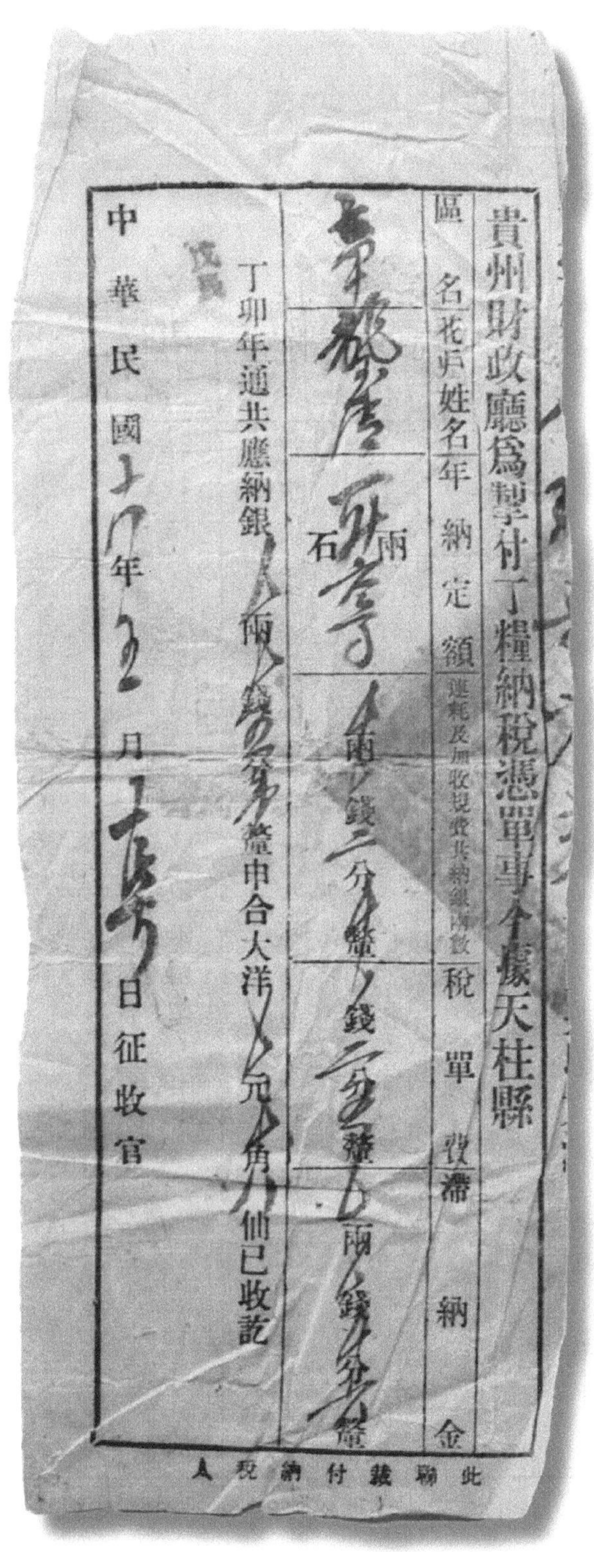

貴州財政廳爲掣付丁糧納稅憑單事今據天柱縣

區 名 花戶姓名 年 納 定 額 連耗及加收捐費共納銀兩數 稅 單 費 滯 納 金

石 兩

丁卯年通共應納銀　兩　錢　分　釐　中合大洋　元　角　仙已收訖

中華民國　年　月　日　征收官

此聯裁付納稅人

• GT—GYD—060　GT—022—126 •

· GT—GYD—061　GT—022—127 ·

民国十八年十二月九日贵州财政厅出具龙玉清丁粮纳税凭单

贵州财政厅为掣付丁粮纳税凭单事今据天柱县

区名	花户姓名	年纳定额	连耗及加收规费共纳银两数	税单费	滞纳金
七甲	龙玉清	壹 石升两 弍合一	△两△钱弍分△厘	△钱弍分伍厘	△两△钱△分△厘

丁卯年通共应纳银△两△钱四分伍厘申合大洋△元△角柒仙已收讫
己巳

中华民国十八年十二月九日　征收官

人税纳付裁联此

〖文书原持有者：龙登焯；来源地：高酿镇优洞村〗

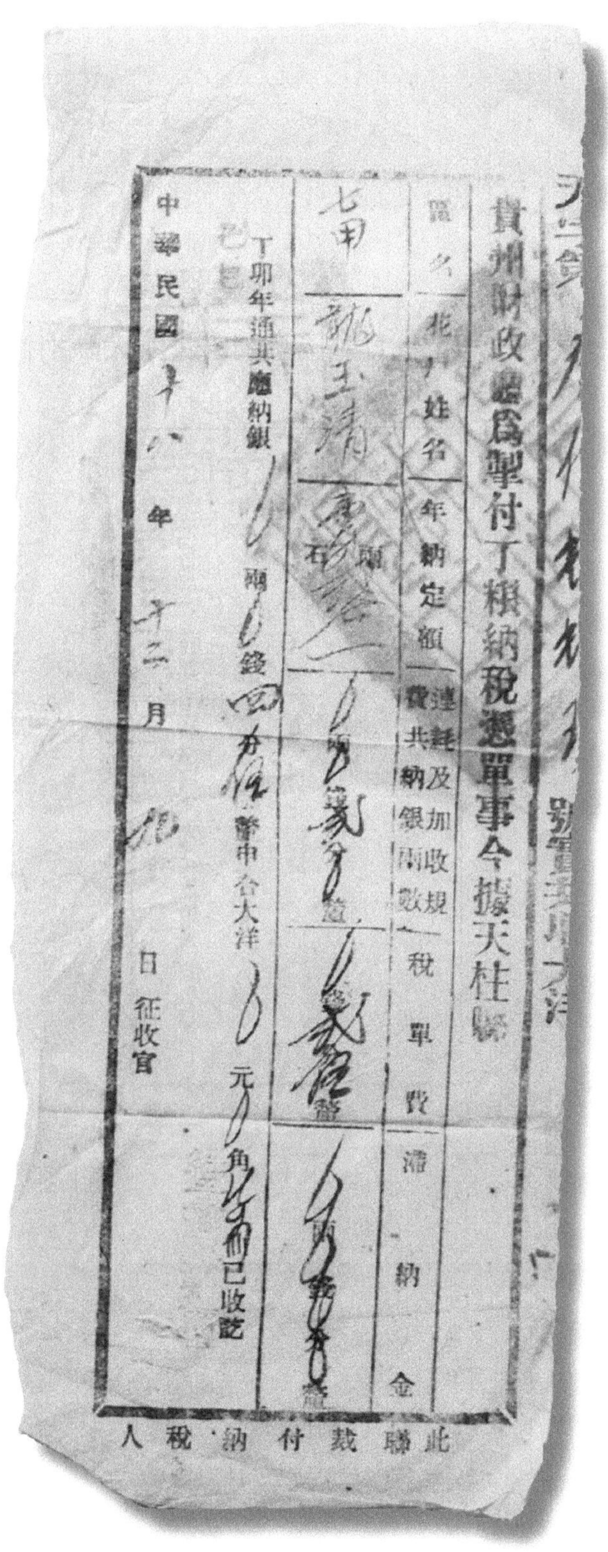

贵州财政厅为制付丁粮纳税凭单事今据天柱县

区名	花户姓名	年纳定额	连耗及加收规费共纳银两数	税单费洋纳金
七甲	龙玉清	粮 石		

丁卯年通共应纳银　两　钱　分　厘　毫申合大洋　元　角　仙已收讫

中华民国十八年十二月　日　征收官

此联裁付纳税人

• GT—GYD—061　GT—022—127 •

· GT—GYD—062 GT—022—133 ·

民国二十二年九月二十日龙氏总祠出具龙大猷捐修总祠收条

收条

字第肆玖捌号

今收到捐修总祠洋壹元△角△仙

出款人桂里村龙大猷 火烟

交款人房长龙则夔

收款人协理龙

中华民国二十二年九月廿日 发

〖文书原持有者：龙登焯；来源地：高酿镇优洞村〗

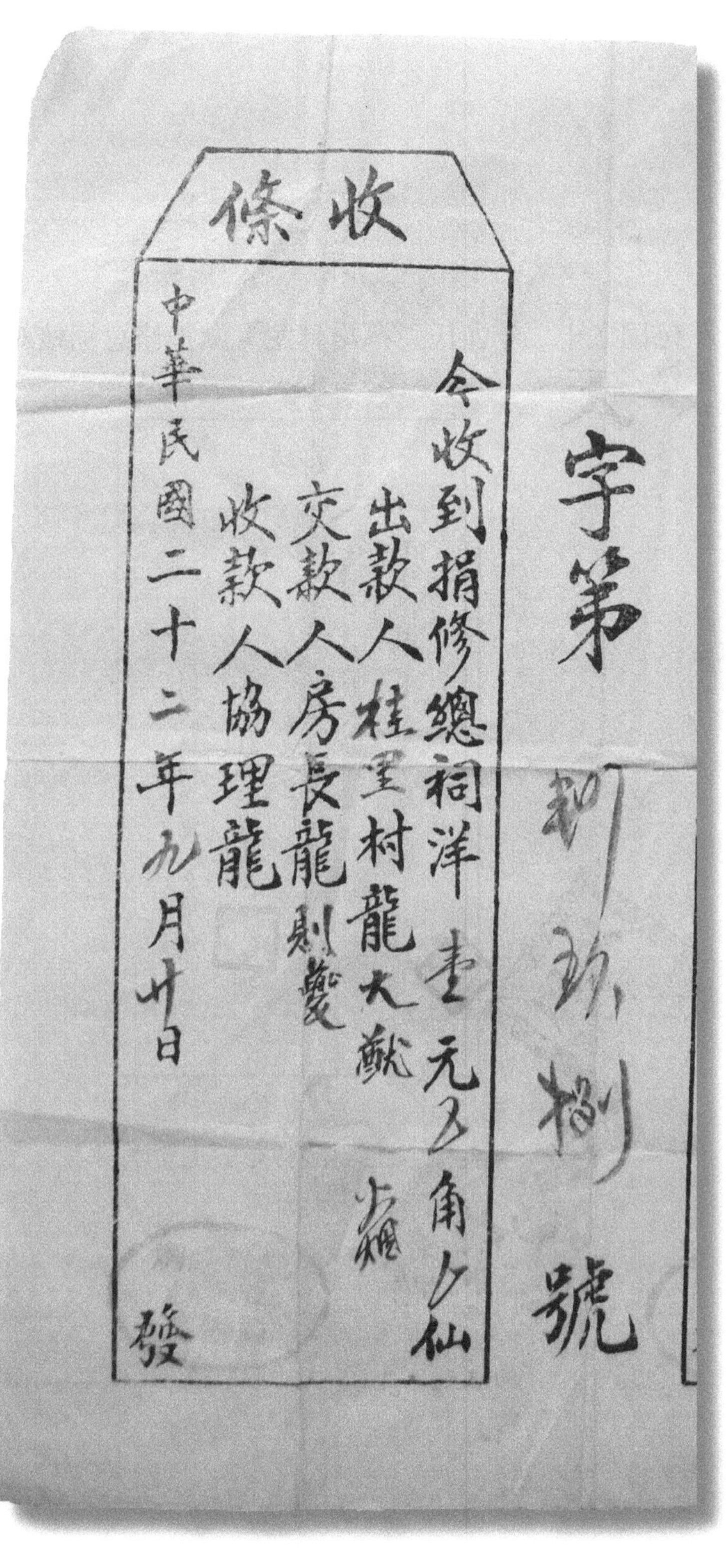

收條

字第捌玖捌號

今收到捐修總祠洋壹元乃角夕仙

出款人桂里村龍大猷 少穠

交款人房長龍則夔

收款人協理龍

中華民國二十二年九月廿日 發

· GT—GYD—062 GT—022—133 ·

· GT—GYD—063 GT—022—134 ·

民国二十二年龙氏总祠出具龙大猷捐修总祠核对

对核

今收到捐修总祠洋壹元△角△仙
出款人桂里村龙大猷 火烟
交款人房长龙则夔
收款人协理龙
中华民国二十二年 月 日 发

字第肆玖捌号

〖文书原持有者：龙登焯；来源地：高酿镇优洞村〗

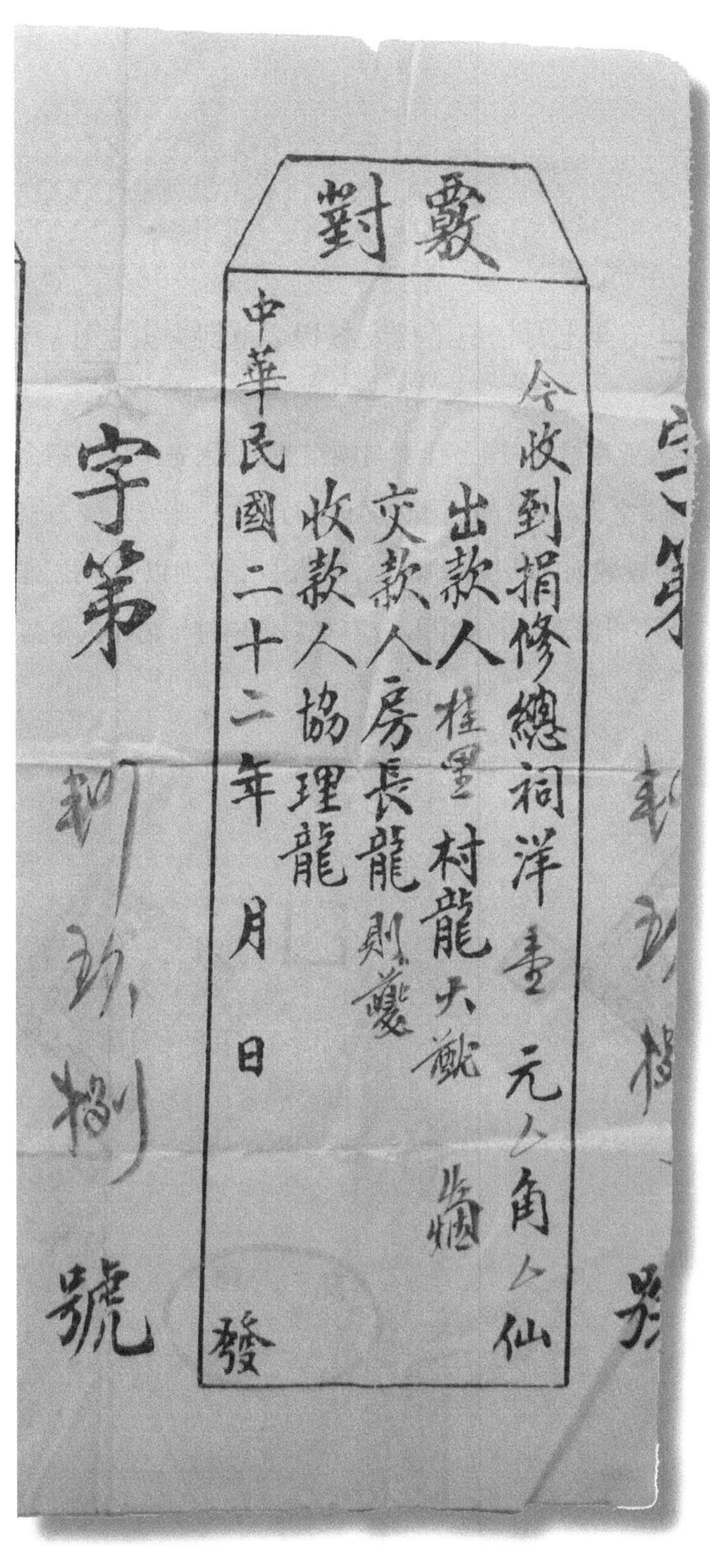

叡對

今收到捐修總祠洋壹元〇角〇仙

出款人桂罡村龍大猷 生福

交款人房長龍則夔

收款人協理龍

中華民國二十二年 月 日

發

字第柳玖捌號

• GT—GYD—063 GT—022—134 •

· GT—GYD—064 GT—022—141 ·

民国二十五年七月杨三毛侄女杨银姜复回夫家立杜后清白字

立杜后清白字人亚化村杨三毛，侄女名唤银姜，情因先年嫁许高命村龙大猷第二子则厚为妻。自嫁以来，毫无异议。至丙子六月内，乃银姜□听人唆笼，逃匿入庵，自悔复回夫家。而双方凭团甲族戚询问其故，即银姜言及俗礼，亲迎以凭解排。自此夫唱妇随。恐银姜人心不古，二比不得滋事，当凭团甲，立有杜后清白付与龙姓执为据。

吴代兴
团甲 王有能
龙金泰
族戚 龙大勋
杨政魁
龙则毛
民国二十五年七月即日 杨胜仕 笔立

〖文书原持有者：龙登焯；来源地：高酿镇优洞村〗

立杜後清白字人亞化村楊三毛侄女名嗅銀
姜情因先年嫁許高命村龍大猷第三子則
厚為妻自嫁以来毫無異議至丙子六月內
乃銀姜傻听人唆籠逃隱入庵自悔復回夫家
而双方憑團甲族戚詢問其故即銀姜言及
俗礼親迎以憑辭排自此夫唱婦隨恐銀姜人
心不古二比不得滋事當憑團甲立有杜後
清白付與龍姓执為據

團甲　吳代兴
　　　王有能
　　　龍金泰
族戚　龍大勳
　　　楊政魁
　　　龍則毛

民國二十五年七月　即日楊勝仕筆　立

· GT—GYD—064　GT—022—141 ·

· GT—GYD—065 GT—022—142 ·

民国二十五年九月十六日
龙灿金、龙现寿、龙荣炳等将山佃与龙则炳兄弟栽杉字

立佃字付开字人勒洞村龙灿金、龙现寿、龙荣炳、龙绍荣、龙绍恩、龙绍文、龙连浩、龙连芳、龙连显、龙连楷等，情因祖人遗下有三杈坡共山乙（一）团，上抵登岭，下抵摆洞张姓山，左抵龙现寿山，右抵伍共山为界，四至分明。今佃与高命龙则炳兄弟开垦栽杉。当中面议四六分派，栽主六股，地主四股。杉栽叁年之内，开垦人修理，叁年之外，式比同薅。然后木大长成，砍伐下河，出山关山，地归原主。此山恐有来历不清，认（任）随地主理落，不关开垦人之事。恐口无凭，有佃字乙（一）纸存照。

凭中人 罗渊福 伍绍南

亲笔 龙绍文

民国贰拾伍年岁次丙子九月十六日 立字

〖文书原持有者：龙登焯；来源地：高酿镇优洞村〗

立佃字付開字人勒洞村龍築金、紹榮、現壽、紹恩、連芳、浩、榮炳、紹文、楷顯芳情因祖人遺

下有三杈坡共山山園上抵登嶺下抵擺洞張姓山左抵龍

現壽山右抵任共山為界四至分明今佃與高命龍則炳

兄弟開墾栽杉當中面議四六分派栽主六股地主四股

杉栽叁年之内開墾人修理叁年之外式比同蓄然後

木大長成砍伐下河出山關山地归原主此山恐有來歷

不清認隨地主理落不關開墾人之事恐口無憑有

佃字山紙存照

憑中人　羅渊福

任紹南

親筆　龍紹文

民國貳拾伍年歲次丙子九月二十七日立

· GT—GYD—066 GT—022—144 ·

民国三十年三月十六日刘根深卖田字

立卖田人刘根深，今因要洋度用，无所出处，自愿将到土名登毛田乙（一）坵，上抵山，下抵田，左抵路，右抵山，四至分明，要洋出卖。先门（问）亲房，无洋承买。自己请中上门问到高命村龙大猷承买。当面议定法洋贰佰壹拾贰元捌角正（整）。其洋亲手领足，其田买主永远耕管为业。自卖之后，不得异言。恐口无凭，立有卖字为据。

凭中 杨胜甲 龙则毛

亲笔

民国叁拾年岁次辛巳三月十六日　立

〖文书原持有者：龙登焯；来源地：高酿镇优洞村〗

立賣田人刘槐深今因要洋度用無所出处
自願將到土名登毛田乙坵上抵山下抵田左抵路右
抵山四至分明要洋出賣先問親房無洋承買
自己請中上門問到高命村龍大猷承買當面
議定法洋貳佰壹拾貳元捌角正其洋親
手領足其田買主永遠耕管為業自賣
之後不得異言恐口無憑立有賣字
為據

憑中 楊勝中
龍則毛

親筆

民國叁拾年歲次辛巳三月十六日立

· GT—GYD—066 GT—022—144 ·

GT—GYD—067 GT—022—131

公元一九四九年（古历）六月二十日天柱县政府征收龙则炳田赋收据

（□□加盖省主管田赋机关关防）

县 据收赋田收征年七十三国民									
号□第　号				字第　号					
中华民国三十八年六月廿日 镇乡办事处主任 章	率征			粮额	赋额	亩分	住址	姓名	业户
	公粮	征借	征实		元角二分	亩二分厘	棉镇乡花保地甲户	龙则炳	
	每元石斗升合	每元石斗升合	每元石斗升合					号归户次册	
	罚额	罚率数及加逾限月	缴数实应	免留抵灾款减	合计	公粮	征借	征实	
	石斗升合	逾限廿月应加征百分之	石斗升合	石斗升合	石斗升合	石〇斗〇升三合	石〇斗〇升三合	石〇斗〇升六合	

执收户业给裁后粮收于联此

〖文书原持有者：龙登焯；来源地：高酿镇优洞村〗

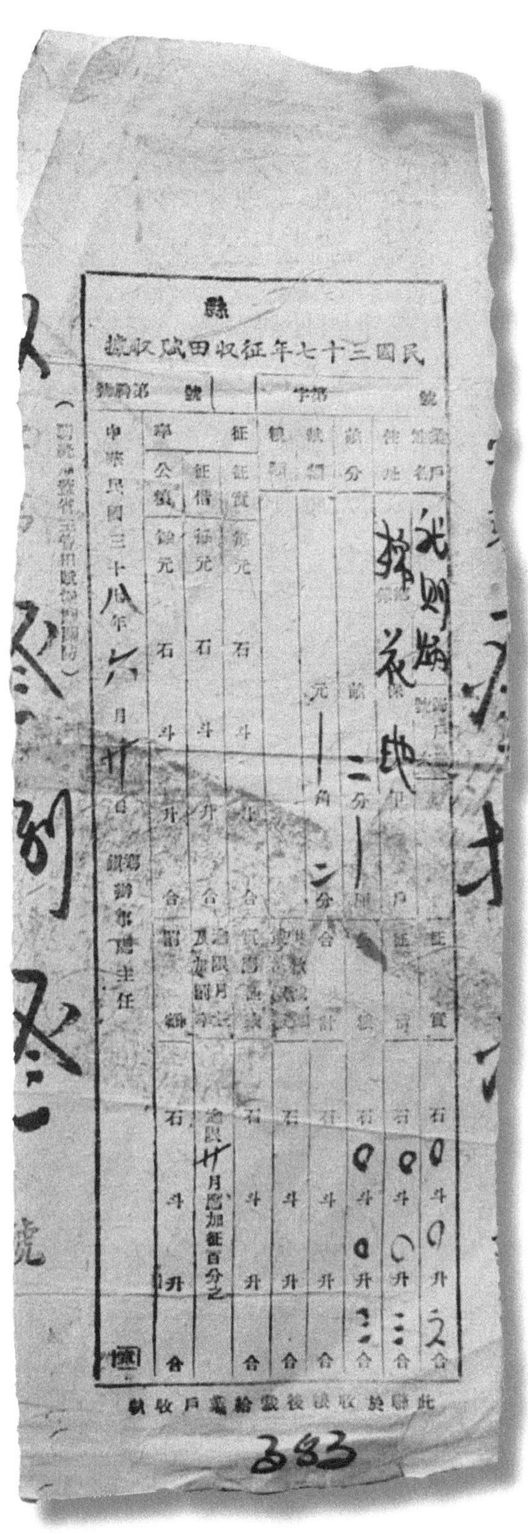

民國三十七年征收田賦收據

縣

· GT—GYD—067　GT—022—131 ·

· GT—GYD—068 GT—022—140 ·

民国三十四年六月二十四日刘宗杰、刘宗乾兄弟二人祷阴地字

立祷阴地字人地棉村刘宗杰、刘宗乾兄弟二人，情因慈母亡故，无地安厝，自己□中吴增辉向龙则炳兄弟四人善言哀求，而则炳念亲友谊厚，一言允诺。当面中证议后，即准葬杰母一冢，逢节祭扫，不许后来进葬。恐言无凭，当凭中人，立有祷字付与则炳兄弟，存照为据。

吴增辉

杨秀章

凭中人　杨永洪

龙登模

龙登庸

中华民国卅四年古六月廿四日　则庆　笔

〖文书原持有者：龙登焯；来源地：高酿镇优洞村〗

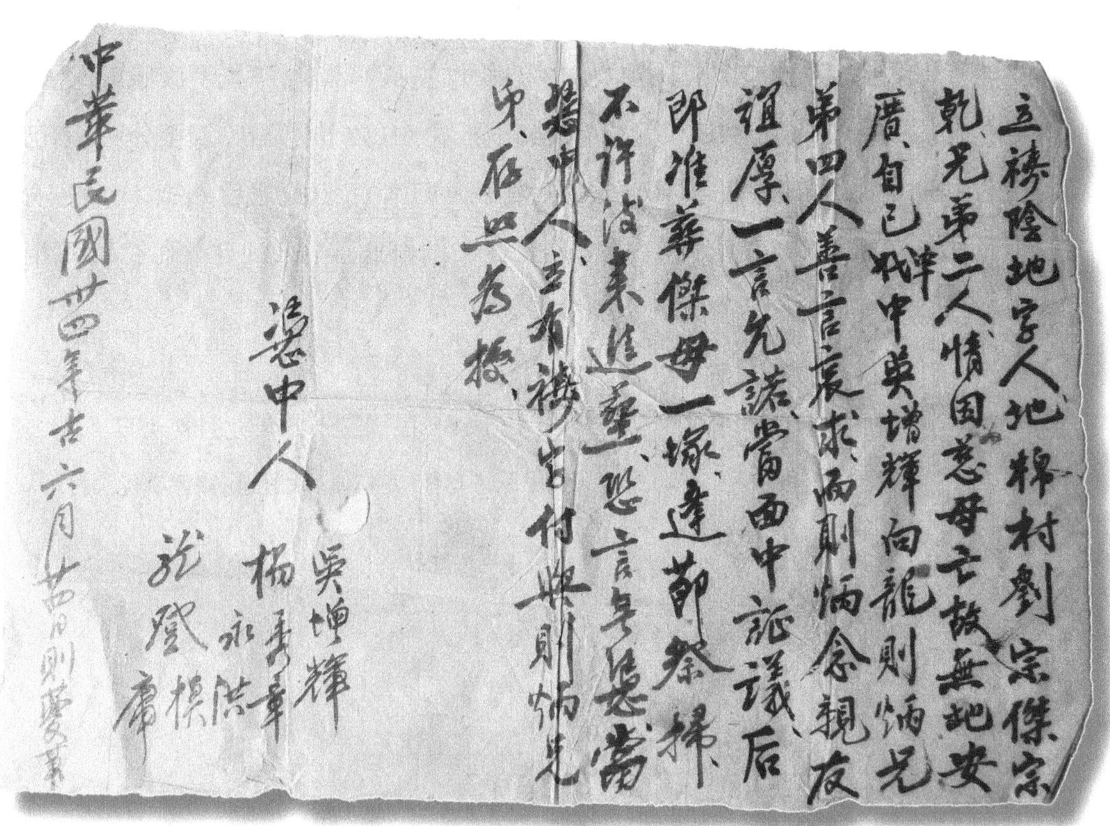

立補陰地字人地糯村劉宗傑宗
乾兄弟二人情因慈母亡故無地安
厝自己請中吳增輝向龍則炳兄
弟四人善言哀求而則炳念親友
誼厚一言允諾當面中訖議后
即准葬傑母一塚逢節祭掃
不許浸來進葬恐言無憑當
憑中人立有補字付與則炳兄
弟存照為據

憑中人 吳增輝 楊秀華 永洪 龍登模 庸

中華民國卅四年古六月廿四日則斐筆

· GT—GYD—068 GT—022—140 ·

· GT—GYD—069　GT—022—145 ·

公元一九五〇年（古历）九月十日龙则厚建种罗康沛山场栽木字

立建种山场字人龙则厚，情马引冲有山场一团，左抵罗渊林，下抵罗康照田，上抵翻岭，抵龙步然为界，右抵龙姓山为界，上抵路，下抵龙性（姓）山为界，四至分明。自己上门问到勒洞罗康沛山场建种栽木，双方意愿。其秧木归本主，开成之后，平半钧（均）分。其秧本建种人栽，四六钧（均）分。将杉木成林三年，同修出□。自道（建）种之后，不得异言。恐口无凭，立有建种一纸为据字（是）实。

新（亲）笔

民国三十九年九月初十日　立

〖文书原持有者：龙登焯；来源地：高酿镇优洞村〗

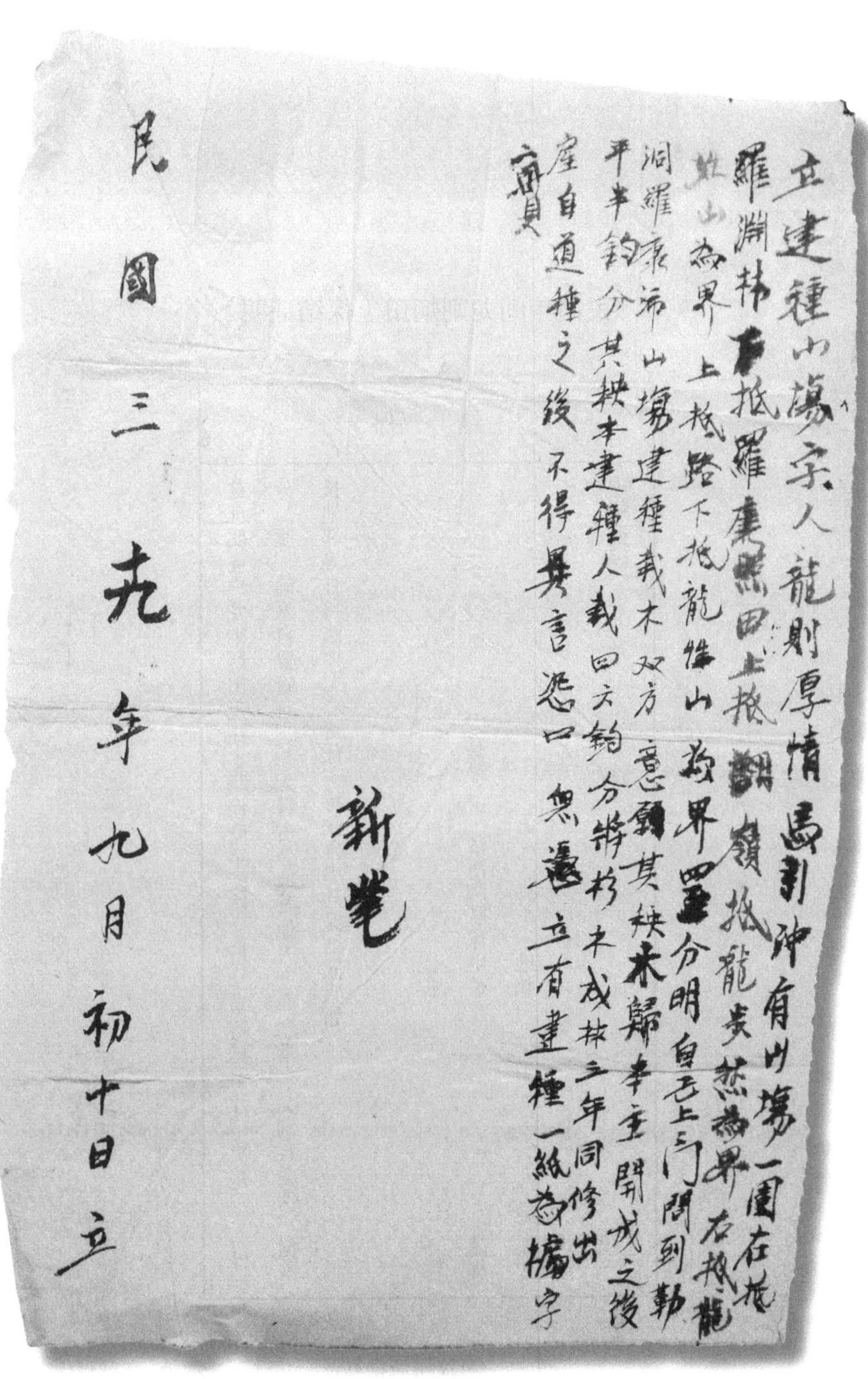

立建種山塲字人龍則厚情愿引冲有山塲一團在地
羅淵林[illegible]抵羅康照田上抵翻嶺抵龍貴烋為界右抵龍
姓山為界上抵路下抵龍姓山為界四至分明自己上门問到勤
洞羅康沛山塲建種栽木双方意愿其秧木歸本主開成之後
平半鈞分其秧本建種人栽四六鈞分将杉木成林三年同修出
座自道種之後不得異言恐口無憑立有建種一紙為據字
實

新筆

民國三十九年九月初十日立

• GT—GYD—069 GT—022—145 •

民国年间龙则炳田土保结证明

结　保

兹证明业户龙则炳田土在本联保商字段第　坵号坐落夏甲计三块共　亩二分　厘，确系自置管有，并无冒占公地及他人产业之情事。倘有虚伪，保甲长地邻等甘负法律上之责任，特联合出具保结证明如左：

保长

县第　区南和联保甲长　谨具

地邻

中华民国　年　月　日

〖文书原持有者：龙登焯；来源地：高酿镇优洞村〗

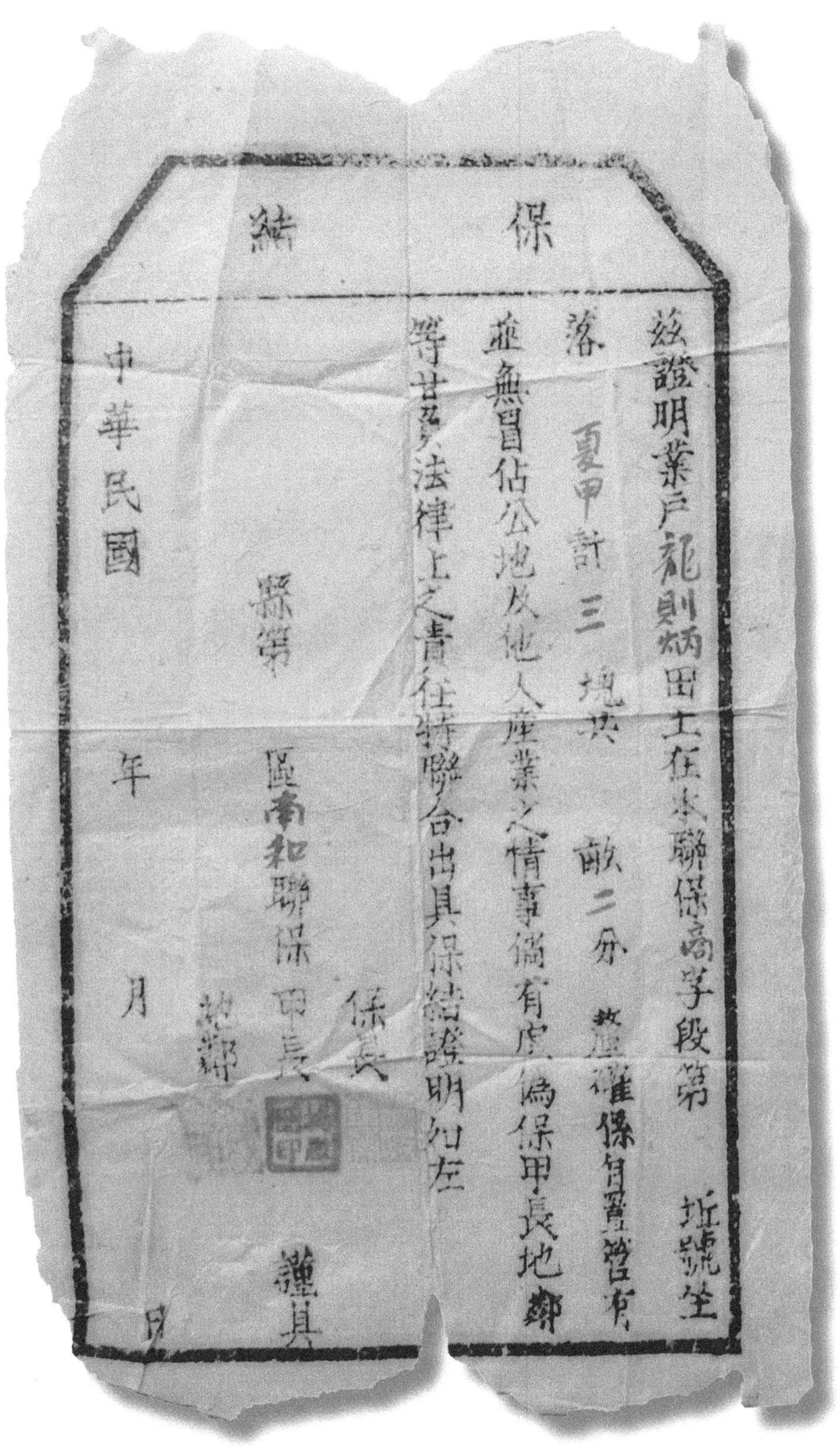

保結

茲證明業户龍則炳田土在本聯保高学段第　坵號坐
落　夏甲許　三　塊共　畝二分　並產權係自置管有
並無冒佔公地及他人產業之情事倘有虛偽保甲長地鄰
等甘負法律上之責任特聯合出具保結證明如左
保長
縣第　區南和聯保甲長　謹具
地鄰
中華民國　年　月　日

· GT—GYD—070　GT—022—129 ·